威科法律译丛

欧洲劳动法

第 13 版

（第一册）

〔比〕罗杰·布兰潘 著

付欣 张蕊楠 高一波 陈洁 译

郭捷 审校

商务印书馆
2016年·北京

By Roger Blanpain

European Labour Law

Thirteenth Edition

This is a translation of European Labour Law, by Roger Blanpain, published and sold by The Commercial Press, by permission of Kluwer Law International BV, The Netherlands, the owner of all rights to publish and sell same.

本书根据 Kluwer Law International BV, The Netherlands 2012 年版译出

© 2012, Kluwer Law International BV, The Netherlands

出版说明

我馆历来重视迻译出版世界各国法律著作。早在1907年就出版了第一套系统介绍外国法律法规的《新译日本法规大全》81册，还出版了《汉译日本法律经济辞典》。1909年出版了中国近代启蒙思想家严复翻译的法国著名思想家孟德斯鸠的《法意》。这些作品开近代中国法治风气之先。其后，我馆翻译出版了诸多政治、法律方面的作品，对于民国时期的政治家和学人产生了重要影响。新中国成立后，我馆以译介外国哲学社会科学著作为重，特别是从1981年开始分辑出版"汉译世界学术名著丛书"，西方政治法律思想名著构成其中重要部分，在我国法学和法治建设中发挥了积极作用。

2010年开始，我馆与荷兰威科集团建立战略合作伙伴关系，联手开展法学著作中外文双向合作出版。威科集团创立于1836年，是全球最大的法律专业信息服务和出版机构之一。"威科法律译丛"是我们从威科集团出版的法律图书中挑选的精品，其中涉及当前中国学术界尚处在空白状态、亟需研究的领域，希望能够对中国的法学和法治建设有所助益。除了引进国外法律图书外，我们同时也通过威科集团将中国的法律思想和制度译介给西方社会，俾使中国学人的思想成果走向世界，中华文明的有益经验惠及异域。

商务印书馆编辑部
2011年8月

译 者 序

2015年4月,商务印书馆的王兰萍编审在安徽大学李坤刚教授的推荐下和我联系,希望我能主持欧洲知名学者罗杰·布兰潘(Roger Blanpain)教授《欧洲劳动法》(2012)一书中文版的翻译工作。事实上,我曾在2005年翻译过《欧盟劳动法》一书。当时,我一个人孤军作战,在劳动法专家郭捷教授的帮助下,历时两年才完成翻译任务,后来联系出版社也是费尽周折,深知翻译工作的艰辛。由于译著在评定职称时的作用不大,加上自己博士研究方向为刑事司法,当时曾下决定,不再翻译与自己研究方向不同的外文著作。然而,我思考再三,考虑到这本书的价值以及国内在劳动立法与执法、劳动法研究领域的迫切需要,最终还是答应了这一光荣而艰巨的任务。

作者布兰潘是欧洲知名的劳动法专家,除了比利时鲁汶大学法学院院长和荣退教授一职外,他先后担任美国、日本、法国、荷兰等国知名高校的客座教授,长期从事比较与国际劳动法和欧洲劳动法与劳资关系等方面的教学与研究工作。布兰潘教授系《国际法律百科全书》和《国际劳动法与工业关系百科全书》等系列丛书的主编、《国际劳动法期刊》和《比较劳动法与劳资关系》等书的总编。《欧洲劳动法》是布兰潘教授多年研究成果的代表作之一。这本书从20世纪90年代开始出版,定期更新,至今已有13版,其内容覆盖面广,具有权威性,在欧洲深受读者欢迎。本书分为总论、个人劳动法与集体劳动法等三部分,内容包括欧洲机构框架、立法与决策程序、欧洲的主要社会合作伙伴、欧盟在劳动法的权限、欧盟及欧共体主要条约及其发展,劳动者、服务、货物、资金等四项基本流动或流通自由,劳动合同、平等待遇、性别平等、同工或同值同酬、对怀孕和哺乳期女性以及青年劳动者的特殊保护,工作时间与休息安排、劳动健康与安全、企业重组与劳动者权利保护、集体劳资谈判等事项。

就我们国家的劳动法发展而言,我们的工业化进程已经进入中期阶段,虽然已经有了不少关于劳动合同、劳动安全、工时与工资支付、社会保障等涉及劳动基准的单独立法,但是相关制度建设仍然没有跟上劳动与社会保障发展的需求。例如,如何建立长期稳定的劳动关系?如何充分有效地发挥工会的作用?如何安排集体劳动权利?针对我们国家劳动者跨地域流动,社保基金没有全国联网或者在不同省份之间转移困难或收费等问题,如何解决?针对劳动法领域的工资拖欠、男女性别歧视以及个人平等机遇问题,我们可以采取哪些措施?针对未成年或女性劳动者,如何在实践中提供并保障其基本权利?在经济快速发展而制度完善缓慢,而且缺少经验的背景下,是否可以参考借鉴其他国家或地区的经验?

另一方面,欧洲劳动法从最初的欧洲共同体发展到现在的欧洲联盟,经历了一个漫长的发展历程,现在已经进入了后工业化阶段,其立法具有一定的超前性。欧洲在劳动法领域的发展与协调,尤其是在个人权利保护、社会稳定与经济发展、平等就业、劳动安全与健康等方面,为我们提供了很好的参考模板。《欧洲劳动法》一书所包含的法规、学者们的先进理念、欧盟法院的案例及法官的判案思路等对于我们国家在建设有中国特色的劳动法律制度时有重要的借鉴价值。

本书在翻译中也遇到了不少困难。首先,翻译时间紧迫。出版社希望尽快出版本书以满足市场需求,而这本书多达1000多页。针对这一问题,我们在协商后决定把这本书根据其体例分为相对独立的三部分。本书是《欧洲劳动法》一书导论部分的内容,作为《欧洲劳动法》译著系列的第一本书出版先与读者见面,随后是《欧洲劳动法》的第一部分[个人劳动法](第二册)以及第二部分[集体劳动法](第三册)。

其次,本书的英文出版商虽然名气很大,但原文也存在难免的瑕疵和疏漏。我们将这些问题归纳为:(1)单词拼写错误,例如将单词"or"排版为"of"。(2)重要单词缺失以及表格信息错行的问题。例如"European 2020"应为"European 2020 Strategy"。针对这些问题,我们与出版社和作者进行了积极沟通,根据上下文做了适当处理[调整、修改或添加]并添加译者注,确保译文意思的正确与通畅。(3)本书有许多缩略词的使用。例如,在前文和全文没有出现全称的情况下出现了 REACH,ICT,NACE 和 NUTS Ⅱ等缩略词。我们通过查询参考资料等方式,对这些缩略词进行了翻译,在必要时加译者注。对于实在无法核实的缩略词,我们只好保留原文字。

再次,本书的一些术语对于我们来说过于陌生,有的容易引起读者的误会,我们对此也作了相应的说明和处理。例如"European Council"一词,其他译作有的翻译为欧洲理事会,有的译为欧盟理事会,其实这是欧盟的一个机构,它的全称是"The Council of the European Union",总部位于比利时的布鲁塞尔。在本书中多为"the Council"的是一般由欧盟各国部长参加的欧盟[部长]理事会,而重大事项则由成员国的政府或国家首脑以及理事会主席和欧盟委员会主席参与,多以峰会的形式,本书多称为"The European Council"。我们在翻译中只有在必要时才予以区别。此外,本书中还有一个词"Council of Europe",一般翻译为"欧洲理事会",它与"The European Council"是两个不同的机构。"Council of Europe"实际上是一个政府间国家组织,成员为所有欧洲国家,总部在法国的斯特拉斯堡,《欧洲人权公约》就是在它的体制下制定的。本书的"the Commission"是"the European Commission"的简称,全称为欧盟委员会,它属于欧洲联盟的常设执行机构,也是欧盟唯一有权起草法令的机构。读者们在阅读此书时需要注意这些区别。

这里需要说明的是,本书的注释和我们国内的一般做法不同,采用的是段间注。我们认为,这种排版可能会影响国内读者的阅读习惯,于是就按照国内的惯常做法在不影响原文意思的情况下进行了处理——改为页下注。考虑到国内读者的外语水平和可能存在的科研需要,我们对脚注的说明性文字做了翻译,但是在不影响读者理解的基础上,对于作者引用的参考文献和相关法律规定未做翻译。为便于读者查阅英文原著,我们在正文中添加了页边码。对于正文中不少带括号的文字,我们也做了一定的技术处理,但是没有改变原文的意思。此外,针对国内有关出版的规范,我们对译文按照章、节、汉字一("一、")、汉字括号一["(一)"]、数字一(1)、英文字母 A 等顺序排列,以增加层次感和规范性。

本书能得以出版,首先得益于我们有一个强大的中青年翻译团队,他们大部分人都具有丰富的翻译经验或深厚的法学背景。感谢翻译团队的辛勤付出,他们克服了许多困难,坚持到了最后。其中,黄文军先生现为国务院法制办社会管理司一处处长,他长期从事知识产权、劳动安全生产等领域的工作,是劳动法领域的专家。刘佳婷女士既是我的兰州大学校友,又是我现在的同事,她曾与我合作翻译过德国著名史学家冯·兰克《拉丁与日耳曼民族史》这一高难度的著作,翻译功底深厚。我的同事张蕊楠女士 2011 年毕业于英国知名高校爱丁堡大学,曾经系统地进修过法律英语课程,业余时间从事翻译,尤其是合同翻译。我的同事高一波先生,他于 2014 年获得香港大学英语硕士学位,主要从事文学、法律、政治和经济等方向的翻译。我曾经的学生陈洁,现为西南政法大学外国语学院 2015 级法律翻译硕士研究生,曾经协助我翻译法律类资料长达两年的时间,并参与了《拉丁与日耳曼民族史》一书的翻译工作。我曾经的学生曹文龙,现为重庆大学法学院 2015 级法律硕士研究生,主要兴趣为涉外民商事法律。

本书[《欧洲劳动法》(总论部分)]的翻译任务由付欣[前言、第一章(第三节除外)和第四章]、高一波(第一章第三节)、张蕊楠(第二章)和陈洁(第三章)等人分别承担,最后由付欣负责统稿。

除了上述译者之外,我们还得到了西北政法大学外国语学院 2011 级和 2012 级部分学生的帮助,特别是我的两名学生陈婷和陈爱华,她们承担了大量的译文初稿通读及排版任务。感谢她们的参与,我们才可以加速,在保证质量的前提下,使图书尽快与读者见面。

我们要感谢劳动法权威、西北政法大学副校长郭捷教授的帮助,她在百忙之中抽空审校本书。感谢安徽大学李坤刚教授的推荐,更感谢他在本书翻译中就术语问题提供的参考意见。感谢我的好友、兰州大学法学院副院长刘光华教授,他通读了本书的译文并提出了不少宝贵的意见。

西北政法大学外国语学院院长马庆林对我们的学术科研工作非常支

持,在我们的翻译过程中也提供了技术指导。同时,学院作为对我们学术质量的认可,同意把这本书列入"西北政法大学外国语学院学术文库"。对此,我们深表谢意。

在本书的翻译过程中,我们得知罗杰·布兰潘教授曾经的学生、台湾开南大学的刘黄丽娟教授曾在 2000 年出版了本书第一版《欧洲劳动法与劳资关系》的译著,于是和她取得联系并有幸参考了她翻译的中文版本。刘教授的翻译文本给我们留下了深刻的印象。我们对她本人的支持表示诚挚的谢意。

本书的出版要感谢商务印书馆"威科法律译丛"的翻译安排。王兰萍主任和金莹莹编辑积极从中进行协调,协助译者与外方联系,解决翻译中存在的排版疑问和理解问题。能遇到如此认真负责的编辑是我们的荣幸。正是她们的辛勤劳动才可以使本书早日出版发行。

本书包含的内容非常广泛,它既可以是外语学习者提高个人英语水平特别是法律英语的好读物,本书所附的术语一览表也有利于学界统一劳动法,尤其是欧洲劳动法翻译的术语处理标准。本书对于从事法律研究的工作者,无论是高校师生,还是从事劳动法立法、执法和审判实务的人员,都是绝好的参考资料。毕竟,保护劳动者权益是一项基本的社会权利,与每个人都息息相关。

当然,由于时间紧迫,加上译者的水平有限,出现错误也在所难免。我们恳请广大读者批评指正,以期在未来再版时予以修订。

付 欣

2015 年 10 月于古城西安

目　录

缩略词一览表 1

前言 1

  一、劳动法 1

  二、经济全球化 2

    （一）国际劳工组织：《全球就业协定》 3

    （二）欧洲联盟 6

  三、全球经济本土化 11

  四、里斯本战略 12

  五、欧洲联盟扩容 15

    （一）欧洲联盟人口 16

    （二）整个欧洲及成员国层面失业率的近期发展 23

    （三）社会保护 24

  六、基本社会权利 28

  七、欧洲宪法 34

    （一）欧洲大会（2003年） 34

    （二）对欧洲联盟未来社会和就业政策的影响 34

    （三）欧洲联盟的定义与目标 35

    （四）社会合作伙伴的角色 36

    （五）基本权利 36

    （六）欧洲联盟的政策与运行 37

（七）就业与社会政策章节 …………………………………… 37
　（八）职业培训 ………………………………………………… 38
八、成员国之间达成的协议（2004 年）………………………………… 38
　（一）欧洲联盟委员会 ………………………………………… 39
　（二）特定多数表决制度 ……………………………………… 39
　（三）《基本权利宪章》 ………………………………………… 39
　（四）加强合作 ………………………………………………… 39
九、全民投票：对欧洲宪法的拒绝？ ………………………………… 40
十、本书章节安排 ……………………………………………………… 43

第一章　欧洲组织机构框架 ……………………………………… 1

第一节　条约 ……………………………………………………… 1
一、从共同体走向联盟 ………………………………………………… 1
二、欧洲联盟的运行 …………………………………………………… 4
　（一）目标 ……………………………………………………… 4
　（二）辅助性原则 ……………………………………………… 4
三、欧洲一体化 ………………………………………………………… 7

第二节　欧洲各机构及其权限 …………………………………… 8
一、欧洲联盟议会 ……………………………………………………… 8
二、欧洲联盟理事会 …………………………………………………… 10
三、欧洲联盟委员会 …………………………………………………… 13
四、欧盟法院 …………………………………………………………… 15

第三节　欧洲其他机构 …………………………………………… 16
一、欧洲经济与社会委员会 …………………………………………… 17
二、欧洲社会基金 ……………………………………………………… 17
　（一）工作任务 ………………………………………………… 18
　（二）援助范围 ………………………………………………… 19
三、欧洲职业培训发展中心 …………………………………………… 22

四、欧洲改善生活与工作条件基金会 …………………… 23
五、欧洲就业常务委员会 …………………………………… 23
六、欧洲就业委员会 ………………………………………… 25
七、欧洲劳动安全与卫生管理局 …………………………… 25
八、欧洲地区委员会 ………………………………………… 28
九、欧洲其他咨询委员会 …………………………………… 29
十、行业联合委员会、非正式团体与行业对话委员会 …… 29
 （一）行业性社会对话委员会的设立 ………………… 31
 （二）行业性社会对话委员会的构成 ………………… 31
 （三）行业性社会对话委员会的运作 ………………… 32
十一、欧洲社会保护委员会 ………………………………… 36
十二、欧洲全球化调整基金 ………………………………… 37
 （一）主要事项及范围 ………………………………… 37
 （二）干预标准 ………………………………………… 37
 （三）符合条件的行动 ………………………………… 38
十三、欧洲性别平等研究所 ………………………………… 39
 （一）研究所的目标 …………………………………… 39
 （二）研究所的任务 …………………………………… 39
 （三）研究所的构成 …………………………………… 40
十四、欧洲联盟基本权利局 ………………………………… 41
 （一）机构目标 ………………………………………… 41
 （二）机构范围 ………………………………………… 41
 （三）机构工作任务 …………………………………… 41
 （四）与公民社会组织的合作；保护基本权利的平台 …… 42
 （五）机构构成 ………………………………………… 42
十五、劳动者劳务派遣事务专家委员会 …………………… 43
 （一）工作任务 ………………………………………… 43
 （二）成员资格——任命制 …………………………… 44

第四节　立法程序 …………………………………………… 44
　一、联盟法 …………………………………………………… 44
　二、联盟次要法律 …………………………………………… 46
　　（一）规章 ………………………………………………… 46
　　（二）指令 ………………………………………………… 46
　　（三）决议 ………………………………………………… 49
　　（四）建议与意见 ………………………………………… 49
　　（五）国际协议 …………………………………………… 49
第五节　决策程序 …………………………………………… 49
　　（一）一读 ………………………………………………… 51
　　（二）二读 ………………………………………………… 51
　　（三）调解程序 …………………………………………… 52
　　（四）三读 ………………………………………………… 52
　　（五）特别条款 …………………………………………… 52
第六节　欧洲联盟与其他国际组织之间的关系 …………… 53
　一、概述 ……………………………………………………… 53
　二、国际劳工组织 …………………………………………… 54
　三、欧洲经济区 ……………………………………………… 66

第二章　欧洲的社会合作伙伴 …………………………… 67

第一节　雇主组织 …………………………………………… 67
　一、欧洲企业组织 …………………………………………… 67
　二、欧洲公共企业中心 ……………………………………… 72
　三、欧洲手工与中小企业协会 ……………………………… 73
第二节　工会 ………………………………………………… 75
　一、欧洲工会联合会会员 …………………………………… 76
　二、欧洲工会研究所 ………………………………………… 83
　三、《雅典宣言》 …………………………………………… 84

第三节　欧洲社会合作伙伴对《欧洲2020战略》的联合声明……… 88
　　　一、概述 ……………………………………………………… 88
　　　二、政策优先发展事项 ……………………………………… 89
　　　　（一）退出与加入的结合策略 ……………………………… 89
　　　　（二）促进知识三角（教育、科研与创新）的发展 ……… 90
　　　　（三）就业与社会政策 ……………………………………… 90
　　　　（四）支持性的公共环境以及获得高品质、可承受、有成效的
　　　　　　　公共服务 ……………………………………………… 92
　　　三、治理和程序 ……………………………………………… 93

第三章　欧洲联盟在劳动法领域的权限 ……………………… 94
　　第一节　概述 ………………………………………………………… 94
　　第二节　欧洲联盟 ………………………………………………… 94
　　　一、欧洲联盟各项目标的优先顺序：促进非通货膨胀式的增长 …… 94
　　　二、社会目标 ………………………………………………… 97
　　　三、基本权利与权限 ………………………………………… 97
　　　　（一）基本权利 ……………………………………………… 97
　　　　（二）权限 …………………………………………………… 99
　　　四、欧洲联盟委员会的作用 ………………………………… 115
　　　五、社会合作伙伴的参与 …………………………………… 116
　　　　（一）欧洲联盟层面的咨询 ………………………………… 116
　　　　（二）指令的实施 …………………………………………… 141
　　　　（三）社会对话（《欧洲联盟运行条约》第154—155条）……… 144
　　　　（四）欧盟范围内有效的协议（《欧洲联盟运行条约》第155条）… 144
　　　　（五）1998年6月17日欧洲一审法院的判决 ……………… 162
　　　六、评估：社会倾销现象与双重社会 ……………………… 164
　　　　（一）宏观经济环境：通货膨胀与抑制通货膨胀所必需的合理
　　　　　　　失业率 ………………………………………………… 164

（二）灵活性 ··· 165
（三）评估 ··· 166

第四章　欧洲劳动法：拖车车厢，还是火车头？ ········· 168
第一节　欧洲煤钢共同体 ···································· 168
第二节　欧洲共同体 ·· 169
一、1957—1974 年 ··· 169
二、1974—1989 年 ··· 171
三、1990 年至今：《共同体劳动者基本社会权利宪章》与《社会行动
　　计划》——《马斯特里赫特社会政策协定》 ················ 174
（一）《共同体劳动者基本社会权利宪章》 ················ 174
（二）《行动计划》 ·· 178
（三）《马斯特里赫特社会政策协定》(1991 年)、《绿皮书》与
　　《白皮书》(1993 年) ································· 179
四、《关于增长、竞争力与就业的白皮书》(1993 年) ············ 182
五、《欧洲社会政策白皮书》(1994 年) ························ 184
六、1996 年迄今：失业问题 ································· 186
（一）欧洲联盟理事会埃森会议(1994 年) ················ 186
（二）《就业信心协定》(1996 年) ························ 188
七、《阿姆斯特丹条约》(1997 年) ···························· 188
（一）卢森堡就业峰会(1997 年 11 月) ··················· 193
（二）卢森堡就业峰会决议 ······························ 196
八、《尼斯条约》(2000 年 12 月)："社会并非如此美好" ·········· 197
（一）《欧洲联盟基本权利宪章》(2000 年 12 月 7 日于法国尼斯
　　制定，2007 年修订) ································ 198
（二）全体一致与特定多数原则 ·························· 204
九、就业指导纲要 ·· 206
（一）《就业指导纲要(2003—2004)》 ···················· 206

（二）《就业指导纲要（2005—2008）》 …………………… 211
　　（三）《就业指导纲要（2008—2010）》 …………………… 221
　　（四）《欧洲就业策略框架》设立的目标和基准 …………… 232
　　（五）《就业指导纲要（2010—2014）》 …………………… 232
　十、劳动法的现代化（2006年） …………………………… 239
　　（一）主要事项 ……………………………………………… 239
　　（二）评注 …………………………………………………… 242
　十一、弹性保障：通过灵活性与安全性提供更多更好的工作
　　　（2007年） ……………………………………………… 243
　　（一）主要问题 ……………………………………………… 243
　　（二）弹性保障方式 ………………………………………… 245
　第三节　融合，还是分化？ …………………………………… 252

重要术语中英文对照表 …………………………………………… 260

缩略词一览表

Article	Article [法律法规]第……条
CBI	Confederation of British Industry 英国工业联合会
CEEP	Centre Européen des Entreprises Publiques 欧洲公共企业中心
COJ	Court of Justice 法院
COPA	Comité des Organisations Agricoles [欧共体]农业组织委员会
CSR	Corporate social responsibility 企业社会责任
EC	European Communities 欧洲共同体,欧共体
ECB	European Central Bank 欧洲中央银行
EEA	European Economic Area 欧洲经济区
EFTA	Economic Free Trade Association 欧洲自由贸易协会
ESC	Economic and Social Committee 经济与社会委员会
ECSC	European Coal and Steel Community 欧洲煤钢共同体
ed.	Editor 编辑[缩写]
EMF	European Metal Workers Federation 欧洲金属工人联合会
EMU	European Monetary Union 欧洲货币联盟
EP	European Parliament 欧洲议会
ESF	European Social Fund 欧洲社会基金
ESM	European Social Model 欧洲社会模式
ETUC	European Trade Union Confederation 欧洲工会联合会
Euratom	European Atomic Energy Community 欧洲原子能共同体
EWC	European Works Council 欧洲劳资联合委员会

FSR	Fundamental Social Right	基本社会权利
GSP	Generalised System of Preferences	普遍优惠制，普惠制
IELL	International Encyclopaedia for Labour Law and Industrial Relations	劳动法与劳资关系国际百科全书
IGC	Intergovernmental Conference	政府间工作会议
ILO	International Labour Organisation	国际劳工组织
ITUC	International Trade Union Confederation	国际工会联合会
NGO	Non-governmental Organisation	非政府组织
OECD	Organization for Economic Cooperation and Development	经济合作与发展组织，经合组织
O.J.	Official Journal	[欧盟官方出版物]《公报》
RB	Representative Body	代表机构
SCE	European Corporative Society	欧洲合作社
SE	Societas Europaea	欧洲股份公司
SEA	Single European Act	《单一欧洲法案》
SNB	Social Negotiating Body	社会协商机构
TEC	Treaty establishing the European Community	《欧洲共同体条约》
TEU	Treaty on European Union	《欧洲联盟条约》
TFEU	Treaty on the Functioning of the European Union	《欧洲联盟运行条约》
UEAPME	European Association of Craft, Small and Medium-Sized Enterprises	欧洲手工与中小企业协会
v.	Versus	[起]诉
VAT	Value added tax	增值税
WCL	World Confederation of Labour	世界劳工联合会
WTO	World Trade Organisation	世界贸易组织

前　言

一、劳动法[*]

1. 劳动法旨在监测经济发展，其目的是在雇主与劳动者之间建立一种适当的关系、利益、权利与义务的平衡。劳动法还有助于创造就业机会，以响应积极的就业政策。劳动法还应该保障劳动者拥有体面的工作，[①]对建设福利国家(Welfare state)[②]也具有重要的贡献。

2. 考虑到市场经济的发展目标，要实现劳动法的目的并非易事。事实上，市场经济需要进一步提升企业的经济利益。"公司治理(Corporate governance)与股东的价值"是当今充满竞争的世界发展的主要驱动力。因此，这是管理者的世界。在此框架下，雇员的社会保护(Social protection)，即工资与工作条件，必须保持尽可能低的水平，股东在这些方面具有最终的决定权。

3. 基于上述原因，经济活动的参与者，也就是股东和管理者，他们享有某种"管理特权"。这意味着他们在考虑市场发展状况后有合法的权力做出适当的经济、技术和财务决策。

4. 股东和管理者也有权管理并指挥劳动者。劳动者应切实履行其工作任务，听从雇主的安排。

---

[*] 此级标题为译者添加，以便与其他章节的格式相统一。——译者注

[①] 体面的工作是指在保证自由、平等、安全及人格尊严等前提下的就业。根据国际劳工组织规定，体面的工作包括富有成效的工作机会、提供公平收入、工作场所的安全保障、对家庭的社会保护、个人发展与社会融合的较好前景以及表达个人意见的自由。劳动者可以组织并参与影响其生活以及男女平等待遇的决策过程。

[②] 福利国家是一个"关于政府治理的概念，其中国家在保护与促进其国民经济与社会幸福中发挥着关键的作用。它基于机会平等、财富公平分配等原则，负有为那些无法达到最低生活标准的公民提供最低生活保障的公共责任。这一术语从广义上讲可包含各种形式的经济与社会组织"(Welfare State, *Britannica Online Encyclopedia*)。

二、经济全球化

5. 另一个重要的因素是市场经济的发展。当今经济越来越表现出全球化与本土化并存的趋势,①资本、商品、服务和技术的流通没有国界。②愈来愈多的信息技术应用进一步促进了这种发展。事实上,许多公司制定了全球化的发展战略,而在本地运营的小型企业也感受到了国际竞争的压力。此外,许多中小企业(Small and Medium Enterprises, SME)成为大型商业运营网络的一部分,可通过这一网络提供跨国界的服务与商品交付。

6. "尽管可以带给许多劳动者巨大的利益,但经济全球化也明显存在着不利的影响,例如不断增长的工作保障、让步式谈判(Concession bargaining)以及日益加剧的不平等,这些都会影响尤其是那些劳动力市场(Labour market)较为薄弱的环节。"③从2008年起,我们一直在应对金融危

---

① A. Turner, *Just Capital*, London, 2002; Bruce F. Kaufman, *The Global Evolution of Industrial Relations*, 2004, Geneva, 600 pp. 'Confronting Globalisation. The Quest for a Social Agenda', (ed. R. Blanpain), *Bulletin for Comparative Labour Relations*, no. 55, 2005, 218, Kluwer Law International, The Hague; Martin Wolf, *Why Globalisation Works*, Yale University Press, New Haven, 2005, 398 pp.; Thomas L. Friedman, *Hot*, *Flat & Crowded*, Penguin Books, 2009, London, 516 pp.; Robert B. Reich, *After-shock*: *The Next Economy and America's Future*, A. Knopf, New York, 2010, 173.

② ILO, *Industrial Relations*, *Democracy and Social Stability. World Law Report*, 1997—1998, Geneva, 1998; R. D. Lansbury and YB. Park (eds.), 'The Impact of Globalisation on Employment Relations', *Bulletin of Comparative Labour Relations*, vol. 45, 2002, 151; R. Blanpain and B. Flodgren (eds.), 'Corporate and Employment Perspectives in a Global Environment', *Bulletin of Comparative Labour Relations*, vol. 60, Kluwer Law International, 2006, 201 pp.; R. Blanpain and L. Catcher et al. (eds.), 'Globalisation and Employment Relations in Retail Banking', *Bulletin of Comparative Labour Relations*, Kluwer Law International, vol. 63, forthcoming; Boaventura de Sousaz et al. (eds.), *Law and Globalisation from Below*: *Towards a Cosmopolitan Legality*, Cambridge University Press, 2005, 395 pp.; R. Blanpain et al., *The Global Workplace*: *International and Comparative Employment Law*: *Cases and Materials*, Cambridge, 2007, 647 pp.; R. Blanpain and F. Hendrickx, 'Labour Law between Change and Tradition', Liber Amicorum Antoine Jacobs, *Bulletin of Comparative Labour Relations*, no. 78, Kluwer Law International, 2011, 198 pp.

③ K. J. Vos, 'Globalization and Social Protection', *Bulletin for Comparative Labour Relations*, no. 70, 2009, 199 (ed. Roger Blanpain); Dani Rodrik, *The Globalisation Paradox*: *Why Global Markets and Democracy Can't Coexist*, Oxford University Press, Oxford, 2011, 346 pp.

机,这对社会保障有长远的影响。当下危机波及包括发展中国家在内的世界各国。解决这种危机的方法之一就是拥有强有力的社会政策。①

(一) 国际劳工组织:《全球就业协定》

7. 我们的经济发展确实愈加全球化。然而问题在于,谁会从中受益?

为了解决伴随着经济全球化而出现的社会问题,国际劳工组织(International Labour Organization,ILO)建立了世界全球化社会问题委员会(World Commission on the Social Dimension of Globalisation)。该委员会考察了经济全球化的社会影响并制定了一个适用于所有国家的发展日程。②

该委员会的报告认为全球化有其潜在的好处,例如它可以促进社会与经济开放,以及更自由的商品流通、知识与思想交流。但是委员会还发现,在当前全球经济的运作中存在深层次并且持续存在的不平衡发展问题,而这一点"在道德上不可接受,在政治上不能持续发展"。

事实上,国际劳工组织总干事(Director-General)胡安·索马维亚③在

---

① J. Stiglitz, 'The global crisis, social protection and jobs', *International Labour Review*, vol. 148, 2009, no. 2; R. Blanpain and William Bromwich *et al.*, 'Rethinking Corporate Governance: From Shareholder Value to Stakeholder Value', *Bulletin of Comparative Labour Relations*, no. 77, Kluwer Law International, 359 pp.; R. Blanpain, 'Flexicurity in a Global Economy. We Need both, also Security', in T. Davulis and D. Petrylaité, *Labour Markets of the 21st Century: Looking for Flexibility and Security*, 2011, Vilnius University, 19-29; S. Hayter, *The Role of Collective Bargaining in the Global Economy: Negotiating for Social Justice*, ILO, Geneva, 2011, 327 pp.

② *A Fair Globalization: Creating Opportunities for All*, Geneva, 2004, 190 pp.该委员会由芬兰总统塔里娅·哈洛宁和坦桑尼亚总统本杰明·姆卡帕共同担任主席,其 26 名成员包括诺贝尔经济学奖获得者、立法者、社会和经济专家、商业界、劳工组织、学术界和公民社会(Civil society)的代表。

③ 'For too many, globalisation isn't working', *The International Herald Tribune*, 27 February 2004; M. Nain, *Illicit: How Smugglers, Traffickers and Copycats are Hijacking the Global Economy*, Doubleday, New York, 2005, 340 pp.; J. Stiglitz, *Making Globalisation Work: The Next Steps to Global Justice*, Allen Lane, London, 2006, 358 pp.; S. Sciarra, 'Transnational and European Ways Forward for Collective Bargaining', in *Liber Amicorum Ronnie Eklund*, Iustus Förlag, Upsala, 2010, 529-549; M. Weiss, 'Corporate Social Responsibility: A Concept for the 21st Century', in T. Davulis and D. Petrylaite, *Labour Markets of the 21st Century: Looking for Flexibility and Security*, 2011, Vilnius University, 30-48.

一篇评论中强调,"全球化竞争的争论正处于僵局状态(Impasse),贸易谈判也止步不前,而就业机会正在逐步减少,但金融动荡现象仍在持续。与此同时,移民和外包等政治敏感问题引起人们高度关注,但其在解决全球问题的议程上却未得到充分重视。"

8. 自从发生金融危机以来,许多国家的劳动力市场随着数以百万计的劳动者失业而急剧恶化。事实上,这场危机的整体影响仍在不断扩大,国际劳工组织预计全球的失业率将进一步上升。与此同时,企业面临发展的压力,破产企业的数量也在不断增加。弱势就业也在增加,更多的人正在被推向贫穷的境地。人们关注的另一个问题是,新的就业机会短缺正在加剧:在未来5年内,为了维持金融危机之前的就业水准,全球需增加至少3亿个工作岗位。①

全球金融危机令当今就业形势更加严峻。根据经济合作与发展组织的报告,整个经合组织国家的就业人数在2007年至2010年减少了将近500万,而求职者的人数则增长到1600多万人。经济衰退至今已有两年多的时间,尽管经济活动和劳动需求有复苏的迹象,但许多经济发达国家的失业率仍处于历史高位。②

经验表明,劳动力市场的复苏水平仍然平均落后于经济复苏水平4—5年的时间。未来几年,全球就业危机仍会持续存在。

这就是国际劳工大会(International Labour Conference)通过一项全球就业协定并把创造就业与社会保护确定为其复苏政策重中之重的原因所在。该协定的目标是,确保特别的经济刺激措施与其他的政府政策能更好地满足那些需要保护和就业的人民的需求,以加速促进经济与就业复苏的步伐。第98届国际劳工大会于2009年在日内瓦通过了此项协定:

经济复苏:《全球就业协定》(Global Jobs Pact)

(1)全球经济危机的影响及其后果意味着各国会面临着失业率的持续

---

① R. Torres, 'Questions and Answers on the Global Jobs Crisis', www.ilo.org (July 2009).
② Federico Cingano Alfonso Rosolia, 'Where are the Jobs? Out there, Somewhere. Perhaps?', ILO, 17 July 2011.

上升、贫困的加剧和不平等的增加等可能性。通常来讲,就业的恢复会出现在经济复苏几年之后。而在一些国家,仅仅恢复到经济危机之前的就业水平还不足以有力地支持其强劲的经济发展势头,也不足以为所有人提供体面的工作。

(2)企业破产及失业正在加剧,解决这些问题是综合应对危机方案的一部分。

(3)世界各国在这一方面必须做得更好。

(4)在保障权利、促进人民的发言权与参与权的同时,有必要适当协调全球政策,以加强国内及国际社会围绕就业、企业可持续发展、优质公共服务和保护人民等方面的努力。

(5)这将促进经济复兴、全球化的公平、繁荣及社会公正。

(6)世界在危机之后看起来应有所不同。

(7)我们的应对措施应有助于建立公平的全球化、绿色经济及发展,它可以更有效地创造就业与可持续发展的企业,尊重劳动者权利,促进性别平等(Gender equality),保护弱势群体,协助各国提供优质的公共服务,最终促进各国实现《千年发展目标》(Millennium Development Goals)。

(8)各国政府、劳动者组织与雇主组织承诺共同为《全球就业协定》的成功实施做出贡献。国际劳工组织用《体面工作议程》(Decent Work Agenda)所形成的框架措施作为回应。

9.《全球就业协定》关注的其他要点包括:

——促进经济复苏与发展的原则;

——对体面工作做出的反应;

——加快创造就业岗位与就业复苏并维持企业的发展;

——建立社会保护机制并保护人民;

——加强对国际劳工标准的尊重;

——社会对话(social dialogue):开展集体谈判,确定首要任务并促进行动;

——发展方向:塑造公正、可持续的全球化;

——国际劳工组织采取的行动。

(二) 欧洲联盟

10. 欧洲联盟(The European Union)的劳动力市场也在持续恶化:人口失业率继续上升,职位空缺数仍在减少,公司持续宣布裁员。然而,尽管未来几个月劳动力市场的前景依然暗淡,但有越来越多的迹象表明,这种恶化的速度正在减缓。特别需要指出的是,尽管包括企业的招聘预期和消费者失业预期在内的经济景气指数不容乐观,但其表现出显著的改善迹象。

由于各成员国(Member State)的国内生产总值(GDP)与前一季度相比下降了2.4%,欧洲联盟在2009年第一季度出现经济衰退。严格地讲,大多数成员国在今年[2011年]第一季度已经进入衰退期,除了波兰之外,没有国家出现经济增长。

2008年中期的经济衰退导致劳动力市场十分疲软。在2008年第三、第四季度的衰退之后,欧洲联盟的就业率在今年第一季度下降了0.9%,这导致同比增长-1.3%。劳动力市场的恶化现象遍布所有成员国。

欧洲联盟在2009年5月的失业率持续上升,虽然数据与这一年前四个月相比有所减缓,但是男性劳动者与青年劳动者的失业情况尤为严重。整体失业人数上升了38.5万(或1.8%),达到了2150万,与2008年5月相比增加了510万人(几乎是三分之一)。欧洲联盟失业率从0.2个百分点升至8.9个百分点,比上年同期高出2.1个百分点。自2005年中期把失业率从9%降至6.7%以来,近三年的进展在短短14个月内几乎被摧毁。

在欧元区(Euro Area),失业率预计在2009年年底会飙升至11.1%,并在2010年年底持续上升到12.3%。①

此后,欧洲的就业形势略有改善。欧元区(欧洲联盟17国)2011年5月季节性调整的失业率为9.9%,与同年4月相比保持不变。欧元区的失业率在2010年5月为10.2%;而欧洲联盟27国在2011年5月的失业率则为

---

① *EU Employment Situation and Social Outlook*, July 2009, 18 pp.

9.3%,与4月相比也保持不变,在2010年5月则为9.7%。

根据欧洲联盟统计局(Eurostat)的估计,欧洲联盟27国在2011年5月有2237.8万名男女失业者,其中欧元区的失业人数为1551万。与2011年4月的数据相比,欧洲联盟27国的失业人数减少5000人,而在欧元区则增加了1.6万人。与2010年5月的数据相比,欧洲联盟27国的失业人数下降了90.4万人,而欧元区则减少了55.1万人。与上一年相比,欧盟有19个成员国失业率下降,但在另外8个成员国中则有所增加。①

11. 欧洲联盟政府首脑理事会于2009年5月在捷克布拉格举行的就业问题非正式峰会(Summit)讨论了可采取的具体行动,以缓解金融危机中的就业与社会问题。本次会议讨论并确定了在成员国经济复苏和欧洲层面所提出的倡议范围之内三个应特别优先关注的领域:

(1)维持就业,创造新的就业职位并促进就业机动性;

(2)提升技能并适应劳动力市场的需求;

(3)增加就业机会。

12. 本次会议建议采取以下十项行动:

(1)通过临时调整工作时间,结合再培训并由(包括来自欧洲社会基金[European Social Fund]在内的)公共资金支持等措施,尽可能多地保持劳动者的工作;

(2)通过降低非工资劳动成本和弹性保障(Flexicurity)等方法,鼓励创业和创造就业岗位;

(3)在劳动者最初几周失业的时间内,为这些失业者尤其是年轻的失业者,提供深入辅导、培训和求职等帮助,以提高国内就业服务的效率;

(4)在2009年年底之前大幅度增加高质量的学徒和培训实习的岗位数量;

(5)通过确保工作奖励,有效的、积极的劳动力市场政策和社会保护制度的现代化,可使弱势群体——包括残疾人士、低技能劳动者和移民——能

---

① Eurostat,May 2011.

够更好地融入社会,以促进更具包容性的劳动力市场的发展;

(6) 提升各个层次的终身学习,特别是给予所有毕业生必要的求职技能;

(7) 利用劳动力的流动性,以最大限度地适应劳动力的供需要求;

(8) 明确就业机会和技能要求,完善能正确预测劳动者可获得培训机会的技术;

(9) 协助失业人士和年轻人创业,例如,提供商业技能培训和创业资金,或在其创业之初减免其税务负担;

(10) 通过相互学习和交流最佳实践来预测和管理企业重组(Restructuring)。

13. 为增强对劳动者就业的支持力度,2009年6月18—19日举行的欧洲联盟峰会指出,与失业做斗争仍为其首要任务。虽然在这一领域采取行动是各成员国应考虑的首要事项,但欧洲联盟在提供并完善所需的共同框架方面发挥着重要的作用,以确保对成员国采取的措施进行协调、相互支持并与单一市场规定保持一致。

在这一努力中,我们需要保障并进一步增强社会保护、社会凝聚力以及对劳动者权利的保护。

在当前形势下,欧洲联盟政府首脑峰会强调"弹性保障"是一种实现劳动力市场适应能力与现代化的重要手段,应优先考虑准备未来经济复苏所需的劳动力市场:创造一个支持创业和就业的良好环境,投资于有熟练技巧、适应性和主动性强的劳动者,并将欧洲市场转化为一种具备竞争力,以知识为基础,具有包容性、创新性且具有生态效益的经济。社会保障制度和社会融入政策作为自动调节的经济稳定器在缓冲经济萧条对社会的影响、帮助人们回到劳动力市场的有效机制方面发挥其应有的作用。此外,人们需要格外关注弱势群体以及被社会排外(Social exclusion)的新风险。

14. 2009年6月8日在卢森堡召开的欧洲联盟理事会(European Council)政府首脑会议通过了在危机时期采取"弹性保障"的决议。理事会强调,"灵活保障方式的基本原则非常符合欧洲联盟经济增长与就业战略的核心因素",与不断增加的加强欧洲联盟竞争力与社会凝聚力的需求相一致,而修订里斯本战略则是促进欧洲联盟对全球化挑战的积极回应。

作为一种平衡的政策组合,理事会提出了一套可以帮助成员国和社会合作伙伴的措施,在必要时可通过适用弹性保障的原则来设法应对全球危机的影响。

这些措施可包括:

(1) 通过帮助企业采取非裁员的方式,例如灵活的工作模式与临时调整工作时间以及公司内部可适用的其他灵活措施,尽可能维持劳动者的就业;

(2) 通过确保必要的灵活性与安全性同时存在的劳动力市场,创造更好的创业环境;

(3) 加强并完善可激活就业的措施;

(4) 增加人力资本投入,尤其是再培训、技能提升和劳动市场需求匹配,包括针对从事兼职或其他形式灵活的就业以及技能水平较低的劳动者;

(5) 提高公共就业服务的效率;

(6) 在弹性保障就业政策的实施方面坚持性别主流化的原则来解决这场经济危机;

(7) 根据欧洲联盟各条约和共同体的法律规定促进劳动者的自由流动,促进欧洲联盟单一市场内的机动性,这有助于解决劳动者现有技能与劳动力市场需求之间持续存在的不匹配现象,尤其是在经济低迷时期;

(8) 采取适当的对策以适应弹性保障办法框架内有关就业与劳动力市场的规定;

(9) 整合所有弹性保障元素与支柱时应注意减少市场细分并完善劳动力市场的运作;

(10) 进一步关注提高工作质量和提高生产率。

15. 2011年6月7日,欧洲联盟委员会(European Commission)通过了27套国别建议以及将整个欧元区设为一整体的建议,以帮助各成员国强化其经济与社会政策,实现经济增长、就业与公共财政。①

2011年初期,各成员国与欧洲联盟委员会在10大主要优先事项上达成共识,以便在共同面对当前经济危机的同时促进经济的可持续发展。由于各国的经济发展形势并不相同,委员会现在只是针对各成员国提出相关的建议措施。该举措有利于各成员国在未来12—18个月集中实施其战略目标并以此带动欧洲联盟经济的总体发展。

这些建议作为欧洲半年期制度的一部分,各成员国与委员会在今年[2011年]首次就经济与预算政策进行协调。一旦各成员国在欧洲联盟层面就优先事项达成共识,那么各成员国就会正式出台各自的国内实施计划,委员会正在通过这些特别定制、有针对性并可以衡量的建议对成员国的这些方案进行全面评估。

总体而言,成员国试图在其实施方案中反映欧洲联盟层面已经达成一致的优先事项,且其宏观经济预测假设也基本上切实可行。然而,成员国的方案经常缺乏长远明确的目标。许多成员国在保持促进经济增长措施的时候(进行研究与创新、商务环境方面以及服务业的竞争问题)需要在财政整合上更加积极主动。在劳动力市场方面,我们需要更多的措施来增加劳动力的参与、解决结构性的失业问题、减少年轻人的失业以及过早辍学的问题、确保工资与生产力水平相适应。

这些建议对成员国国内政策的制定提供了欧洲联盟层面的投入。成员国仍然负责制定其经济发展政策并起草其经济预算方案。可是如今,我们广泛认可成员国总体上在欧洲联盟范围内,特别是在欧元区内的相互依赖。这就是各成员国同意欧洲联盟制定其共同发展经济优先事项的原因,并承诺在国内层面实施这些措施。

委员会的每一套建议均建立在其对各成员国经济形势全面分析的基础之上,它在《员工工作报告》(Staff Working Papers)中的陈述也于今日刊

---

① Delivering on Growth and Jobs: Commission Presents 2011 Country-specific Recommendations, June 2011.

登。宏观经济预测假设已经对照欧洲联盟委员会的春季预测(Spring Forecasts)进行了评估,各成员国列在行动计划中的国内措施已经由欧洲联盟委员会检查,以确保成员国采取适当的措施来应对具体的挑战。

三、全球经济本土化(Glocalization)

16. 世界经济呈现出全球化与本土化共存的发展趋势。其中值得注意的一点是,在全球化经济发展的背景下,就业水平尤其是在商品与服务行业中的比率正在下降。由于自动化、信息化技术以及企业重组①等原因带来的生产力大幅提升,劳动力因素正在失去其重要性。大量的经济附加值可以由雇用更少的劳动者来实现。农业与服务业中的商品贸易如果变得越来越廉价,劳动者的就业率也就会随之下降。正在进行的企业结构重组就是这一发展趋势所产生的结果。

17. 随着我们(西方)社会变得越来越富有,我们的人口越来越老龄化,个性化服务(Personalised services)的需求量正在呈几何级数增长,该领域的就业率也会越来越高,这一点完全符合逻辑。对于老年卫生与保健、餐饮业、美发业等面对面的服务,生产力的提高要么不可能,要么就是微乎其微。此外,服务价格变得更加昂贵。但服务不像商品贸易那般可以储存:对病人和长者的护理属于随时随地的服务需求。例如在英国,有 3.1 万人在啤酒厂工作,但有 60 万人在酒吧从事向消费者供应啤酒的工作。

因此,这种个性化服务在国民生产总值(GNP)中的比重有所增加,其价值也相对地有所增长,而同样重要的是,该行业的就业人数也会增加。个性化的工作职位是本地的服务岗位,因为需要护理与保健服务的病人和长者长期居住在一个地方,而非四处流动。

简而言之,我们的经济和就业既有国际化,又有本地化,这两个词合并为一个词:"全球经济本土化"(Glocal)。

---

① J. Champy, *Engineering the Corporation: Reinvent Your Business in the Digital Age*, London, 2002, 232 pp.

80%以上的工作属于当地的就业岗位,这一点不容置疑。而它也提供了一种 24 小时不间断服务的行业需求。顾客实际上就是上帝,所以欧洲需要更灵活的劳动力市场。

18. 新技术对就业的影响不可高估。[①]新的经济正在出现并转变企业的组织形式、产品的生产与服务提供的方式。知识与信息是带来附加值的源头。在网络经济的带动下,新的技术应用与服务的大量出现也在刺激着经济的发展。更重要的是,创业正在吸引着优秀人才的关注。这促使企业更加注重创造力、知识以及获取新知识或企业核心员工的能力。[②]

19. 显而易见,假如法律想要作为规范相关劳动关系的必要手段,它就需要紧密跟随这些经济与技术发展的步伐。劳动者需要灵活性与就业能力(Employability)来满足市场的需求。

四、里斯本战略

20. 欧盟各成员国政府首脑于 2000 年 3 月在里斯本召开了欧盟春季峰会。本次峰会讨论并通过了以经济、社会与环境等战略创造全世界最具竞争活力、以知识为基础的经济发展目标,在 2010 年以前实现可提供更多更好的工作岗位的持续性经济增长,实现更强的社会凝聚力,促进经济稳步发展。该战略包含几个领域的具体目标,包括总体就业水平、女性就业比率以及年长劳动者的就业问题。

2004 年 11 月,由荷兰前首相维姆·科克[③]担任主席的高级组织准备的

[①] M. Colucci, 'The Impact of the Internet and New Technologies on the Workplace: A Legal Analysis from a Comparative Point of View', *Bulletin of Comparative Labour Relations*, vol. 43, 2002, 186.

[②] ILO, *World Employment Report 2001. Life at Work in the Information Society*, Geneva, 2001, CD Rom, p. 4; R. Blanpain (ed.), European and Framework Agreements and Telework: Law and Practice: A European and Comparative Study', *Bulletin of Comparative Labour Law*, Kluwer Law International, Alphen aan den Rijn, vol. 62, 2007, 283 pp.; 'The World of Work in the XXIst Century', in *Flexicurity and the Lisbon Agenda: A Cross-Disciplinary Reflection*, ed. Frank Hendrickx, Intersentia, 2008, Social Europe Series, 1-32.

[③] *Facing the Challenge: The Lisbon Strategy for Growth and Employment*.

一份关于欧洲联盟里斯本战略的报告在本次欧洲联盟理事会会议上进行了讨论。报告指出,成员国在方案实施方面进展缓慢。因此,报告敦促所有相关各方共同参与,以促进经济发展。

欧洲联盟急需采取行动的关键领域包括:

——"知识型社会"。这包括增加欧洲对研究人员和科学家的吸引力,以研发为优先事项并促进信息与通信技术(Information and Communication Technology,ICT)的应用。

——内部市场。欧洲应实现商品与资本自由流通的内部市场,并且应立即采取措施建立起单一服务市场。

——商业环境。减少总体行政负担,提高立法质量,促进企业的创办,为企业创造更有利的环境。

——劳动力市场。发展终身学习以及"积极老龄化"等战略。①

21. 2009 年,欧洲联盟委员会在《欧洲经济复苏计划》(European Economic Recovery Plan)中就实施《里斯本战略结构改革》(Lisbon Strategy Structural Reforms)向欧洲联盟理事会提出了建议。②

为了以一种连贯、综合的方式实现促进经济增长和就业的里斯本战略,欧洲联盟采用单一的文件提出这些建议。正如第 128 条第 2 款所强调的那样,该方法反映出成员国国内复苏计划(NRP)和实施报告的一体化结构,以及就业指导纲要与第 99 条第 2 款规定的广泛经济政策指导之间的必要连贯性。

22. 在当前经济不景气的背景下,欧洲联盟理事会在 2008 年 12 月批准了欧洲联盟委员会提出的《欧洲经济复兴计划》。该计划于《稳定与增长协定》(Stability and Growth Pact)发展范围内规定了预算协调措施以刺激需

---

① Andrea Broughton,IRS,'Kok Group Issues Report on Lisbon Strategy',〈www.eiro.eurofound.ie〉2005.

② Council Recommendation on the 2009 update of the broad guidelines for the economic policies of the Member States and the Community and on the implementation of Member States and on the employment policies (COM (2009) 34/2).

求,恢复信心,并充分考虑成员国起初的处境及其面对经济问题已采取的努力。经济复苏计划预计的预算刺激伴随结构性改革的加速,根植于《里斯本战略》,以刺激经济的同时,促进联盟的长期增长潜力,特别是通过有利于向低腐败与知识密集型经济过渡的措施。

23. 由欧洲联盟理事会通过的经济复苏计划要求各成员国遵守最新的稳定或融合方案,欧洲联盟委员会在适当考虑确保财政恶化的可逆转性、提高预算政策制定水平及确保公共财政长期稳定性的需要后评估该方案。

针对成员国的国别建议应在考虑复兴计划的原则以及采取建议后所取得的进展后进行更新。各成员国应迅速实施这些改革措施。欧洲联盟委员会作为里斯本战略的合作伙伴将提供帮助,监督并定期就实施这些计划的进程发表报告。

为全面实施里斯本战略,促进经济增长和就业机会的增加,这项建议还应包含属于欧元区各成员国的具体建议。

24. 然而,一个不利的方面是,欧洲联盟在2009年第一季度仍有500万年轻人处于失业状态;但同时存在的一个利好消息则是,在近期的一次调查中,72%的被调研者认为欧洲联盟在创造就业机会以及解决失业问题方面扮演了积极的角色,而78%的人则认为欧洲联盟促进了劳动者接受教育和培训的机会。欧洲联盟也在寻找其他途径来减轻经济和金融危机的负担。例如,欧洲联盟委员会提出为欧洲社会基金项目提供多达100%的资金,并将须由委员会批准的环境项目的门槛由2500万欧元提高至5000万欧元。欧洲联盟委员会还提供罗马尼亚15亿欧元的贷款来改善其收支平衡,以加快恢复经济增长和就业。

里斯本战略(2020)

25. 在更新里斯本战略的要求下,欧洲2020战略于2010年6月17日取代了原来的里斯本战略。欧洲2020战略旨在创造就业,鼓励绿色经济增长并创造包容型社会。

该战略的主要目标包括:

——将欧洲的就业率从69%提高至75%;

——将青少年的辍学率(School drop-out rate)降低至10%以内;

——减少欧洲25%的贫困人口(相当于2000万人);

——温室气体排放量(Greenhouse gas emissions)比1990年的标准减少20%(若条件较为有利,则温室气体排放量减少30%);

——20%的能源消耗由可再生能源取代,能源利用率提高20%;

——欧洲联盟3%的国内生产总值用于研发环节。

欧洲联盟必须对各成员国实施里斯本战略的进展情况进行监督:各成员国必须向欧洲联盟委员会提交其《国家改革计划》(National reform programmes)的这些目标,而欧洲联盟理事会则在一年一度的政府首脑峰会上评估各国的进展。

五、欧洲联盟扩容

26. 欧洲联盟自成立以来一直在持续发展壮大。

欧洲联盟在最初成立时有六个创始成员国,他们分别是:比利时、法国、德国、意大利、卢森堡和荷兰。随后,欧洲联盟共有五次扩张活动:

——1973年:丹麦、爱尔兰和英国;

——1981年:希腊;

——1986年:葡萄牙和西班牙;

——1995年:奥地利、芬兰和瑞典;

——2004年5月1日,总计有10个新成员国加入欧洲联盟:塞浦路斯、捷克共和国、爱沙尼亚、匈牙利、拉脱维亚、立陶宛、马耳他、波兰、斯洛伐克共和国和斯洛文尼亚。

保加利亚和罗马尼亚则于2007年加入欧洲联盟。这就意味着欧洲联盟已经扩大到27个成员国。

27. 根据1993年欧洲联盟理事会在哥本哈根会议制定的标准,每个国家加入欧洲联盟的时间取决于拟加入国的准备进展。哥本哈根标准要求:

——保障民主、法治、人权以及对少数民族的尊重与保护等稳定机制;

——建立完善的市场经济以及在欧洲联盟中应对竞争压力和市场力量的

能力。

——承担成员资格义务的能力,包括坚持政治目标、经济目标和货币联盟的目标。

(一) 欧洲联盟人口

28. 如今,欧洲联盟 27 国的人口已接近 5 亿。这些新加入的成员国几乎代表着占总人口数的 20%(7420 万)。这与美国有 3.08 亿人口、日本有 1.27 亿人口、印度有 12.1 亿人口、中国有 13 亿人口的情形形成了明显的对比,而土耳其的人口约有 7300 万。

表 1 (欧洲)总人口(截止到 2011 年 1 月 1 日)

地域/年份	2000	2011
欧洲联盟(27 国)	482,760,665	502,489,143
欧洲联盟(25 国)	452,114,304	
欧元区(16 国)	327,122,047	331,965,504
欧元区(15 国)	307,319,794	330,625,310
比利时	10,239,085	10,918,405
保加利亚	8,190,876	7,504,868
捷克共和国	10,278,098	10,532,770
丹麦	5,330,020	5,560,628
德国	82,163,475	81,751,602
爱沙尼亚	1,372,071	1,340,194
爱尔兰	3,777,763	4,480,176
希腊	10,903,757	11,329,618
西班牙	40,049,708	46,152,926
法国	60,537,977	65,075,310
意大利	56,923,524	60,626,442
塞浦路斯	690,497	804,435
拉脱维亚	2,381,715	2,229,641

（续表）

立陶宛	3,512,074	3,244,601
卢森堡	433,600	511,840
匈牙利	10,221,644	9,986,000
马耳他	380,201	417,608
荷兰	15,863,950	16,654,979
奥地利	8,002,186	8,404,252
波兰	38,653,559	38,200,037
葡萄牙	10,195,014	10,636,979
罗马尼亚	22,455,485	21,413,815
斯洛文尼亚	1,987,755	2,050,189
斯洛伐克	5,398,657	5,435,273
芬兰	5,171,302	5,375,276
瑞典	8,861,426	9,415,570
英国	58,785,246	62,435,709
克罗地亚	4,497,735	
马其顿(原属南斯拉夫共和国)	2,021,578	
土耳其	66,889,425	73,722,988
冰岛	279,049	318,452
列支敦士登	32,426	36,152
挪威	4,478,497	4,920,305
瑞士	7,164,444	7,866,500
欧洲自由贸易协会(瑞士、列支敦士登、挪威)	11,954,416	

资料来源:欧洲统计局

表2 就业率（15—64岁年龄组）

%

地域/年份	1992	1993	1994	1995	1996	1997	1998	1999	2000	2001	2002	2003	2004	2005	2006	2007	2008	2009	2010
合计							60.7	61.2	61.8	62.6	62.4	62.6	63.0	63.5	64.5	65.4	65.9	64.6	54.2
欧洲联盟（27国）							60.6	61.2	61.9	62.8	62.8	63.0	63.4	64.0	64.8	65.8	66.3	65.0	64.5
欧洲联盟（25国）	61.2	50.1	59.8	60.1	60.3	60.7	61.4	62.5	63.4	64.1	64.2	64.5	64.9	65.4	66.2	66.9	67.3	65.9	66.4
欧元区（17国）							58.6	59.3	60.4	61.4	62.3	62.6	63.1	63.7	64.7	65.6	66.0	64.7	84.2
欧元区（16国）							58.5	59.3	60.4	61.4	62.3	62.6	63.1	63.7	64.7	65.6	66.0	64.7	64.2
比利时	56.3	50.8	55.7	56.2	66.2	56.8	57.4	59.3	60.5	59.9	59.6	60.3	61.1	61.0	62.0	62.0	62.4	61.6	62.0
保加利亚									50.4	49.7	50.6	52.9	54.2	55.8	58.6	61.7	64.0	62.6	58.7
捷克共和国					67.3	65.6	65.0	65.0	65.4	64.7	64.2	64.7	65.3	66.1	66.8	65.4	65.0
丹麦	73.7	72.1	72.3	73.4	73.8	74.9	75.1	76.0	76.3	76.2	75.9	75.1	75.7	75.9	77.4	77.1	77.9	75.7	73.4
德国（包括1991年后的原民主德国）	66.4	65.1	64.7	64.6	64.1	63.7	63.9	65.2	65.6	65.8	65.4	65.0	65.0	66.0	67.6	69.4	70.7	70.9	71.1
爱沙尼亚									64.6	61.5	60.4	61.0	62.0	62.9	63.0	64.4	68.1	69.8	63.8	61.0
爱尔兰	51.2	51.7	53.0	54.4	55.4	57.6	60.6	63.8	65.2	65.8	65.5	66.3	67.6	68.7	69.2	67.6	81.8	60.0
希腊	53.7	53.7	64.2	54.7	55.0	55.1	56.0	55.9	56.3	57.5	58.7	59.4	60.1	61.0	61.4	61.9	81.2	59.6
西班牙	40.0	46.6	46.1	40.9	47.9	49.5	51.3	53.8	56.3	57.8	58.5	59.8	61.1	63.3	64.8	65.6	64.3	59.8	58.6
法国	59.9	69.3	59.1	59.5	59.6	60.2	60.9	62.1	62.8	63.0	64.0	63.8	63.7	64.8	64.3	64.9	64.1	64.0
意大利	52.3	51.4	51.0	51.2	51.9	52.7	53.7	54.8	55.5	56.1	57.8	57.6	58.4	58.7	58.7	57.5	56.9
塞浦路斯									65.7	67.8	68.8	69.2	68.9	68.5	69.6	71.0	70.9	69.8	69.7
拉脱维亚						59.9	58.8	57.5	58.6	60.4	51.8	62.3	63.3	66.3	68.3	68.6	60.9	68.3

（续表）

地域/年份	1992	1993	1994	1995	1996	1997	1998	1999	2000	2001	2002	2003	2004	2005	2006	2007	2008	2009	2010
立陶宛							62.3	61.7	59.1	57.5	59.9	61.1	61.2	62.6	63.6	64.9	64.3	60.1	57.8
卢森堡	61.4	60.8	59.9	58.7	50.2	59.9	60.5	61.7	62.7	63.1	63.4	62.2	62.5	63.6	63.6	64.2	63.4	65.2	65.2
匈牙利					52.1	52.4	53.7	55.6	53.3	56.2	58.2	57.0	56.8	53.9	57.3	57.3	56.7	55.4	55.4
马耳他									54.2	54.3	54.4	54.2	54.0	53.9	53.6	54.6	55.3	54.8	56.0
荷兰	64.0	63.6	64.0	64.7	56.3	68.5	70.2	71.7	72.9	74.1	74.4	73.6	73.1	73.2	74.3	76.0	77.2	77.0	74.7
奥地利			68.5	68.8	67.8	67.9	68.8	68.5	68.5	68.7	68.9	67.8	67.8	68.6	70.2	71.4	72.1	71.6	71.7
波兰						58.9	59.0	57.8	55.0	53.4	51.5	51.2	51.7	52.8	54.5	57.0	59.2	59.3	59.3
葡萄牙	66.6	65.1	64.1	63.7	64.1	55.7	56.8	67.4	68.4	69.0	58.8	68.1	67.8	67.5	67.9	67.8	68.2	66.3	55.6
罗马尼亚						65.4	64.2	63.2	63.0	62.4	57.6	57.7	57.7	57.6	58.8	58.8	59.0	58.0	58.8
斯洛文尼亚					61.6	62.6	62.2	62.1	64.8	63.8	63.4	62.6	65.2	66.0	66.6	67.8	68.6	67.5	66.2
斯洛伐克							60.6	58.1	58.8	58.8	56.8	57.7	57.0	57.7	59.4	60.7	62.3	60.2	58.8
芬兰	65.1	61.0	60.3	61.6	62.4	63.3	64.6	66.4	67.2	68.1	67.7	67.6	68.4	68.2	70.3	71.1	68.7	68.1	
瑞典	75.9	71.3	70.2	70.9	70.3	69.5	70.3	77.7	73.0	74.0	73.6	72.9	72.1	72.5	73.1	74.2	74.3	72.2	72.7
英国	67.9	67.4	67.9	68.5	69.0	69.9	70.5	71.0	71.2	71.4	71.4	71.6	71.7	71.7	71.8	71.5	71.5	89.9	69.5
冰岛												83.3	82.2	83.8	84.6	85.1	83.6	78.3	78.2
列支敦士登																			
挪威					77.0	76.9	73.0	78.4	77.5	77.2	76.8	75.5	75.1	74.8	75.4	76.8	78.0	76.4	75.3
瑞士										78.9	77.5	77.4	77.2	77.9	78.6	79.4	79.0	78.8	
黑山共和国																	83.6	78.3	78.2
克罗地亚											53.4	53.4	54.7	55.0	55.6	57.1	59.6	56.6	54.0

续表

地域/年份	1992	1993	1994	1995	1996	1997	1998	1999	2000	2001	2002	2003	2004	2005	2006	2007	2008	2009	2010
马其顿共和国															39.6	40.7	41.9	43.3	46.5
土耳其														44.6	44.6	44.9	44.3	46.3
美国	70.8	71.2	72.0	72.5	72.9	73.5	73.8	78.9	74.1	74.1	71.9	71.2	71.2	71.5	72.0	71.8	70.9	67.6	66.7
日本	69.6	69.5	69.3	69.2	69.5	70.0	68.5	68.9	68.9	68.2	68.4	68.7	69.3	70.0	70.7	70.0	70.1

资料来源：欧洲统计局（2011年7月26日）

表 3　欧洲联盟成员国失业率（%）

	2000	2001	2002	2003	2004	2005	2006	2007	2008	2009	2010
欧洲联盟 27 国	8.7	8.5	8.9	9.0	9.1	9.0	8.2	7.2	7.1	9.8	9.5
欧元区	8.5	8.1	8.4	8.8	9.0	9.1	8.6	7.6	7.6	9.6	10.1
比利时	6.9	8.8	7.5	8.2	8.4	8.5	8.9	7.5	7.0	7.9	8.3
保加利亚	16.4	19.5	18.2	13.7	12.1	10.1	9.0	6.9	5.8	6.8	10.2
捷克共和国	8.7	8.0	7.3	7.8	8.3	7.9	7.2	5.3	4.4	6.7	7.3
丹麦	4.3	4.5	4.6	5.4	5.5	4.8	3.9	3.8	3.3	6.0	7.4
德国	7.5	7.5	8.4	9.3	9.8	11.2	10.3	8.7	7.5	7.8	7.1
爱沙尼亚	13.6	12.6	10.3	10.0	9.7	7.9	5.9	4.7	5.8	13.8	18.9
爱尔兰	4.2	3.8	4.5	4.6	4.5	4.4	4.5	4.8	6.3	11.9	13.4
希腊	11.2	10.7	10.3	9.7	10.5	9.9	8.9	8.3	7.7	9.5	12.6
西班牙	11.1	10.3	11.1	11.1	10.6	9.2	8.5	8.3	11.3	18.0	20.1
法国	9.0	8.3	8.8	9.0	8.3	9.3	8.2	8.4	7.8	9.5	8.7
意大利	10.1	9.1	8.6	8.4	8.0	7.7	6.8	6.1	6.7	7.8	8.4
塞浦路斯	4.9	3.8	3.6	4.1	4.7	5.3	4.6	4.0	3.6	5.3	8.5
拉脱维亚	13.7	12.9	12.7	10.5	10.4	8.9	8.8	8.0	7.5	17.1	18.7
立陶宛	16.4	16.5	13.8	12.6	11.4	8.3	5.6	4.3	3.8	13.7	17.8
卢森堡	2.2	1.9	2.6	3.8	5.0	4.6	4.6	4.2	4.9	5.1	4.5
匈牙利	6.4	5.7	5.8	5.8	8.1	7.2	7.5	7.4	7.8	10.0	11.2
马耳他	6.2	7.6	7.5	2.6	7.4	7.2	7.1	6.4	6.9	7.0	6.8
荷兰	3.1	2.5	3.1	4.2	5.1	5.3	4.4	3.6	3.1	3.7	4.5
奥地利	3.6	3.6	4.2	4.3	4.9	5.4	4.8	4.4	3.8	4.8	4.4

(续表)

	2000	2001	2002	2003	2004	2005	2006	2007	2008	2009	2010
波兰	16.1	18.3	20.0	18.7	19.0	17.8	13.9	9.8	7.1	8.2	9.8
葡萄牙	4.0	4.1	5.1	6.4	6.7	7.7	7.8	8.1	7.7	9.6	11.0
罗马尼亚	7.3	6.8	8.6	7.0	8.1	7.2	7.3	8.4	5.8	8.9	7.3
斯洛文尼亚	6.2	6.2	6.3	6.7	6.3	6.8	8.0	4.9	4.4	5.9	7.3
斯洛伐克	18.8	18.3	18.7	17.6	18.2	18.3	13.4	11.1	8.5	12.0	14.4
芬兰	9.6	9.1	9.1	9.0	8.8	8.4	7.7	8.9	6.4	8.2	8.4
瑞典(1)	6.8	5.8	6.0	8.8	7.4	7.7	7.1	8.1	6.2	8.3	8.4
英国	5.4	5.0	5.1	5.0	4.7	4.8	5.4	5.3	5.6	7.6	7.8
克罗地亚			14.8	14.2	13.7	12.7	11.2	9.6	8.4	8.1	11.6
土耳其						8.2	6.7	8.8	8.7	12.5	10.7
挪威	3.2	3.4	3.7	4.2	4.3	4.5	3.4	2.5	2.5	3.1	3.5
日本	4.7	5.0	5.4	5.3	4.7	4.4	4.1	3.9	4.0	5.1	5.1
美国	4.0	4.8	5.8	6.0	5.5	5.1	4.8	4.8	5.8	8.3	8.6

资料来源:欧洲统计局

(二) 整个欧洲及成员国层面失业率的近期发展

30. 欧洲联盟统计局估计,在欧洲联盟 27 国中,有 2237.8 万的男性和女性劳动者在 2011 年 5 月处于失业状态,其中有 1551 万人位于欧元区(欧元区 17 国)。与 2011 年 4 月相比,欧洲联盟 27 国的失业人数减少了 5000 人,而欧元区却增加了 1.6 万人。与 2010 年 5 月相比,欧洲联盟 27 国失业人数减少了 90.4 万人,而欧元区却减少了 55.1 万人。

2011 年 5 月,欧元区周期性调整的失业率为 9.9%,与 2011 年 4 月的数据相比没有什么变化。而 2010 年 5 月的数据为 10.2%。欧洲联盟 27 国在 2011 年 5 月的失业率为 9.3%,与同年 4 月的数据相比没有变化,而 2010 年 5 月的失业率为 9.7%。

在成员国中,保持最低失业率纪录的是荷兰(4.2%)、奥地利(4.3%)和卢森堡(4.5%),而最高失业率则是西班牙(20.9%)、立陶宛(2011 年第一季度的数据是 16.3%)和拉脱维亚(2011 年第一季度为 16.2%)。

与上年同期相比,欧洲联盟的失业率在 19 个成员国中有所下降,但在 8 个成员国中却有所增长。其中,我们观察到下降幅度最大的是在爱沙尼亚(在 2010 年第一季度和 2011 年第一季度之间从 18.8% 降至 13.8%)、拉脱维亚(在 2010 年第一季度和 2011 年第一季度之间从 19.9% 降至 16.2%)、德国(从 7.2% 降至 6.0%)、匈牙利(从 11.2% 降至 10.0%)以及斯洛伐克(从 14.5% 降至 13.3%)等国。失业率增长最高的是希腊(从 11.0% 增至 15.0%)、保加利亚(从 10.0% 增至 11.2%)、斯洛文尼亚(从 7.3% 增至 8.3%)和塞浦路斯(从 6.4% 增至 7.4%)等国。

在 2010 年 5 月和 2011 年 5 月之间,男性劳动者的失业率在欧元区从 10.1% 降至 9.6%,并且在欧洲联盟 27 国从 9.8% 降至 9.2%;而女性劳动者的失业率在欧元区和欧洲联盟 27 国则分别从 10.4% 和 9.6% 均降至 9.5%。

2011 年 5 月,青年(25 岁以下)劳动者的失业率在欧元区和欧洲联盟 27 国分别为 20.0% 和 20.4%。而在 2010 年 5 月,欧元区和欧洲联盟 27 国的青年失业率均为 21.2%。根据我们的观察,最低的青年失业率出现在荷兰(6.9%)、德国(7.7%)和奥地利(9.1%),而最高的青年失业率则是在西班牙(44.4%)、希腊(2011年第一季度为38.5%)、斯洛伐克(33.7%)和立陶宛(2011年第一季度为32.9%)等国。

而在2011年5月,美国的失业率为9.1%;日本在2011年4月的失业率为4.7%。

(三) 社会保护

31. 社会保护就是劳动法的发展所依赖的全球框架。但问题在于,哪一种社会保护才是必要并且切实可行的?同时出现的问题是,对于工资、工作时间、解雇、企业重组和其他事务,欧洲联盟需要在哪一个层次采取社会措施?不同层面所做的决定会对雇员的劳动关系产生影响。在此,人们能够区别不同层次的企业、国家、地区(欧洲)及国际社会的劳动保障。

是否应该在每一个层面上都采取措施?人们是否应该考虑建立在全球范围内可以获得尊重的个人基本权利?是否有必要在欧洲这样的地区设立规则,或者是否应该限制成员国的国内立法或者在企业层面的措施?换句话说,是否有必要用不同来源的劳动法来充分保护劳动者?这个问题的答案并非不证自明,或者只是涉及单纯的学术讨论。那么,什么层次更合适?

32. 我们还应该考虑,法律不仅涉及公平的问题,而且也涉及权力问题。事实上,不容置疑的是,经济全球化对于劳资之间的权力关系已经产生了巨大的影响。工会流失会员对市场的影响力逐渐减弱。它们无法作为一股真正的力量来对抗欧洲和国际层面的管理者的权力。同样,雇主组织的影响也在减弱,但表现更出类拔萃的组织则是企业,尤其是跨国公司。

这些发展包括政府与经济活动参与者之间的关系,他们也受到了极大的影响。在投资和就业方面,包括政府管理者在内的每一个人在很大程度上已经准备满足投资者的需求。

33. 各成员国国内的劳动法体系感受到一种炙热的发展潮流,也面临着沉重的压力。企业日益增长的需求事实上需要较少的法规约束以及对工资和工作条件有更多的灵活性,它们更需要有竞争力。考虑到市场效率,一些人宣称社会保护对于企业来说显得有些多余,甚至有人认为,劳动法是社会政策的破坏者和工作职位的杀手,因为社会保障的成本降低了企业的竞争力并导致失业的出现。成员国政府担心，一定水平的社会保护可能会打击投资者的信心并导致企业重组，包括企业裁员和搬迁。

34. 许多事情清楚地表明，欧洲的诸多社会问题在于人们需要生存。这不仅仅涉及或多或少需要保护的标准问题，而且涉及如何详细解释在欧洲范围内保护的标准问题以及通过哪一种渠道来实现。事实上，这里有多种但并不一定相互排斥的选择。①

35. 一种途径是确保各成员国实施本国的法律规定。我们可以参考的模式是北美自由贸易协定（NAFTA）中的劳动保护协议。在这项协议中，当北美自由贸易协定的一个成员国认为另一个国家在劳动法所覆盖的任何一个领域内没有遵循自己的劳动法（安全、童工和最低工资）时，有权利向欧洲联盟委员会提起诉讼，可能会通过仲裁获得最终裁决。

36. 另一种选择则属于具有更加自愿的方式、行为、指导方针以及对基本原则的接受的模式，通过报告或其他柔性强制的方式对此进行监督。这些准则可以由诸如国际劳工组织、经济合作与发展组织（Organization for Economic Co-operation and Development，OECD）等国际机构以及希望对客户建立恰当的社会形象从而获得社会地位的跨国公司来创制。

37. 第三种模式就是采取欧洲一体化的方式。欧洲联盟按照地区性的最低标准，它可以直接对成员国产生约束力（Binding effect）或者迫使成员国调整其国内相关立法。这里也涉及欧洲的集体谈判（Collective bargaining）。

38. 欧洲需要制定一些重要的资质要求。首先，应进一步检查辅助性（Subsidiarity）原则和比例（Proportionality）原则等规则。我们现在可以说，这些原则的后果就是，欧洲联盟只能规范那些在成员国层面无法妥善解

---

① See further B. Hepple, 'New Approaches to International Labour Law', *Industrial Relations Journal*, vol. 26, no. 4, 1997, 353-366; M. Freedland, 'Developing the European Comparative Law of Personal Work Contracts', *Comparative Labour Law & Policy Journal*, vol. 28, no. 3, 2007, 487-500; M. Weiss, 'Convergence and/or Divergences in Labor Law Systems? An European Perspective', *Comparative Labor Law & Policy Journal*, vol. 28, no. 3, 2007, 469-486; J. M. Servais, 'The Impact of Globalization on Employment and Social Inclusion Policies in Individual European Countries', *Bulletin of Comparative Labour Relations* (ed. R. Blanpain), 2009, no. 71, 3-32; G. Davidov and B. Langille (eds.), *The Idea of Law*, Oxford University Press, 2011, 441 pp.

决的事项,而且欧洲联盟的这种措施必须限定在必要的程度。这意味着欧洲联盟的立法行动不能过于注重细节,除非这样做具有客观合理的理由。

39. 此外,经济合理性在欧洲普遍盛行。自《马斯特里赫特条约》(Treaty of Maastricht)和《阿姆斯特丹条约》(Treaty of Amsterdam)之后,股东的权益已被明确为欧洲联盟首要考虑的因素,而在《马斯特里赫特条约》(1991)、《阿姆斯特丹条约》(1997)、《尼斯条约》(Treaty of Nice)(2000)和《里斯本条约》(Treaty of Lisbon)(2009)等文件中所设立的社会政策规定在欧洲联盟这座大厦中已经被降低到次要的位置。事实上,在欧洲货币联盟(European Monetary Union,EMU)的发展框架中,非通货膨胀性经济发展则是欧洲联盟的主要目标。欧洲中央银行会负责监控价格的发展变化,在物价存在上涨的危险时,会采取加息的方式来干预。这意味着费用变得更加昂贵,特别是中小企业,它们会被迫减少或停止经济活动,进而可能导致更高的失业率。为了继续成为符合欧洲货币联盟条件的成员国,各成员国则需要保持较低程度的通货膨胀率、公共开支和财政赤字。这意味着它们在基础设施建设、教育、科研、文化以及包括医疗卫生与养老金在内的社会政策等方面可投入的资金会越来越少。

40. 然而,《欧洲联盟运行条约》(Treaty on the Functioning of the European Union,TFEU)无疑为欧洲联盟制定了较高的目标:

——促进就业;

——完善的生活与工作环境,在保持完善的同时促进社会融合(Social harmonisation);

——适当的社会保护;

——劳资双方开展对话;

——发展人力资源,以继续保持较高的就业率;

——防止社会排外(《欧洲联盟运行条约》第151条)。

41.《阿姆斯特丹条约》促使欧洲联盟双轨制的社会政策瓦解,这一点值得我们认可。事实上,英国宣布自愿退出1991年在马斯特里赫特达成的《社会政策协定》(Agreement on Social Policy)的计划。此协议现在被并入到《欧洲联盟运行条约》名为"社会政策"的章节中,代替了之前《欧洲共同体条约》(Treaty of establishing the European Community,TEC)关于社会政策第八标题的规定。事实上(*De facto*),《马斯特里赫特社会政策协定》(1991)和此前《欧洲共同体条约》第三标题已经合二为一。《欧洲联盟运行条约》新增了一个涉及就业问题的新标题(第九标题)。

42. 当人们在分析欧洲联盟所追求的各种目标顺序时,必须认识到欧洲的社会政策,尤其是就业战略,应该服从于欧洲联盟的总体经济与货币目标。此结论源自《欧洲联盟运行条约》,特别是《阿姆斯特丹条约》之后的文本规定。

事实上,非通胀的经济增长目标与欧洲经济与货币联盟相一致的经济政策,即较低的通货膨胀率和公共财政赤字等要求,在欧洲联盟的各种目标层次结构中位于重要的地位。这些就是著名的马斯特里赫特准则。

此结论源于《欧洲联盟运行条约》就业标题的规定。例如,该条约第146条明确指出:

> 成员国通过其就业政策应有助于实现其社会目标……其方式与广泛的经济政策、成员国以及欧共体的指导纲要相一致。

换句话说,成员国的就业战略必须实现基本上没有通货膨胀的目标。

根据《阿姆斯特丹条约》(第151条),社会政策会考虑保持欧洲联盟经济竞争力的需要。

鉴于其重要性,请允许我们重申这一结论:包括就业战略在内的社会政策必须是无通货膨胀,并且能满足维持欧洲经济竞争力的需要。

荷兰担任欧洲联盟轮值主席国(ICG 1997)时的决议可以理解如下:

> 恢复可持续的、无通货膨胀的高增长率对于实现长期持久地解决社会失业问题以及公共财政继续稳步发展非常必要。

43. 正如我们在下面所证明的那样,这些政治性选择的后果是,成员国有权规范企业的工资成本和就业问题,而欧洲联盟对此无规范性的权力。这就会导致各国的企业进行社会倾销(Social dumping)、*在工资和工作条件基础上产生的不公平竞争与社会保障(Social security)费用缴款(Contributions)等问题。

44. 这一问题的程度相当严重,以至于均衡发展社会化的欧洲的目标离我们更远。因此,我们需要比以往任何时候更加努力。事实上,我们需在社会和经济方面携手并进。经济体制导致社会不公正因素滋生。社会贫困与社会排外会破坏民主,而民主对于高效市场经济而言比其他东西更为必要。因此,我们会继续选择更社会化的欧洲,在所有社会领域充分尊重辅助性原则和比例原则。

45. 为社会竞争提供最低条件和设立社会领域的规则、结束社会倾销和不平衡的发展状态是更社会化的欧洲必须采取的行动。

所以,这是一本关于欧洲社会化发展的著作。事实上,非常清楚的是,个人在受到自由和创新的企业经济规则的管理之下,它们在巨大欧洲共同市场内必须占据核心的位置。欧洲需要有社会激励的措施来监督和指导经济发展,需要一种公平与自由可以促进社会福祉的方式。术语"社会"意指欧洲在社会与经济融合、真正团结的框架内,从人性化与个性化的视角,保障雇主、劳动者、自由职业者(Self-employed)、残疾者和养老金领取者的基本人权,从而使欧洲成为世界舞台的佼佼者。

我们研究的《欧洲劳动法》涵盖了欧洲联盟的 27 个成员国。本法也适用于欧洲经济区(European Economic Area,EEA),这也意味着包括冰岛、列支敦士登和挪威等国在内。

六、基本社会权利

46. 基本社会权利可以抽象地(*in abstracto*)由国际劳工组织、欧洲各

---

* "Social dumping"[社会倾销]一词是指企业利用不同国家之家的劳动力成本、政策或税收优惠等而进行的不正当竞争。下同。——译者注

机构、欧洲联盟各成员国或地区来制定。然而由于各种各样的原因,我认为似乎有必要明确欧洲应采取的具体措施。

(a) 国际劳工组织所制定的国际标准是极其重要的全球化行为规则,但出于显而易见的原因——为了回应欧洲的社会发展并进一步发展更先进的欧洲水平,这些标准需要进一步修改和调整。当然,如果可能并且适合,欧洲的规范必须仍然以国际劳工组织的公约和建议为基础进一步完善发展。①

(b) 成员国的规则并不充分:成员国的文件效力止步于国界。当涉及的问题与现实超越国界时,例如劳动者在欧洲联盟境内的自由流动或企业重组,就会影响到不同国家的劳动者,由此会呈现出欧洲层面的问题,那么就需要在适当层面制定规则,以便实现经济与正义具有密切的关联性。并且这些标准以及涉及成败的问题就具备跨国或超国家的特征。

简而言之,欧洲必须具备其具体的社会政策以及由此而产生的健全的劳动法。

47. 本书主要涉及欧洲法,其中一个因素是欧洲,另一因素是劳动法。欧洲是指欧洲联盟偶然(*in casu*)所管辖的国家。欧洲亟需一部联盟法,这一观念简单而合理。然而,劳动法的概念界定则更为困难。虽然"劳动法"的表述引用于《欧洲联盟运行条约》第156条中,该规定主要解决促进成员

---

① 在此背景下,本文特别提及1998年6月18日被国际劳工组织大会通过的《劳动者基本权利宣言》。国际劳工组织在该宣言中:

(1) 号召:

(a) 在自愿加入国际劳工组织时,所有会员国已经支持《章程》和《费城宣言》所确立的原则和权利,尽自己最大的资源以及充分根据自身的具体情况致力于实现该组织的总体目标;

(b) 这些原则和权利在各项公约中已通过各种具体权利和义务被传达和发展为该组织内外认可的基本权利。

(2) 声明,即使是尚未批准该公约的所有成员,基于它们属于该组织成员的这一事实,也都有这样的义务:本着诚意并根据《章程》的有关规定,尊重、促进和实现相关属于那些公约主题的基本权利的原则:

(a) 结社自由和有效认可集体谈判权;
(b) 消除一切形式的强迫与强制劳动;
(c) 有效废除童工现象;
(d) 消除就业与职业歧视。

国在社会领域内紧密合作的问题。显而易见,一个明确并普遍被接受的欧洲劳动法的定义至今仍然不存在。这一点甚至更引人注目,因为根据《欧洲单一法案》(European Single Act)(1986),"劳动者权益保护的规定"被认为属于成员国国内而非欧洲的管辖权限(Jurisdiction)(《欧洲联盟运行条约》第114条第2款)。事实上,涉及这些权益的措施由欧洲联盟理事会一致决定,以便每个成员国享有否决权;我们会在后面详细解释说明这些。然而,自从《阿姆斯特丹条约》之后,相对广义的劳动法概念在该框架内则占据主导地位。事实上,《欧洲联盟运行条约》第151条如此规定:

> 欧洲联盟及其成员国牢记基本社会权利,诸如1961年10月18日在意大利都灵签署的《欧洲社会宪章》和1989年《共同体劳动者基本社会权利宪章》中所设立的社会权利作为其目标,以促进就业、改善生活和工作条件,从而在保持完善的同时尽可能地保持和谐;提供恰当的社会保护,开展劳资双方之间的对话;发展人力资源以保持更持久的就业,打击社会排外现象。为此,欧洲联盟及其成员国在考虑到成员国各种实践的同时应采取措施,特别是在合同关系领域,欧洲联盟需要保持其经济竞争力。

48. 然而,既然劳动者成为劳动法的主要关注点,我们有欧洲层面的劳动者的定义,就很有可能提出一种欧洲劳动法的定义。这个欧洲的定义通过在法庭上解决关于实现劳动者自由流动争议的方式得以制定,并出现在《欧洲联盟运行条约》第45条之中:

> 自从劳动者的自由流动构成欧洲联盟的基本原则之一以来,《欧洲联盟运行条约》第45条根据成员国的法律规定,术语"劳动者"一词必须具有联盟的意义而不能被解释成其他不同的意义。因为它规定了基本自由的范围,联盟关于"劳动者"的概念一定要作广义的解释。这一概念必须按照以区分相关人员权利与义务的劳动雇佣关系(Employ-

ment relationship)的客观标准来界定。然而,劳动雇佣关系的本质特征是个人在特定期间提供服务并接受他人的指令(Directive)以获得报酬。①

49. 欧盟法院(European Court)在作出这一解释时,把它与成员国总体接受的"劳动者"术语的定义联系在一起。②劳动法因此关系到工作中处于服从地位的雇员。劳动者以雇主为先决条件,就是那些他们接受领导、提供服务并获得薪酬的个人或企业。因此,欧洲劳动法就像成员国的国内劳动法一样,处理雇主与劳动者之间的雇佣关系。

50. 成员国的国内劳动法通常局限在对私营部门就业的规范,而欧洲劳动法还涉及公共部门的就业问题。这就是在工资和工作条件或是劳动者的自由流动方面男女平等待遇法规中的一个实例。欧洲劳动法的适用范围因此也根据具体个案的不同而相应地作出界定。

欧洲劳动法考虑到欧洲有关劳动者的规则,它既涉及个人劳动关系(例如有关劳动者的自由流动和男女平等待遇),又包括集体劳资关系[例如劳动者参与欧洲股份公司(Societas Europaea,SE)的信息与协商],可以被定义为"规范雇主和劳动者——作为下属履行劳动任务的那些人——之间的个人及集体劳资关系的欧洲法规主体"。

51. 欧洲联盟理事会于1991年12月9—10日在马斯特里赫特召开的高层首脑会议是非常重要的事件,它对于那些关注欧洲12个成员国作为大约1.5亿名管理者与劳动者的社会共同体未来走向的人来说,同样也是一件大事。马斯特里赫特的主要争论在于英国与欧洲大陆成员国之间就欧洲

---

① C.O.J.,3 July 1986,*Lawrie-Blum v. Land Baden-Württemberg*,no. 66/85,ECR,1986,2121. 但它并没有消除这样的事实:对于某些欧洲层面的文件来说,仍然参照使用了成员国的定义。1997年2月4日有关企业转让的指令就是如此(*Foreningen of Arbejdsledere i Dunrnark v. A/S Danmols Invenar*,no. 105/85,1985,2639)。

② 'Employed or Self-employed',Special Issue,*Bulletin of Comparative Labour Relations*,B. Brooks and C. Engels (Guest Editors),no. 24,1992,p. 175;C. Engels,'Subordinate Employees of Self-Employed Workers',in *Comparative Labour Law and Industrial Relations in Industrialised Market Economies* (ed. R. Blanpain),2010,11th and revised edn,323-346.

共同体更具进步性的社会问题所进行的争论。其最终结果是痛苦的,同时又具有历史性的意义。至少从当时英国选择退出并坚持自己道路的那一刻起,在某种意义来讲,这种结果是痛苦的;具有历史性的意义在于包括英国在内的12个成员国不仅同意确认欧洲联盟在社会领域内的所有法律规定(*acquis communautaire*),并且还在于,其他11个成员国在《社会政策议定书》中可以平等地采取措施并实施更进步的社会政策。因此,一个新的社会化的欧洲的维度应运而生。

52. 显然,我们在这里必须要提到《阿姆斯特丹条约》(1997年6月16—17日),其中包含不少于六个部分的内容。毕竟这里涉及诸多议定书和宣言——14个议定书和46个宣言。

欧洲联盟理事会处理的许多问题直接关系到就业、劳资关系和劳动法。就"社会化的欧洲"而言,公平的工作环境要求清晰可见。欧洲联盟采取了一些涉及资本的措施,在《欧洲共同体条约》就业(标题八)和社会政策(标题十一第一章)部分插入了新的标题和章节,其中非歧视的一般原则就是参照了欧洲理事会(Council of Europe)*制定的《欧洲社会宪章》(European Social Charter)的规定等。

新标题十一包含了《马斯特里赫特社会协议》的内容。这一变化非常重要,因为一旦该条约被批准,那么因为英国选择退出所造成的双轨制社会化欧洲就会宣告结束。欧洲在社会领域方面仍然有可以采取更多措施的可能。

条约并没有提供任何新的、可直接强制执行的个人或集体社会权利,但它确实在某些领域,如非歧视或就业政策方面,为欧洲联盟相关机构采取行动提供了法律依据。所以,假如存在这种政治意愿,并且辅助性规则支持完全成熟的欧洲行动,那么欧洲就可以启动一个动态的程序。

《阿姆斯特丹条约》自1999年5月1日起生效。

---

* "Council of Europe"与"European Council"的含义并不一样。"Council of Europe"实际上是一个政府间国家组织,成员为所有欧洲国家,总部在法国的斯特拉斯堡,《欧洲人权公约》就是在它的体制下制定的。——译者注

53. 我们必须特别提及以下事项：

——参照《欧洲人权保护公约》(European Convention for the Protection of Human Rights)和《欧洲社会宪章》等规定的基本权利,例如不歧视残疾缺陷原则、男女平等和保护数据等事项。

——就业标题八:协调各成员国的国家发展战略,因为就业政策问题明确地属于成员国的权限。

——社会政策章节,它整合了《马斯特里赫特社会政策协定》;并且还规定了正向差别待遇的可能性。

——环境:寻求环境保护与高就业率之间的平衡。

——文化与非专业性的运动。

——关于辅助性原则与比例原则适用的议定书明确指出,在涉及成员国与欧洲联盟共同拥有管理权限的事项中,最大权限会留给成员国,其次是社会伙伴。欧洲联盟只能在具有额外的(欧洲)价值并且必要时才能进行干预。

——关于就业、竞争力和经济增长的轮值主席国决议。在此框架下,我们必须提及欧洲联盟委员会向阿姆斯特丹峰会提交的《关于单一市场的行动计划》。

54. 就多数表决原则的增加和《基本权利宪章》而言,2000年12月在法国尼斯召开的欧洲高层首脑会议彻底令人失望。其实,多数表决体制几乎没有什么改变。社会政策问题的核心仍然是成员国的专属权限,而《基本权利宪章》则以宣言的方式得以通过。

显然,《基本权利宪章》中包含了大量的社会权利。有些是基本权利,有些是非常重要的权利,但却不属于基本权利。在这里,就宪章被纳入欧洲条约而言,我们可以谈论社会权利的增加。例如,我们认可获得就业安置服务的权利,保护劳动者免受无正当理由解雇的权利和关于公平的工作条件的公正性。这些内容的确非常重要,但不是我们在讨论一个《基本权利宪章》时所说的"核心权利"。另一方面,1998年《国际劳工组织宣言》主要集中在真正属于核心的社会权利,国际劳工组织的解决方案似乎更合适。

就宪章的约束力而言,尼斯会议的决定令人失望。欧洲联盟理事会尼斯高层峰会轮值国主席关于宪章的决议可做如下解读:

　　欧洲联盟理事会支持由欧洲联盟部长理事会、欧洲联盟议会(European Parliament)和欧洲联盟委员会所作出的关于《基本权利宪章》的联合宣言,因为该宪章将各种来自国际条约、欧洲的或成员国的法规所制定的民事权利、政治权利、经济权利和社会权利并入到一个单一的文本之中。欧洲联盟理事会希望尽可能广泛地在联盟的公民中传播该宪章的规定。按照欧洲联盟理事会在科隆首脑会议上通过的轮值主席国决议(Presidential conclusions),该宪章的效力问题将在以后进行讨论。

"以后"这个词就意味着,欧洲联盟在增加成员国后,大概有27个成员国都必须一致同意后才能赋予宪章法律效力。

七、欧洲宪法

(一)欧洲大会(2003年)

55. 欧洲宪法的文本由法国前总统瓦勒里·季斯卡·德斯坦率领的一个特殊的机构——欧洲大会(European Convention)——来负责起草。

根据欧洲联盟2004年5月会承认10个新成员国,从而使其成员国从15个增加到25个的事实,欧洲联盟各项条约的修订极其必要。修订条约的目的主要是梳理欧洲联盟的工作方式,简化各项条约的规定,从而使欧洲联盟更容易获得其成员国的认可。欧洲大会于2003年6月发布了它准备的最终草案文本。

(二)对欧洲联盟未来社会和就业政策的影响[①]

56.《关于设立欧洲宪法的条约草案》共分为四个部分,如下所示:

[①] Andrea Broughton, IRS, 'Social Policy Provisions of Draft EU Constitutional Treaty Examined', www.eiro.eurofound.ie.

——第一部分列出了欧洲联盟的定义和目标并规定了欧洲联盟机构的工作方式;

——第二部分吸收了已被欧洲联盟理事会、欧洲联盟议会和欧洲联盟委员会于 2000 年批准的《欧洲联盟基本权利宪章》(Charter of Fundamental Rights of the European Union)的内容;

——第三部分列出了欧洲联盟的政策和运作方式;

——第四部分包含了一些最后条款。

新的文本包括一个单一条约,取代了之前一批在一系列不同的欧洲联盟"支柱"下的政策和工作。一旦生效,新的宪法条约将会废除《欧洲联盟条约》(Treaty of European Union,TEU)、《关于设立欧洲共同体的条约》以及已被修改或修订的法案与条约。

新条约草案涉及整个欧洲联盟而非欧共体,给予联盟单一的法律人格,从而希望它能够表现出较高的国际形象。其他术语变化包括提到的"欧洲联盟法律"而非法规一词,"欧洲框架性法律"而非指令,社会伙伴而非"管理者与劳动者"。

(三) 欧洲联盟的定义与目标

57.《关于设立欧洲宪法的条约草案》第一部分规定了欧洲联盟的数个主要定义和目标,包括其价值观。尽管各国对新文本草案中是否要更多强调歧视这一点存在争议,但这些目标和价值观大多数都源自现有的条约。57 因此,条约第 I-2 条列举的这些价值观包括"尊重人的尊严、自由、民主、平等、法治和尊重人权"。它还提及了包括非歧视原则在内的一系列社会价值观。

条约草案在第 I-3 条把充分就业列为欧洲联盟的目标之一(现有的《欧洲联盟条约》使用的语言是高水平的就业率),同时主张打击社会排外和反对歧视,促进男女平等和几代人之间的团结。

第 I-4 条列出了欧洲联盟的基本自由,并禁止任何形式的民族歧视。

第 I-14 条涉及经济与就业政策之间的协调,规定欧洲联盟应"采取措施,特别是对这些政策提供指导纲要,来保障各成员国之间就业政策的协调"。这里提及了欧洲自 1997 年以来就已经存在的就业战略。

（四）社会合作伙伴的角色

58. 条约草案特别提及社会合作伙伴在欧洲联盟的作用。因此，条约第 I-47 条规定："考虑到成员国国内体制的多样性，欧洲联盟认可并促进社会合作伙伴在欧洲联盟层面的作用，促进社会合作伙伴之间的对话，尊重其自主权。"

（五）基本权利

59. 条约草案的第二部分包含了《欧洲联盟基本权利宪章》的内容，该宪章最初制定于 2000 年，但当时并不具有法律约束力。将《宪章》纳入到《关于设立欧洲宪法的条约草案》之后会赋予前者法律地位。条约草案在序言中指出，有必要根据社会变化、社会进步和科技发展来加强对基本权利的保护，这些权利在条约中的效果要比在《宪章》中更加清晰可见。

《欧洲联盟基本权利宪章》列出了欧洲联盟公民所拥有的一系列权利、自由和准则。在就业及劳资关系领域主要包括以下几点：

——集会与结社的自由；

——自由择业与参加工作的权利；

——不受就业歧视的权利；

——包括就业、工作和酬劳方面在内的男女平等权；

——劳动者获得企业信息以及参与决策的权利；

——集体谈判权与采取集体行动的权利；

——获得就业安置服务的权利；

——免受无故解雇的权利；

——获得公平公正的工作条件的权利；

——对雇佣童工的禁令；

——对青年劳动者的保护。

《欧洲联盟基本权利宪章》标题七涉及权利的解释与适用，假如是依照法律规定并且遵守这些权利与自由的本质要求，那么应允许对其权利与自由的行使进行限制。"只有在必须、真正符合那些被欧洲联盟认可的普遍利益的目标或者是保护他人权利和自由的需要时"才能确立这些限制。此外，宪章中所阐述的基本权利应与各成员国的宪法传统保持一致。

（六）欧洲联盟的政策与运行

60.被提议的条约草案的第三部分规定了欧洲联盟的政策和运行，并在"一般适用条款"（标题一）中涉及相关陈述：欧洲联盟应该致力于消除不平等从而促进男女的平等。同时，条约也陈述了欧洲联盟应该反对性别、种族、宗教信仰、残疾、年龄，以及性取向的歧视。

条约草案的第二标题致力于非歧视和公民身份，这与第Ⅲ-8条所包含的《关于设立欧洲共同体的条约》中第13条的现行非歧视条款相适应。

（七）就业与社会政策章节

61.《关于设立欧洲宪法的条约草案》的就业章节包含在标题三、第三章的第Ⅲ-97至第Ⅲ-102条之中。与现行规定相比，本章未有实质变化。

条约草案中社会政策的规定在第Ⅲ-103条到第Ⅲ-112条之间。该规定列举了欧洲联盟承诺支持其成员国采取行动的领域：

(1) 改善对劳动者的健康与安全保护，特别是工作环境；

(2) 工作条件；

(3) 劳动者的社会保障与社会保护；

(4) 对劳动合同终止的劳动者的保护；

(5) 劳动者获得企业信息并接受咨询的权利；

(6) 劳动者和雇员利益的代表和集体保护，包括共同决策（但不包括薪酬、集会权、罢工权和闭厂权等领域）；

(7) 在欧洲联盟领域内合法居住的第三国国民就业的条件；

(8) 被劳动力市场排除在外的人员重新回归社会；

(9) 劳动力市场中男女就业机会和工作待遇平等；

(10) 反对社会排外；

(11) 社会保障体系的现代化。

根据条约草案的规定，上述文件的起草应根据欧洲联盟理事会特定多数投票决议与欧洲联盟议会共同决定的方式进行，但是上述规定第(3)、

(4)、(6)和(7)项所涵盖的领域有所例外,这些决策由理事会采取一致通过并咨询欧洲联盟议会的方式。然而,条约草案规定,理事会可以采取一致同意的方式通过欧洲的决议(根据委员会的提案),按照条约(在第Ⅲ-302条)规定的"普通立法程序",例如共同决策程序,但是第(4)、(6)和(7)项所涉及的事项,则由理事会按照特定多数的投票方式表决通过。

其中,理事会从全体一致表决通过决定的方式直接转变为特定多数表决通过的领域是移民劳动者(Migrant worker)的社会保障事项。这些提议的新条款被包含在第Ⅲ-21条的规定中。

所有这一切实际上意味着,特定多数表决方式被扩展到一个新方面:移民劳动者的社会保障的领域。其次,如果理事会一致决定允许这样做,那么特定多数的表决方式就可以扩展到以下领域:在劳动合同终止时对劳动者的保护;包括共同决策在内的,对劳动者和雇主利益的代表与集体保护;以及合法居住在欧洲联盟境内的第三国劳动者的就业条件。

(八) 职业培训

62. 第Ⅲ-182条和第Ⅲ-183条涉及职业培训事项,与《欧共体条约》制定的这些条款的表述并没有重大、实质性的区别,但有例外的是,它具体提及有关教育、职业培训和青年人等方面的体育运动。

八、成员国之间达成的协议(2004年)[①]

63. 欧洲联盟成员国国家元首和部长在2004年6月17—18日就《设立欧洲宪法的条约》(《宪法条约》)达成了一致协议。与之前一样,条约草案包括了《欧洲联盟基本权利宪章》的规定,强调公民的一些劳动权利与社会权利。

2004年6月,《宪法条约》(The Constitutional Treaty)进一步修订了协议的内容。

---

① Antoine Jacobs, *The European Constitution: How it was Created; What it will Change*, Wolf Legal Publishers, Nijmegen, 2005, 146 pp.

(一) 欧洲联盟委员会

64. 关于欧洲联盟委员会的人员组成,成员国同意根据新条约的规定来任命第一届委员会:由每个成员国的一位委员来组成。但是从第二届开始,该委员会由三分之二的成员国数量相对应的委员人数组成。这些委员将在成员国之间在平等轮流的基础上进行选择。因此,委员会的委员在将来不再包括所有成员国的成员。

(二) 特定多数表决制度

65. 成员国对以下程序达成一致:

——特定多数被界定为至少55%的理事会成员,即至少包括15名欧洲联盟理事会成员、代表欧洲联盟成员国65%以上的人口;

——关键少数否决必须包括至少四位理事会成员;

——但是,假如理事会不是根据欧洲联盟委员会或者欧盟外长的提案而采取行动,那么特定多数的表决方式就需要72%的理事会成员,至少代表欧洲联盟成员国65%以上的人口。

关于实施该制度的协议规定,如果理事会成员至少代表欧洲联盟四分之三的人口或者是至少四分之三的成员国,那么就构成少数否决,表明他们反对理事会的某个具体提案,理事会将会重新讨论该问题并力求达成满意的解决方案来处理反对者提出的相关顾虑。

《尼斯条约》规定的现行特定多数表决制度会一直适用到2009年10月31日。上述程序从2009年11月1日起生效。

(三)《基本权利宪章》

66.《基本权利宪章》为欧洲联盟公民规定了基本的劳动权利、社会权利和人权,与之前一样作为条约的一部分内容,其规定未有所变化。

(四) 加强合作

67. 部长们同意改变规范特定数量的成员国之间"加强合作"的程序。这实际上为一批成员国提供了一个在特定事项比整个欧洲联盟更能迅速发展的机会。这些程序曾被修改过,以确保继续加强合作的授权受到理事会全体一致决定表决方式的限制(第Ⅲ-325条和第Ⅲ-326条)。在全体一致同意的情况下,理事会可以采用特定多数的表决方式。根据这一规定,一些成员国可以决定在多数政策领域提出议案,包括就业和社会政策。①

九、全民投票:对欧洲宪法的拒绝?

68. 显而易见,新宪法需要成员国的批准。事实上,只有 27 个成员国全部批准后,这部宪法才能生效。

一些成员国把这项批准任务留给了自己的议会。大多数成员国到目前为止已经在国会层面批准了《欧洲联盟宪法》。一些国家采用全民公投(Referendum),其中西班牙和卢森堡已明显多数支持批准该宪法,但是也有国家,也就是荷兰和法国,其全民公决投票的结果是反对通过这部宪法。其他已经决定实行全民公投的成员国,包括英国、丹麦、葡萄牙和爱尔兰,在 2005 年欧洲峰会之后决定搁置这一计划,延迟其批准程序。

当时没有决定批准方式的捷克共和国也宣布自己不会采取全民公投的方式。

我们需要对此进行反思。这不仅仅与"同意"或是"反对"的结果有关,而且也涉及,全民公投这种直接民主的形式是否可以作为一种恰当的方式来解决持久复杂社会问题以及这种手段方式是否有效等问题。②

《改革条约》(2007)

69. 继法国和荷兰在 2005 年拒绝通过《欧洲宪法》以及长达两年时间的反思之后,欧洲联盟的领导人于 2007 年 6 月 23 日同意开启新一轮政府间会议来详细讨论这一问题。会议于 2007 年 7 月 23 日开始并在同年 10 月 18 日完成各项任务。会议各方于 2007 年 12 月 18 日在里斯本签署了《改革条约》③。

---

① Andrea Broughton, IRS, 'Agreement Reached on Constitutional Treaty', www.eiro.eurofound.ie, 2004.

② 参见以下著作:Fareed Zakaria, *The Future of Freedom:Illiberal Democracy at Home and Abroad*, 2004, New York, Norton, 295 p.

③ 即《里斯本条约》。——译者注

《改革条约》需要27个欧洲联盟成员国全部正式批准后才可以适用。该条约由每个成员国根据本国宪法的规定自行选择批准程序。

《里斯本条约》修订了现行的欧洲联盟及欧共体条约,并没有取代原有的这些条约。它将为欧洲联盟提供法律框架和必要的手段,以面对未来的挑战并对公民的要求做出回应。

70.(1)更加民主和透明的欧洲,作用得以强化的欧洲联盟议会和成员国议会,公民有更多的机会表达自己的观点以及在欧洲和成员国国内层面更明确的职责权限:

——欧洲联盟议会作用得以强化:由欧洲联盟公民直接选举的欧洲联盟议会通过欧洲联盟立法、欧洲联盟预算和国际协议获得一些新的重要权力,特别是,在政策制定方面增加共同决定的程序将会确保欧洲联盟议会在绝大多数欧洲联盟立法中与代表着成员国的理事会处于平等的地位;

——成员国议会更大程度的参与:成员国议会将有更多的机会参与欧洲联盟的工作,尤其是得益于一种新的监控机制,即只有在联盟层面可以获得更好的结果时,联盟才能自己采取行动(辅助性原则)。更多参与的成员国议会以及作用得以强化的欧洲联盟议会将会促进民主和联盟运作的合法性;

——为公民提供更有力的意见表达机会:由于《公民提案》(Citizens' Initiative)的规定,来自若干成员国的100万公民将会使要求委员会提出新的决策议案成为可能;

——各方的角色与职责:各成员国和欧洲联盟之间在其管理权限方面的关系更加清晰;

——退出欧洲联盟的机制:《里斯本条约》第一次明确承认成员国退出联盟的可能性。

(2)更高效的欧洲,具有其简化的工作方法及投票规则、流水线式及现代化机构的27个欧洲联盟成员国,它如今在欧洲联盟的主要优先领域采取行动的能力得以增强:

——高效及有效的决策过程:理事会特定多数表决机制将会扩展应用到

新的政策领域,从而使其决策过程更加迅捷、更加高效。自 2014 年起,特定多数的计算将会建立在成员国和公民人口的双重特定多数的基础上,从而可以代表欧洲联盟的双重合法性。因此,如果 55％的成员国代表着不少于 65％的欧洲联盟公民所通过的决定,就可以实现双重多数的模式。

——更稳定、更精简的制度框架:《里斯本条约》创设了每两年半选举一次的欧洲联盟理事会主席的职能,设立了委员会主席和欧洲联盟议会选举结果之间的直接联系,为欧洲联盟议会的未来构成和较小规模的欧洲联盟委员会提供了新的安排,包括进一步加强合作和财务管理的明确规则。

——改善欧洲人民的生活:《里斯本条约》提高欧洲联盟为欧洲联盟及其公民在主要优先事项中的一些政策领域内采取行动的能力,尤其是在实施自由、安全及正义等政策领域,例如打击恐怖主义或应对犯罪问题等。它在一定程度上还涉及其他领域,包括能源政策、公共卫生、民事保护、气候变化、公共利益服务、研究、空间、领土凝聚力、商业政策、人道主义援助、体育运动、旅游及行政合作等。

(3) 一个具有权利、价值、自由、团结和安全的欧洲,提升欧洲联盟的价值观;把《基本权利宪章》的规定引入到欧洲的主要法律之中;提供新的团结机制,确保更好地保护欧洲的公民:

——民主价值:《里斯本条约》详述并强调了欧洲联盟所依赖的价值观和目标。这些价值观为欧洲公民提供了参考,并且表明欧洲为其全球伙伴可以提供的帮助。

——公民的权利与《基本权利宪章》:《里斯本条约》在保留已有权利的同时又规定了新的权利。尤其是,它保障了《基本权利宪章》中所规定的那些自由和原则并赋予法律约束的效力,涉及民事、政治、经济和社会等方面的权利。

——欧洲公民的自由:《里斯本条约》保留和加强"四个自由"以及欧洲公民的政治自由、经济自由和社会自由。

——成员国之间的团结:《里斯本条约》规定,假如某成员国成为恐怖主义袭击的对象、自然灾害或人为灾害的受害者,欧洲联盟及其成员国可根据团结精神采取联合行动。此外,条约还强调了各国在能源领域的团结行动。

——整体安全措施的增强:欧洲联盟将在自由、安全和司法等领域获得更多可以采取行动的能力,这将在其打击犯罪和恐怖主义的活动中带来直接的益处。关于民事保护、人道主义援助和公共卫生的新规定旨在提升欧洲联盟应对欧洲公民受到安全威胁的能力。

(4)在发展和制定新政策时,通过把欧洲的外部政策工具结合起来而发挥其在国际舞台的作用。《里斯本条约》赋予了欧洲在与其全球合作伙伴的关系方面清晰的发言权。它将利用欧洲的经济、人道主义、政治和外交优势来促进欧洲在世界范围内的利益和价值,同时尊重成员国外交事务中的特定利益:

——一位新的欧洲联盟外交与安全政策高级代表(High Representative)以及欧洲联盟委员会副主席,将会增强欧洲联盟对外关系行动的影响力、凝聚力和能见度;

——一个崭新的欧洲对外行动服务局将为高级代表提供协助和支持;

——欧洲联盟的单一法律人格将会增强欧洲联盟的谈判实力,使其在全球舞台上发挥更有效的作用,成为第三方国家和国际组织更明显的合作伙伴;

——欧洲安全与防务政策的进步将保留特殊的制定决策安排,但也要为较小数量的成员国之间增强合作铺平道路。

71. 然而,我们需要强调的是,欧洲联盟在社会方面的管理权限依旧如此,并没有取得任何明显的进展。

《里斯本条约》于2009年12月1日生效。

十、本书章节安排

72. 本书包括总论以及其他两部分:第一部分是个人劳动法,第二部分涉及集体劳动法。该书正文之后有结语、附录、主要参考文献、按照字母顺序排列的欧盟法院案件一览表以及索引。

在总论部分,本书主要着眼于形成欧洲联盟法律的机构性框架(第一章),讨论了三个欧洲条约(《欧洲煤钢共同体条约》、《欧洲原子能共同体条约》、《欧洲联盟条约》)、欧洲联盟的几个主要机构(欧洲联盟议会、欧洲联盟理事会、欧洲联盟委员会和欧盟法院)以及经济与社会委员会、欧洲社会基金等其他机构和某些咨询机构。之后,本书又介绍了欧洲联盟的立法程序、欧洲联盟与其他国际组织的关系,特别是国际劳工组织、欧洲经济区以及中东欧国家达成的《欧罗巴协议》(Europa Agreements)。本书第二章主要介绍欧洲的社会合作伙伴,特别是欧洲企业组织(BUSINESSEUROPE)、欧洲公共企业中心(Centre Européen des Entreprises Publiques, CEEP)、欧洲手工与中小企业协会(European Association of Craft, Small and Medium-Sized Enterprises, UEAPME)和欧洲工会联合会(European Trade Union Confederation, ETUC)。第三章则涉及欧洲联盟有关劳动法事项的管辖权限问题。本书总论的第四章详细考察欧洲劳动法的起源和发展,尤其是联盟经济与社会事务之间的关系,并重视劳动者的基本社会权利(1989)和社会行动计划的庄严宣言,目的在于实施该宣言。显而易见,我们同样重视欧洲所取得的显著进步,至少从法律的角度上讲是这样:1991年12月在马斯特里赫特召开的欧洲联盟高层峰会期间所达成的社会政策——已经达成社会政策议定书和协议等共识;1993年12月的《德洛尔白皮书》(Delors White Paper)中提出了促进经济发展和解决失业与社会排外的措施;1994年7月的《欧洲社会政策白皮书》及1994年12月在埃森召开的欧洲联盟理事会高层首脑会议所达成的减少失业的措施《就业信心协定》(Confidence Pact for Employment)(1996)。当然,还有1996—1997年的政府间会议、1997年11月21—22日的卢森堡欧洲联盟理事会首脑就业峰会和就业指导方针等。在这一框架中,我们提出的问题是欧洲是否需要在欧洲联盟各条约中将社会基本权利包含在内,答案是肯定的。

73. 根据这一思路,欧洲联盟各成员国之间关于劳动法体系的趋同或分歧问题的推测与讨论当然也有必要。本部分的讨论仍然属于总论部分。

74. 本书的第一部分专门讨论个人劳动法。这一领域的劳动法发生了显著的进展,它主要归因于法院所发挥的至关重要的作用。在本部分,我们先后讨论了劳动者的自由流动(第一章)、服务的自由流动(第二章)、平等待遇(第六章)以及关于集体裁员(Collective redundancies)、企业转让与雇主破产(Bankruptcy)的企业改制(第十章)等问题。

一个技术性相当强但却非常重要的主题是为劳动者提供健康和安全的工作环境(第九章)。另一个具有深远影响的主题是1980年6月涉及国际劳动私法元素的《欧洲条约》(第三章)。我们也可以注意到其他领域的发展,例如工作时间(第八章)、对母亲身份的劳动者保护(第七章)和个人劳动合同(第四章)。关于后者,欧洲已采取了一些具体措施,例如关于兼职就业、临时工作、有固定期限的合同、雇主有义务告知雇员可适用劳动合同关系的条件等规定。

75. 本书第二部分涉及集体劳动法。这里,我们根据《欧洲联盟运行条约》第154条和第155条的规定在欧洲社会现实背景下评估在欧洲范围内达成集体协议的可能性(第一章)。在第二章中,我们考察劳动者参与公共有限责任公司和欧洲股份公司以及关于欧洲劳资联合委员会(European Works Council,EWC)和跨国信息与咨询程序的重要指令以及有关劳动者获得信息和咨询的总体框架指令。

第二部分的第一章为欧洲集体协议提供了一个总体框架,相关方可以根据《欧洲联盟运行条约》第154条和第155条达成此类协议。事实上,欧洲集体协议可能存在的价值会导致某些复杂的问题,包括法律问题,此类法律问题只有当人们更好地洞察这种复杂而微妙的集体关系时才能解决。这种关系构成集体谈判程序并且最终可以形成集体协议。两个显而易见的难题是,涉及此类协议的适用范围及其约束力。令人关注并且需要注意的是,社会合作伙伴无法就欧洲工作场所委员会和平等待遇纠纷举证责任倒置等问题达成一致意见,但是却分别于1995年12月14日、1997年6月6日、1999年3月18日达成了欧洲关于育婴假的集体协议、关于兼职工作的集体协议以及关于有固定期限劳动合同的集体协议。所有这些协议均由理事会以指令的形式正式发布。

最近在欧洲集体谈判的框架内所讨论的其他问题涉及远程工作(Telework)和临时工作。虽然劳资双方的社会合作伙伴对于长期工作压力达成了"自愿"协议,但是它们似乎无法就临时工作的问题达成协议,最后由欧洲联盟委员会以指令草案的形式予以规范。此外,社会合作伙伴还就工作压力(2004)、防止工作骚扰和暴力(2007)和包容性的劳动力市场(2010)等事项达成了框架性协议(Framework agreement)。在此背景下,我们还应提及它们在部门性社会对话的框架内所达成的协议。

76. 我们接下来讨论本书使用的有关语言和术语。显然,我是用外语写的这本书,尽管已尽最大努力作了修改,但语言运用仍然显得不够熟练。欧洲联盟使用的语言和术语并没有简化这一任务。

例如,"根据国家法定社会保障计划之外补充性的公司或公司间的养老金计划直接或间接地赋予老年人包括配偶一方已经去世的年老生存者福利的权利"这句话就可以说明这一点,当然是针对英语为非母语的个人而言。由于许多欧洲条约和协议的文本采用法语起草,所以人们在阅读翻译文本时就会敏锐地注意到这一事实。当然,对于联盟中的小语种而言,例如我的母语荷兰语,几乎永远不会被用作起草及制定条约或协议文本原文的语言。因此,这会对本书使用的语言有很深远的影响,出于法律正确性的缘故,我们希望尽可能地坚持使用联盟法律的文字表述。其次,在不同的联盟语言中用于表达相同意思的术语并不总是具有相同的含义。最典型的例证就是关于企业转让的指令(1977)。该指令中的术语"bedrijfstak","company"或"intercompany","betrieblichen"或 "überbetrieblichen","professionali"或"interprofessionali","fagliche"或"fvaerfagliche",本应具有相同的含义,但实际上却并非如此。欧洲联盟委员会表示,欧洲联盟文件的解释不能放在某种单一的语言版本中进行,必须从该文件的目标及与联盟的其他语言版本有密切关系的方面进行解释。[1]

77. 丹麦洛科风(Rockfon)一案也解释了同样的问题,[2]法院在该案中

---

[1] *Commission v. Denmark*,11 April 1990,No. C-100/90,ECR,1991,8. 这是由欧共体委员会起诉丹麦王国的案件。

[2] C.O.J.,7 December 1995,Case C-449/93,ECR,1995,4291.

也讨论了在集体裁员指令(1975)中使用的"机构"这一术语的含义。事实上,"机构"一词在指令中未被定义。洛科风坚持认为这并不是一个机构,因为没有资方可以单独决定大规模的裁员。

法院指出,"机构"是共同体法的术语,不能参照成员国的法律来定义。

该指令的各种语言版本使用了略微不同的术语来表达这一存在问题的概念(机构):

> 丹麦语版本为"virksomhed",荷兰语版本为"plaatselijke eenheid",英文版本为"establishment",芬兰语版本为"yritys",法语版本为"établissement",德语版本为"Betrieb",希腊语版本"επιχείρηση",意大利语版本为"stabilimento"、葡萄牙语版本为"estabelecimento",西班牙语版本为"centro de trabajo",瑞典语版本为"arbetsplats"。

根据这一版本,对使用的术语进行比较,其结果显示它们有不同的含义——机构、企业、工作中心、地方单位或工作地点。正如在布舍罗(Bouchereau)一案中所声明的那样,联盟文件的不同语言版本必须有统一的解释,而且在不同版本之间有分歧的情况下必须依照该规定的目的及总体方案来解释。[①]

78. 爱丁堡欧共体高层峰会(1992年12月11—12日)在"简化和更容易获得共同体立法"的标题下解决了这一问题。本次峰会作出以下声明:

> 使新的共同体立法更加清楚简单
>
> 虽然大多数文本的技术性以及众多成员国之间不同立场的妥协往往使立法程序复杂化,但无论如何,应采取实际的行动来提高共同体立法的质量,例如:
>
> (1)应当就起草共同体立法指南问题达成一致,该指南应包括检

[①] *Regina v. Pierre Bouchereau*,27 October 1977,C-30/77,ECR,1977,1999.

查立法草案质量的标准；

（2）各成员国代表团应在各级理事会的立法程序中做出努力，深入仔细检查立法质量；

（3）立法草案在被理事会采纳之前，应交给理事会的法律服务部门进行定期审查，并在有必要进行重新起草时提出建议，以便使该法案尽可能地简单、明确；

（4）法学家及语言学家小组在立法文本被理事会采纳之前应对所有的立法文本进行最后的法律编辑（应有成员国法律专家的参与）；在不改变其实质内容的前提下，应尽量使得文本语言简单化、清楚化。

在此背景下，我们应该注意到《阿姆斯特丹条约》（1997年）在"透明度"的标题下包含了第10章。欧洲联盟条约的第1条第2段被修改为"应尽可能以公开的、可使公民最大程度上接近的方式作出决定"。其次，《欧洲联盟运行条约》第15条规定，"欧洲联盟的任何公民……应有权查询联盟的机构、主体、办事处和办公室的文件信息，无论借助于何种媒介，只要按照本段中所定义的原则及条件即可。

79. 在本书前言的最后，我们要表达诚挚的谢意，因为这本书的写作运用了大量的材料，特别是法律和司法方面的资料。但不必多说的是，本书中存在的错误和缺陷由我们作者负责，责任与他人无关。

罗杰·布兰潘

2011年8月31日于比利时鲁汶

第一章 欧洲组织机构框架

第一节 条约

一、从共同体走向联盟

80. 自从《阿姆斯特丹条约》签署之后,欧洲至少存在以下四个条约:《欧洲联盟条约》(1997)、《欧洲煤钢共同体条约》(Treaty on European Coal and Steel Community)(1951)、《欧洲经济共同体条约》(Treaty on European Economic Community)(1957)以及《欧洲原子能共同体条约》(Treaty on European Atomic Energy Community)(1957)。

这三大欧洲共同体,也就是欧洲煤钢共同体(1951)、欧洲经济共同体(1957)和欧洲原子能共同体(1957),由成员国共同签署相同数量的条约所设立,并属于具有独立法人资格的组织。①

事实上,设立欧洲煤钢共同体(ECSC)与欧洲原子能共同体(Euratom)的目的在于实现相当有限的部门一体化。另一方面,欧洲共同体设想用一个共同市场(Common market)来实现经济领域更为广泛的一体化。我们从《欧洲共同体条约》第 2 条的规定可以得出这一结论,并会在本书后面的章节中提及这些内容。

81.《阿姆斯特丹条约》标志着欧洲在创建一个"欧洲人民之间更加紧密的联盟,并以尽可能贴近民众的方式进行决策"的过程之中,迈向一个新

---

① 各成员国于 2000 年 12 月在法国尼斯决定,"为解决与《欧洲煤钢共同体条约》有效期届满有关的一些问题,欧洲煤钢共同体的资金所有权将转移给欧洲共同体。欧洲煤钢共同体截止到 2002 年 7 月 23 日的全部资产和债务,应当于 2002 年 7 月 24 日移交给欧洲共同体。"

的阶段。上述语句中提到的"更加紧密的联盟"取代了"具有联邦目标的联盟"一词,就是当时荷兰担任欧洲联盟轮值主席国时在《马斯特里赫特条约》最后一稿中使用的词语,也是英国坚决反对使用的术语。而事实上,对许多英国人来说,"联邦主义"一词代表着来自布鲁塞尔的官僚集权主义,这就是他们反对使用该术语的主要原因。

然而,从欧洲共同体到欧洲联盟的名称变化,在欧洲新的组织架构方面发出了重要的信号。联盟这一名称与共同体相比,它所形成的是一种更为紧密、更为紧凑的关系;共同体涉及一群具有相同特征或利益的人,而联盟则意味着更为深远的投入,一起向共同目标迈进的亲密关系。这种差异就像是熟人关系与成功的婚姻关系之间的差别一样。当然,欧洲仍在努力之中,还需要进一步采取更多的、更为积极的措施,向真正的联盟关系迈进。略为尴尬的是,新的欧洲联盟中一体化程度最高的部分却是(欧洲)共同体。

《马斯特里赫特条约》和《阿姆斯特丹条约》可以被视为欧洲二战之后历史上非常重要的事件。事实上,正是这些条约的存在,导致欧洲出现了具有单一欧洲货币(欧元)的经济与货币联盟以及属于德国模式但具有独立性的欧洲中央银行。

《尼斯条约》(2000年12月)和《里斯本条约》(2009年)进一步确认了这些发展。

经济与货币联盟需要成员国执行严格的经济规范要求,特别是在通货膨胀与公共债务方面(不能超过国民生产总值[GNP]的60%)。

82. 欧洲联盟的目标如下:

(1) 欧洲联盟的目标是促进欧洲各国人民之间的和平、倡导其价值及其福祉。

(2) 欧洲联盟应提供其公民一个具有自由、安全和正义且没有内部边界的地区,可以保证人员的自由流动,且有适当的措施来管制外部边界、庇护、移民等事务,预防并打击犯罪。

(3) 欧洲联盟应建立一个内部市场。在均衡的经济增长和稳定的价格以及竞争激烈的社会市场经济的基础上,致力于欧洲的可持续发展,旨在促进充分就业、社会进步、高水平的环境保护与环境质量的改善。此外,欧洲联盟还应促进科学与技术的进步。

欧洲联盟应打击社会排外和歧视现象,促进社会正义与社会保护、男女平等、数代人之间的团结以及对儿童权利的保护。

欧洲联盟应促进经济、社会和领土的凝聚力以及各成员国之间的团结。

欧洲联盟应尊重其丰富的文化和语言的多样性,并确保欧洲文化传统的保护与增强。

(4)欧洲联盟应建立一个经济与货币联盟,其货币为欧元。

(5)欧洲联盟应在更广阔的世界关系中,维护并促进其价值与利益,为保护其公民做出贡献。联盟应促进世界和平、安全、可持续发展、人民之间的团结与相互尊重、自由和公平贸易,消除贫穷和保护人权,特别是儿童权利的保护,以及严格遵守和制定法规,包括尊重《联合国宪章》所规定的原则。

(6)欧洲联盟应采取条约所赋予的与其权限(Competence)相称的适当手段来实现其目标(《欧洲联盟条约》第3条)。

欧洲联盟在实现其目标时应尊重《欧洲联盟条约》第5条规定的辅助性原则。

(1)欧洲联盟承认2000年12月7日制定的《欧洲联盟基本权利宪章》中对权利、自由及原则方面的规定,该宪章于2001年12月12日在法国斯特拉斯堡被通过,并与联盟各条约享有同等的法律地位。

该宪章的规定不得以任何方式扩展到条约所限定的欧洲联盟权限之外。

宪章中的权利、自由与原则应按照规范其解释与适用的标题七的总则规定做出解释,并适当考虑宪章中提及的解释内容,并作为这些规定的渊源。

(2)根据《欧洲联盟条约》第6条的规定,欧洲联盟应加入《欧洲人权与基本自由保护公约》(European Convention for the Protection of Human Rights and Fundamental Freedoms),加入该公约不得影响联盟在其他条约中所规定的权限。

（3）这些基本权利由《欧洲人权与基本自由保护公约》保障，源于各成员国共同的宪政传统，它们构成了欧洲联盟法的基本原则。

二、欧洲联盟的运行

83.《欧洲经济共同体条约》被更名为《欧洲联盟条约》。

（一）目标

84.《里斯本条约》（2009年）规定了欧洲共同体的目标，内容如下所示：

《里斯本条约》明确地阐述了欧洲联盟的和平、民主、尊重人权、正义、平等、法治和可持续性发展等目标和价值观。

《里斯本条约》承诺欧洲联盟将会：

——提供一个具有自由、安全和正义且没有内部边界的地区；

——在均衡的经济增长、稳定的价格以及激烈竞争的社会市场经济的基础上促进欧洲的可持续发展，其目的在于促进充分就业与社会进步以及高水平的环境保护；

——打击社会排外和歧视现象，促进社会正义与社会保护；

——促进经济、社会和领土的凝聚性以及各成员国之间的团结；

——持续致力于建立一个以欧元为其单一货币单位的经济与货币联盟；

——在更广阔的世界关系中维护和促进其价值观，为促进世界和平、安全、可持续发展、人民之间的团结与相互尊重、自由和公平贸易、消除贫穷做出自己的贡献；

——促进人权保护，特别是对儿童的权利保护以及严格遵守和制定国际法，包括尊重《联合国宪章》（United Nations Charter）所规定的原则。

以上内容就是欧洲联盟的主要目标，而《里斯本条约》则属于用来实现这些目标的手段。

（二）辅助性原则

85.欧洲联盟的决策必须尽可能地贴近其公民。除了专门隶属其权限的那些领域，联盟原则上不会采取行动，除非这样做会比在成员国层面、区域层面或当地层面采取行动更有效。这一原则被称为辅助性原则,《里斯本条约》再次重申了这一原则。

这一原则以比例原则为补充,欧洲联盟可采取的行动仅限于为实现《里斯本条约》规定目标所需的必要限度。

86. 这个问题包括两方面。首先,欧洲究竟应该在哪一个层面采取行动?是欧洲联盟层面、国家层面,还是更多的当地层面?如果属于地区层面,那么它是行政区或城镇层面,还是部门、企业或工厂层面?其次,就涉及的劳动法与劳资关系部分而言,问题在于由谁做出决策?是具有公共管理权威的国家或任何其他政府机构,还是社会伙伴?也就是雇主代表与雇员代表通过集体协议,能够在多元社会的架构下有较大的空间就劳动与工作条件自行制定规范的劳资双方?辅助性原则也适用于管理者在经济领域"管理特权"框架内单方面做出的决策,它属于实施自由市场经济的社会所认可的一种权利。

辅助性原则首先意味着,如果在其他层面采取行动可以取得同样或更好的效果,那么欧洲联盟就不能取而代之。就欧洲联盟的权限而言,辅助性原则包含了限定性的含义,它既涉及明确属于欧洲联盟的对外权力,也涉及属于欧洲联盟内部的隐含权力。因此,为了符合所谓的适当层面要求,欧洲联盟必须能证明其采取的行动较其他层面能产生"更好的结果"。正如《欧洲联盟条约》第5条所规定的那样,只有当成员国无法充分实现行动计划的目标时,欧洲联盟才能自己采取行动。"更好的结果"因为提议采取行动的规模或效果而实现。欧洲联盟行动的规模无疑是指超过成员国国家疆界的行动,例如劳动者的自由流动、学生或移民劳动者的交流等事项,而且应该不难判断这些事项。

87. 其次,同样的推理也适用于公共管理机构与社会合作伙伴之间的关系。如果公共管理机构与社会合作伙伴采取的行动具有相同的效果,那么就应优先考虑后者的自主权。但是,我们必须假设这些社会合作伙伴能够真正代表其想要代表的雇主和劳动者群体。对某些国家而言,例如在劳动者加入工会百分比低于20%的法国,这种情况无疑会产生许多问题;同样，在其他条件不变的情况下（Ceteris paribus），雇主组织也会产生这种代表性不足的问题。显而易见，同样适用的还有成员国国内认可的"代表性"（Representativeness）准则以及国际劳工组织的标准，尤其是已经批准国际劳工组织第87号和第98号公约的那些欧洲联盟成员国。

88. 一旦界定了行动的层级与适当的行动者，辅助性原则的效力就不复存在。从这个意义上讲，辅助性原则实际上并不包含那些被认可的权限必须做出限定性解释的原则。一旦权限被置于适当的层级，那么辅助性原则必须按照自身被赋予的权责，按照字面意思进行解释。

然而在许多情况下，决定合适的层级并选择适当的行动者并非易事，尤其是在《欧洲联盟运行条约》第153条所提到的范围内，"鉴于不同成员国在处理事务时采取的方式具有根本性的差异，欧洲联盟应支持并补充完成成员国的'行动'。"在所有社会法的框架内，这一点对于坚持法律不介入主义的英国来说更是如此，它与欧洲大陆大多数采取法律介入主义的其他欧洲联盟成员国——如比利时、德国、法国等国的态度——完全相反。

89. 辅助性原则既是一个法律概念，又是一个政治概念。欧洲联盟的政治机构，首先是欧洲联盟委员会、欧洲联盟议会以及欧洲联盟理事会确定辅助性原则的范围及应用，以评估拟采取的行动应实现的目标、行动的规模及其效果。欧盟法院是否应通过《欧洲联盟条约》第5条规定的定义来解释"辅助性原则"的含义，从而允许联盟介入社会法领域？虽然这种可能性不能排除，但仍存在争议。

欧洲联盟理事会于1992年12月11—12日在爱丁堡召开的欧洲政府首脑峰会上决定，"理事会应全面适用辅助性原则。"

90. 根据欧洲联盟理事会的意见，辅助性原则主要包含以下三大因素：

（1）权力归属原则。此原则是指欧洲联盟只能在其被赋予的权力范围内行动——意指相关权力属于各成员国作为常态，而联盟获得此类权力作为例外——这是联盟法律秩序的基本特征。

（2）严格法律意义上的辅助性原则。只有在欧洲联盟层面而非成员国层面可以更好地实现行动目标时才能采取行动的原则，以包含或暗示的形式出现在《欧洲煤钢共同体条约》与《欧洲经济共同体条约》的某些条款之中。同时,相关事项的原则并不属于共同体所拥有的权力。

(3) 比例原则或强度原则。该原则是指欧洲联盟所应用的方法应该与适用于所有欧洲联盟行动的目标相称,无论它是在共同体的权限范围内还是在权限范围之外。

各成员国议会的审议(*Scrutiny*)[①]

91.《里斯本条约》所产生的主要区别涉及授予成员国议会的新权力,以确保对辅助性原则的尊重。依照《欧洲联盟条约》第 5 条第 3 款第 2 段和第 12 条第 b 款的规定,各国议会应根据《有关适用辅助性原则与比例原则的议定书》所列出的程序来确保遵守辅助性原则。根据这一程序,任何成员国的议会或其分庭(Chamber)从获得立法草案之日起有 8 个星期的时间向欧洲联盟议会、欧洲联盟理事会和欧洲联盟委员会等机构的主席提交合理意见,指出立法草案违反辅助性原则的原因。其中,如果该合理意见至少代表分配给各国议会投票(两院制议会每分庭一票[Bicameral Parliamentary system]、一院制每分庭两票制度[Unicameral system])数的三分之一,那么就必须再次审查该草案。涉及警察与犯罪事项的司法合作的立法提案,这一要求的比例被减少到四分之一。如果根据普通立法程序,大多数成员国的议会至少可以根据辅助性原则来挑战立法议案,而欧洲联盟委员会决定维持其议案,该事项则会被移交到欧洲联盟议会和欧洲联盟理事会,由他们在立法草案一读时作出决定。如果立法者认为立法提案不符合辅助性原则,那么理事会 55% 的成员或者欧洲联盟议会多数投票表决可否决该提案的通过。[②]

三、欧洲一体化

92. 毫无疑问,欧洲联盟及其衍生的法律规定构成了一个完整的、有凝

---

① Roberta Panizza, *The Principle of Subsidiarity*, Fact Sheets on the European Union, 2009.
② Roberta Panizza, *The Principle of Subsidiarity*, Fact Sheets on the European Union, 2009.

聚力的机构。

例如,《欧洲联盟运行条约》第45条及之后有关劳动者自由流动的规定也同样适用于在原子能行业工作的其他劳动者。

93. 欧洲几大共同体的27个成员国包括:奥地利、比利时、保加利亚、捷克、塞浦路斯、丹麦、爱沙尼亚、法国、芬兰、德国、希腊、匈牙利、爱尔兰、意大利、拉脱维亚、立陶宛、卢森堡、马耳他、荷兰、波兰、葡萄牙、罗马尼亚、斯洛伐克、斯洛文尼亚、西班牙、瑞典和英国。

第二节 欧洲各机构及其权限

94. 欧洲联盟有一些共同的机构,包括欧洲联盟议会、欧洲联盟理事会、欧洲联盟委员会及欧盟法院。

除此之外,欧洲还存在一个我们在前面已经提及的地区委员会(Committee of the Regions),它具有参与协商的权限(《欧洲联盟条约》第307条)。

一、欧洲联盟议会

95. 欧洲联盟议会最多可以包括736名"来自联盟各成员国的人民代表"。欧洲联盟议会的成员直接通过全民普选(Universal suffrage)产生,任期为5年。每个成员国被选举的议员人数分别如下:

奥地利	17	拉脱维亚	8
比利时	22	立陶宛	12
保加利亚	17	卢森堡	6
塞浦路斯	6	马耳他	5
捷克	22	荷兰	25
丹麦	13	波兰	50
爱沙尼亚	6	葡萄牙	22

(续表)

芬兰	13	罗马尼亚	33
法国	72	斯洛伐克	13
德国	99	斯洛文尼亚	7
希腊	22	西班牙	50
匈牙利	22	瑞典	18
爱尔兰	12	英国	72
意大利	72	总计	736

96. 欧洲联盟议会是个非常特殊的议会。首先,在欧洲的建设中还没有真正的管理机构可以像成员国的政府一样需要议会的信任。欧洲联盟议会要想行使对欧洲联盟委员会的某些控制权并监控该委员会的活动,这种动议必须要求获得三分之二多数支持的投票数——代表整个议会的大多数——才可以通过。然而,这一程序事实上构成了一项艰巨的任务,在实践中已无实际重要性。欧洲联盟议会的立法职能正在慢慢扩大。除非欧洲联盟条约另有规定,否则欧洲联盟议会按照绝对多数投票的方式来运转。

《阿姆斯特丹条约》通过共同决定程序加强了欧洲联盟议会的作用,使其作用被扩展到以下若干领域,例如:

——就业激励措施;

——平等机遇和男女平等待遇原则在就业与职业方面的适用。

97. 在许多情形下,《欧洲联盟条约》和《欧洲联盟运行条约》都规定欧洲联盟理事会在决策时应咨询欧洲联盟议会。因此在《欧洲联盟运行条约》中,非常重要的第115条这样规定:

> 欧洲联盟理事会应根据与欧洲联盟委员会立场一致的立法议案(Proposal),在咨询欧洲联盟议会和欧洲经济与社会委员会的意见后,发布这种可以使各成员国的法律、规章或行政规定趋同化(Approximation)的指令,因为这些法规会直接影响欧洲共同市场的建立或运作。

这一咨询的规定应欧洲联盟理事会的要求而进行,该咨询的权限与欧洲联盟委员会所提出的议案有关,后者在尊重欧洲联盟议会决定的原则之下,随时可以修正其议案,一直到理事会作出决定。这清楚地反映出三大机构之间的互动关系。然而,自1991年《马斯特里赫特条约》之后,欧洲联盟议会可以按照大多数议员的意见,就"为落实《欧洲联盟条约》所需的共同体行动"的事项,要求欧洲联盟委员会提交与上述规定相关的议案(《欧洲联盟运行条约》第225条)。这一规定赋予了欧洲联盟议会提交议案的权利。

98. 欧洲联盟议会的监督实质上涉及欧洲联盟委员会的工作(而非欧洲联盟理事会,尽管理事会必须回复欧洲议员的书面或者口头咨询)。但是,就预算事务而言,欧洲联盟议会则享有共同决策的权限。欧洲联盟理事会通过的预算决议必须征得欧洲联盟议会的同意。

99. 欧洲联盟议会对欧洲国家欲成为欧洲联盟成员国的申请具有决定性的影响。在此情形下,它必须获得欧洲联盟议会明确的同意(《欧洲联盟条约》第49条)。

二、欧洲联盟理事会

100. 根据1965年《合并条约》(Merger Treaty)第1条的规定而设立欧洲联盟理事会,*无疑是欧洲最重要的组织机构,因为它属于欧洲最主要的立法机构。

按照《合并条约》第2条的规定,欧洲联盟理事会是"由各成员国代表组成。各国政府均应授权给其中一位代表"。各成员国的代表按照会议日程参会。若社会事务理事会举行会议,各国与上述议题相关的部长——例如劳动就业部部长——则必须出席。社会事务理事会属于所谓的部门性或特定的理事会。如果议程安排的是一般事务,那么则由外交部长出席全体会议。欧洲联盟理事会实际是欧洲政府首脑与总理理事会,该委员会每年举行三次会议,各成员国的外交部长也会出席。

---

* 当时应为欧洲共同体理事会。——译者注

101. 欧洲联盟理事会属于欧洲联盟的一个机构。尽管理事会所保护的是各成员国的利益,而各国部长所坚持的是各自政府的观点,各成员国仍需采取各种必要的措施来实现联盟的目标。《欧共体条约》相当清楚地说明了这一点:

  欧洲联盟及其成员国根据诚实合作的原则,应相互充分尊重对方,相互协助完成各条约中规定的任务。
  各成员国应采取适当的措施,无论是普遍的还是特殊的措施,确保履行各条约所规定的义务或配合欧洲联盟各机构所采取的行动。
  成员国的这些措施应帮助联盟完成这些任务,不得妨碍欧洲联盟各项目标的实现。

102. 欧洲联盟理事会只能行使各条约所授予的权力。除了我们在后面将要讨论到的《欧洲联盟运行条约》第 352 条的例外情形,理事会并没有广泛的权限。

103. 欧洲联盟理事会在劳动法方面的重要任务可列举如下:
—劳动者的自由流动安排(《欧洲联盟运行条约》第 45—48 条);
—各种劳动法律体系之间的趋同(《欧洲联盟运行条约》第 114—116 条);
—社会政策的详细规划(《欧洲联盟运行条约》第 151—161 条);
—有关社会事务基金决策的实施(《欧洲联盟运行条约》第 164 条);
—开展高品质的教育与培训计划与行动(《欧洲联盟运行条约》第 165—166 条);
—促进更强大的经济与社会凝聚力(《欧洲联盟运行条约》第 174—178 条);
—实施《社会宪章》的规定(1989)。

104. 如果欧洲联盟证明其行动符合联盟的目标之一,而《欧洲联盟运行条约》也没有规定适当的权力,那么欧洲联盟理事会可以按照欧洲联盟委员会所提出的议案形成决议,并在咨询欧洲联盟议会的意见后,采取适当的措施。

105. 欧洲联盟理事会以绝对多数（Absolute majority）、特定多数（Qualified majority）或全体一致（Unanimity）等表决方式进行运作，其中绝对多数为其作出决定的一般原则。

106. 在大多数情形下，理事会以特定多数作出决定。当理事会必须采取特定多数的表决方式时，各成员国代表的投票比重如下：

德国、法国、意大利和英国：29票；

波兰和西班牙：27票；

罗马尼亚：14票；

荷兰：13票；

比利时、捷克、希腊、匈牙利和葡萄牙：12票；

奥地利、保加利亚和瑞典：10票；

丹麦、芬兰、爱尔兰、立陶宛和斯洛伐克：7票；

塞浦路斯、爱沙尼亚、拉脱维亚、卢森堡和斯洛文尼亚：4票；

马耳他：3票。

共计345票。

根据《欧洲联盟运行条约》的规定，欧洲联盟理事会的决议依据委员会的提案，只有在不少于255票并获得多数成员国支持的情况下才能生效。

在其他情形下，理事会至少要获得225票和三分之二成员国的支持才能作出决议。

在采取特定多数投票决定的情况下，成员国可以要求成员国的特定多数必须代表联盟62%以上的总人口。如果票数似乎无法满足上述条件，那么理事会就不能通过该决议。

拥有否决权的关键少数（Blocking minority）为91票。

此外，《欧洲联盟运行条约》第293条规定，理事会只有在全体一致投票支持的情况下才能修正理事会的议案。

理事会根据特定多数的形式确定下列事项：

——劳动者的自由流动（《欧洲联盟运行条约》第46条）；

——劳动者的健康与安全；

——工作条件；

——劳动者的知情权与意见咨询权；

——男女平等(《欧洲联盟运行条约》第153—157条)；

——就业及激励措施(《欧洲联盟运行条约》第148—149条)；

——欧洲社会基金(《欧洲联盟运行条约》第164条)；

——职业培训(《欧洲联盟运行条约》第166条)；

——经济与社会凝聚力(《欧洲联盟运行条约》第178条)。

107. 然而，对于劳动法事务而言，欧洲联盟理事会决策时所要求的全体一致原则仍然相当重要。

以下事项的决策需要全体一致同意的表决方式：

——受雇人员的权益(《欧洲联盟运行条约》第114条)；

——经济与社会凝聚力(《欧洲联盟运行条约》第177条)。

108. 全体一致同意的表决方式还可适用于以下事项：

——社会保障；

——劳动者的社会保护；

——对劳务合同结束的劳动者的保护；

——劳资双方共同利益的代表与保护；

——第三国国民的就业条件。

109. 例外的事项包括：

——薪酬；

——结社权；

——罢工权；

——实施闭厂权(Right to impose lock-outs)(《欧洲联盟运行条约》第153条)。

三、欧洲联盟委员会

110. 欧洲共同体委员会取代的是欧洲煤钢共同体的高级管理机构(High Authority)以及欧洲经济共同体和欧洲原子能共同体的欧洲联盟委

员会(《合并条约》第 9 条)。欧洲联盟委员会是由根据其总体权限且独立性不容置疑的 27 位代表组成。这些代表的任期为五年,并且可以连任。欧洲联盟委员会采用多数投票表决形式(14 票)。

111. 欧洲联盟委员会与理事会相比,属于更出类拔萃的(*par excellence*)欧洲机构:依照《欧洲联盟运行条约》第 245 条的规定,"欧洲联盟委员会委员不得采取与其职责不相符的行动。成员国应尊重委员们的独立性,不得在他们履行任务时施加不当影响。"他们不得征求或接受任何政府或机构的指示。每个成员国都有义务不得影响欧洲联盟委员会委员的决定。然而,如前所述,欧洲委员应对欧洲联盟议会负责,同时也可以被议会撤换。事实上,欧洲联盟委员会就像个自治团体:每位委员对欧洲联盟议会的所有决定负责,而欧洲联盟委员会最终会接受这些决定。尽管如此,欧洲联盟委员会委员以分派给部长的形式确定其责任分工;每位委员因此向若干部长负责。这就意味着,比如说,社会事务专员负责"就业、劳资关系与社会事务、教育及培训"等方面的决定。从行政角度来看,欧洲联盟委员会可以区分为若干不同的专门委员会(Directorate-General)及一些综合服务部门,如法务部即是一例。此外,欧洲联盟委员会还有一个负责就业、社会事务与机会平等的专门委员会。

112. 欧洲联盟委员会最重要的任务是参与欧洲立法程序。在许多情形下,欧洲联盟各条约规定理事会仅能就欧洲联盟委员会的议案采取行动。换句话说,欧洲联盟委员会拥有欧洲立法的提议权;如果没有该委员会的议案,就不会发生立法行动。我们要强调的是,理事会只有在全体一致同意的情况下才能修改欧洲联盟委员会的议案;只要理事会尚未做出决议,欧洲联盟委员会就有权更改议案的内容。这种更改既可以由其主动提出,也可以是应理事会、欧洲联盟议会或欧洲经济与社会委员会等机构的要求而作出。

113. 欧洲联盟委员会的另一项重大任务是,必须确保条约的各项规定及欧洲各机构所采取的措施得以适用。在这种情况下,欧洲联盟委员会负责要求各成员国遵守条约规定的义务。如果欧洲联盟委员会认为某成员国并未履行条约规定的义务,同时又不遵从其意见,那么它可以将此事项起诉到欧盟法院。欧洲联盟委员会也有对自身负责事项的决策权。此外,欧洲联盟委员会有权进行协商,并签署协商后可能达成的国际条约。该机构也有权与所有国际组织维持恰当的关系(《欧洲联盟运行条约》第215条第220款)。

四、欧盟法院

114. 欧盟法院"应确保法律在有关欧洲条约的解释与适用中的遵守。各成员国应规定救济方式"(《欧洲联盟条约》第19条)。各成员国同意,对于有关欧洲各条约解释或适用问题的纠纷,应按照条约规定而非其他方式来解决(《欧洲联盟运行条约》第344条)。

欧盟法院由来自每个成员国的一名法官组成并有八位辅佐法官(Advocate-General)协助。辅佐法官的责任为,坚持客观中立的立场,根据法院法规,在需要参与时对受理的案件做出合理的论述(《欧洲联盟运行条约》第252条):

> 法官与辅佐法官的人选为,该人具有无可怀疑的独立性、自身拥有与其成员国担任最高司法机构职务相当的资质,或者自身属于能力被认可的法学家(Jurisconsults)。法官与辅佐法官的任命须经过各成员国的一致同意,任期为6年。(《欧洲联盟运行条约》第253条)

115. 欧盟法院有资格来判断成员国是否履行其条约义务(《欧洲联盟运行条约》第258—259条)、审查欧洲联盟理事会与欧洲联盟委员会行为的合法性以及决定是否宣告其行为无效(《欧洲联盟运行条约》第263—264条)。同样,在成员国法院或法官的要求下,欧盟法院有法定权限对有关联盟法律的解释问题作出初步裁定(《欧洲联盟运行条约》第267条)。这就意味着,例如,当一个成员国国内法院的法官在一个案件中对所涉及的联盟法含义不太确定时,他可就相关联盟法律的含义向欧盟法院提出一个或多个问题。欧盟法院最终会作出一个对成员国法官具有约束力的初步裁决。

116. 欧盟法院的判决属于最后的救济程序,因此不可以上诉。该判决

81　可以在欧洲联盟所有成员国内执行。该判决的执行由该成员国境内现行的民事诉讼程序规则来规范。相关成员国国内法院对欧盟法院判决的不规范执行方式的投诉享有司法管辖权。此外,自然人或法人也可以在欧盟法院提起诉讼。

117. 欧盟法院常设法院(General Court)对以下事项的诉讼享有司法管辖权:

——由自然人或法人针对欧洲联盟各机构、团体、办事处或代理机构(直接提及其名称或与其有直接、个别关系的)的行为提起的直接诉讼;针对这些机构的监管行为(与其直接相关并且不涉及执行措施的)或未能采取应有行动的行为提起的直接诉讼。例如,某公司针对某委员会对其征收罚款的决定提起诉讼的案件。

——由成员国针对欧洲联盟委员会提起的诉讼。

——由成员国针对理事会在国家援助领域、"倾销"及利用执行特权采取的行为提起的诉讼。

——对欧洲联盟各机构或其职员造成的损害提出的赔偿诉讼。

——根据欧洲联盟的合同中所明确赋予常设法院司法管辖权的诉讼。

——涉及欧共体有关商标的诉讼。

——针对欧洲联盟公务员事务法庭的决定提起的上诉,但仅限于法律问题(Point of law)。

——针对欧共体植物品种多样性办公室或欧洲化学品管理局的决定提起的诉讼。

对于常设法院作出的裁决,当事人或当事国可在两个月内就相关法律争议向欧盟法院提起上诉。

第三节　欧洲其他机构

118. 除了上述四大机构之外,在欧洲联盟的架构下,尽管我们只局限于社会事务领域,仍存在其他一些重要的、与雇主与劳动者代表相关的组织。其中一些组织根据欧洲各条约的明文规定而设立,例如欧洲联盟的经济与社会委员会或欧洲社会基金等。其他的一些机构则是在联盟运作过程中协助欧洲联盟理事会以及欧洲联盟委员会执行任务时产生的。

一、欧洲经济与社会委员会

119. 欧洲经济与社会委员会的成员包括雇主组织的代表、劳工组织的代表、其他团体的代表以及公民社会,特别是来自社会、经济、民事、专业与文化等领域的代表(《欧洲联盟运行条约》第 300 条)。该委员会的成员由欧洲联盟理事会任命,任期为 5 年,任满可以连任。该委员会"不受任何强制性指示的约束",在"履行职责时必须保持完全独立的立场,并基于联盟的总体利益"(《欧洲联盟运行条约》第 300 条)。经济与社会委员会在人数最多时有 350 名成员,而目前则有 344 名成员,其成员分为三大团体:包括雇主代表、劳工代表以及所谓其他(不同利益)的团体代表。

经济与社会委员会根据欧洲各条约的规定向欧洲联盟理事会或欧洲联盟委员会提供咨询,也可以在这两大机构认为合适的情况下提供咨询意见。自从 1972 年巴黎峰会以来,经济与社会委员会有权对联盟事务主动提出自己的意见。

二、欧洲社会基金

120. 欧洲社会基金(ESF)是欧洲联盟的结构性基金之一,其成立是为了缩小欧洲联盟成员国及地区的经济发展与生活水平差距,从而促进经济与社会凝聚力。

欧洲社会基金致力于促进欧洲联盟境内的就业。该基金帮助成员国的劳动力和公司更好地应对新的全球性挑战。简而言之:

——基金覆盖各成员国和地区,特别是经济发展落后地区;

——有针对性地向公民提供更好的技能与工作前景,提高欧洲联盟公民的生活水平是欧洲联盟经济增长与就业战略的一个关键因素。

121. 欧洲社会基金依照《欧洲联盟运行条约》第162条的规定而设立：

为促进劳动者在欧洲内部市场的就业机遇,并致力于提高公民的生活水平,欧洲社会基金因此成立……。该基金设立的目的是使劳动者更容易就业,增加劳动者在联盟境内的地域与职业流动性,协助劳动者适应行业变革与生产体制的变化,特别是通过职业培训与再培训的方式来实现这些目标。

122. 欧洲联盟理事会在一般立法程序架构下采取行动,在咨询经济与社会委员会及地区委员会之后,通过有关欧洲社会基金实施问题的决定(《欧洲联盟运行条约》第164条)。

依照《欧洲联盟运行条约》第177条的规定,欧洲联盟理事会有义务界定结构性基金的任务、优先目标及组织安排,其中可能涉及各种基金的合并分类(例如欧洲农业指导与保证基金、欧洲社会基金与欧洲区域发展基金等)。

欧洲社会基金的任务为：

支持各类可防止并消除失业、开发可进入劳动力市场的人力资源和促进社会融入的措施,以促进高水平的就业率、男女平等、可持续发展、经济与社会凝聚力。特别是,基金应有助于依据《欧洲就业战略》(European Employment Strategy)和《年度就业指导纲要》(Annual Guidelines on Employment)采取行动。

(一) 工作任务

123.

(1) 通过增加就业和工作机遇,鼓励高水平的就业率以及更多更好的工作岗位,欧洲社会基金应有助于实现欧洲联盟在加强经济和社会凝聚力方面的优先事项。基金应通过支持成员国实现充分就业、保障工作质量与生产力的政策来实现这些目标,促进社会融入,包括弱势人群就业,减小成员国、地区和当地的就业差距。

尤其是,基金应支持与成员国根据《欧洲就业战略》——现已被并入《增长与就业综合指导纲要》(Integrated Guidelines for Growth and Jobs)——的指导方针以及相关建议所采取措施相一致的行动。

(2) 在执行这些任务时,基金应支持欧洲联盟在增强社会凝聚力、加强生产力与竞争力、促进经济增长与可持续发展等方面需要优先开展的事项。基金应考虑欧洲联盟在教育和培训领域的相关优先事项和目标,促进未积极从事经济活动的人士参与劳动力市场,防止社会排外,特别是针对弱势群体,例如残疾人,促进男女平等和非歧视原则。

(二) 援助范围

124.

(1) 在促进融合、地区竞争和就业目标的框架内,基金应支持根据以下优先事项在成员国开展的行动:

(a) 为改善经济变化的预期和管理而增强劳动者、企业和企业家的适应性,尤其是通过以下方式来促进:

(i) 终身学习以及企业,特别是中小企业,与劳动者不断增加的人力资源投入,通过各种制度和战略的制定和执行,包括实习训练在内,确保劳动者特别是低技能和年老的劳动者可以更容易地获得培训,从而提升其资历和能力,传播信息与通信技术、电子在线学习、生态友好型的技术和管理技能,促进企业创业能力、创新和创业;

(ii) 设计和传播有创新性的、更有生产力的工作组织形式,包括提供更健康和安全的工作环境,明确未来职业与技能要求,为公司和行业重组的劳动者提供包括新职介绍在内的具体就业、训练和辅助性服务;

(b) 加强求职者和隐藏性失业人口获得就业的机会以及在劳动力市场内的可持续性融入,预防失业,特别是劳动者的长期失业和青年人的失业问题,鼓励积极老龄化与更长时间的工作生涯,增加这些人员在劳动力市场的参与,尤其通过以下方式来促进:

(i）劳动力市场机构的现代化与加强，特别是在欧洲联盟和成员国充分就业战略的范围内提供就业服务和其他相关行动；

(ii）采取积极的预防性措施，确保在早期可以确定单边行动计划与个性化支持的需要，例如量身定做的培训、求职、重新安置工作与调动，包括合作企业的自由职业（Self-employment）和创业，鼓励参与劳动力市场的动机，可以保持年老的劳动者更长就业时间的灵活措施，协调工作和私人生活的措施，例如便于那些被抚养者或被赡养者（Dependent person）获得儿童保育和护理；

(iii）采取主流与具体行动，以拓宽就业渠道，增加女性的可持续参与和就业，减少劳动力市场中的性别分化（Segmentation）与不同性别之间的薪资差距现象，包括解决这些问题的直接和间接根源；

(iv）采取具体的行动，以增加移民参与就业的机会，从而加强其社会融入；通过指导、语言培训以及验证其能力和所获技能等方式，促进劳动者的地域与职业流动性以及跨境劳动力市场的一体化；

(c）加强弱势群体的社会融合，以便他们在就业领域的可持续性融入，反对劳动力市场中各种形式的歧视，尤其通过以下方式来促进：

(i）为弱势群体，例如正在遭受社会排斥的人群、辍学者、少数民族、残疾人士和需要供养或赡养他人的人群，提供社会融入和重新就业的途径，通过可就业的措施，包括在社会经济中获得职业教育与培训的机会，以及可提高就业机会的行动与相关支持、社区和保健服务；

(ii）接受工作场所的多样性，打击劳动者在进入和逐步融入劳动力市场时出现的歧视，包括提高认识、参与当地社区和企业的活动、促进当地就业的行动等；

(d）提高人力资本，尤其通过提升：

(i）设计和引进教育及培训系统的改革措施以促进可就业性，完善与劳动力市场相关的初始以及职业教育与培训、持续提高培训人员的技能，以便进行创新并发展知识经济；

(ii）开展高等教育机构、研究与技术中心和企业之间的网络化活动。①

(e) 通过诸如社会合作伙伴与非政府组织等利益相关者在国际、国内、区域和地方层面的网络化行动,促进合作伙伴关系、协议和行动,以便促进就业与劳动力市场包容性领域的改革。

(2) 基金在欧洲融合目标的框架内应支持在成员国采取以下属于优先事项的行动:

(a) 扩大并提高人力资本的投入,特别是通过以下方式来促进:

(i) 实施教育和培训系统的改革措施,特别是增强人民对知识型社会和终身学习等需求的响应;

(ii) 更多地参与终身教育与培训,包括为减少较早离校辍学和性别分化的主体并促使劳动者不断获得初始教育、职业教育和高等教育与培训机会的行动;

---

① Regulation (EC) No. 1081/2006 of the European Parliament and of the Council of 5 July 2006 on the European Social Fund and repealing Regulation (EC) No.1784/1999, O.J., 31 July 2006, L 210; Council Regulation (EC) No.1083/2006 of 11 July 2006 laying down general provisions on the European Regional Development Fund, the European Social Fund and the Cohesion Fund and repealing Regulation (EC) No.1260/1999, O.J., 31 July 2006, L 210; Council Regulation (EC) No.1989/2006 of 21 December 2006 amending Annex Ⅲ to Regulation (EC) No.1083/2006 laying down general provisions on the European Regional Development Fund, the European Social Fund and the Cohesion Fund and repealing Regulation (EC) No.1260/1999, O.J., 30 December 2006, L 411; Council Regulation (EC) No. 1341/2008 of 18 December 2008 amending Regulation (EC) No. 1083/2006 laying down general provisions on the European Regional Development Fund, the European Social Fund and the Cohesion Fund, in respect of certain revenue-generating projects O.J., 24 December 2008, L 348; Council Regulation (EC) No.284/2009 of 7 April 2009 amending Regulation (EC) No. 1083/2006 laying down general provisions on the European Regional Development Fund, the European Social Fund and the Cohesion Fund concerning certain provisions relating to financial management O.J., 8 April 2009, L 94; Regulation (EC) No. 396/2009 of the European Parliament and of the Council of 6 May 2009 amending Regulation (EC) No. 1081/2006 on the European Social Fund to extend the types of costs eligible for a contribution from the ESF O.J., 21 May 2009, L 126; Commission Regulation (EC) No. 846/2009 of 1 September 2009 amending Regulation (EC) No. 1828/2006 setting out rules for the implementation of Council Regulation (EC) No. 1083/2006 laying down general provisions on the European Regional Development Fund, the European Social Fund and the Cohesion Fund and of Regulation (EC) No. 1080/2006 of the European Parliament and of the Council on the European Regional Development Fund, OJ, 23 September 2009, L 250.

(iii) 发展人类在研究和创新方面的潜力,特别是通过研究生学习和研究人员的培训等方式;

(b) 加强全国性、地区性和地方层面的公共管理与服务机构以及相关社会伙伴和非政府组织的机构能力与效率,以便实现改革,更好地在经济、就业、教育、社会、环境和司法等领域进行管理与治理,特别是通过以下方式来促进:

(i) 完善高品质的政策与方案的设计、监测和评估等机制,包括通过研究、数据统计和专家建议等方式,支持部门间的协调以及相关公共机构与私有机构之间的对话;

(ii) 在包括立法法规实施等相关领域开展政策和方案方面的能力建设,特别是通过连续的管理与工作人员培训以及对主要服务、监察与社会经济活动参与者提供具体支持;这些参与者包括社会合作伙伴、环境保护方面的合作伙伴、有关的非政府组织和代表性的专业组织。

125. 欧洲社会基金由欧洲联盟委员会管理。欧洲联盟委员会在完成这项任务时由一个委员会来协助,后者由欧洲联盟委员会的一位委员担任主席,由政府、工会和雇主组织等机构的代表组成(《欧洲联盟运行条约》第163条)。

2007—2013年,共有750亿欧元的欧洲社会基金分配到欧洲联盟各成员国和地区以实现这些目标。

三、欧洲职业培训发展中心

126. 欧洲职业培训发展中心(European Centre for the Development of Vocational Training)成立于1975年,[①]其目标为协助欧洲联盟委员会来鼓

---

① Regulation No. 337/75 of 10 February 1975, O.J. L 39, 13 February 1975; as amended by Regulation No. 1946/93 of 30 June 1993, O.J. L 181, 23 July 1993, 13; Regulation No. 1131/94 of 16 May 1994, O.J. L 127, 19 May 1994; No. 251/95 of 6 February 1995, O.J. L 030, 9 February 1995 and No. 354/95 of 20 February 1995, O.J. L 041, 23 February 1995, Council Regulation (EC)

励促进和发展联盟层面的职业培训以及在职培训。该中心位于希腊的塞萨洛尼基(Thessaloniki),由一个包括政府、欧洲联盟委员会及社会合作伙伴等机构的代表所组成的机构来负责行政管理事务。中心通过组织科技文献整理、信息收集及开展科研等活动来协助欧洲联盟委员会的工作。

四、欧洲改善生活与工作条件基金会

127. 欧洲改善生活与工作条件基金会(European Foundation for the Improvement of Living and Working Conditions)成立于1975年,[87]① 其目标为"致力于规划并设立更好的生活与工作条件,主要通过加强传播有助于上述发展的知识等行动来实现"。基金会的优先支持事项如下所示:

——在岗劳动者(people at work);
——工作组织安排,特别是职业设计;
——劳动者的职业类别问题;
——完善环境保护的长期目标;
——有关空间与时间内人员活动的分配。

128. 欧洲改善生活与工作条件基金会总部位于爱尔兰的都柏林,由一个行政委员会负责管理,该基金会由政府、欧洲联盟委员会及劳资双方等机构的代表共同组成。另外,基金会设有一个专家顾问委员会来协助其工作。

五、欧洲就业常务委员会

129. 欧洲就业常务委员会(Standing Committee on Employment)成立

No. 1655/2003 of 18 June 2003 amending Regulation (EEC) No. 337/75 establishing a European Centre for the Development of Vocational Training and repealing Regulation (EEC) No. 1416/76, O.J. L 245, 29 September 2003. Council Regulation (EC) No. 2051/2004 of 25 October 2004 amending Regulation (EEC) No. 337/75 establishing a European Centre for the Development of Vocational Training, O.J., 7 December 2004, L 355.

① Regulation No. 1365/75 of 26 May 1975, O.J. L 139, 30 May 1975, as amended by Regulation No. 1947/73, 30 June 1993, O.J. L 181, 23 July 1993, 13; Council Regulation (EC) No. 1649/2003 of 18 June 2003, Council Regulation (EC) No. 1649/2003 of 18 June 2003, O.J. L 245, 29 September 2003. Council Regulation (EC) No. 1111/2005 of 24 June 2005 amending Regulation (EEC) No. 1365/75 on the creation of a European Foundation for the Improvement of Living and Working Conditions, O.J., 5 July 2005, L 184.

于1970年,①其目的是为欧洲联盟理事会、欧洲联盟委员会及社会伙伴之间建立永久性的对话、协调与咨询,以便于成员国之间的劳动力市场政策的协调。该委员会在共同体各机构采取决策之前介入,它在欧洲制定社会政策时为所有相关机构提供交换不同观点的永久性机会。然而,它并非是个协商的场所。在实践中,有许多讨论可以在这里进行,但它实际上并非真正意义上的交换观点,也无法达成任何决议。

130. 1999年,欧洲就业常务委员会的表现焕然一新并赢得了较高的知名度,②其目的为协调就业战略各个阶段所涉及的社会合作伙伴,为《欧洲就业指导纲要》的实施做出重要贡献。社会合作伙伴对协调一致的就业战略的贡献在指导纲要自身层面以及在审查其与《广泛的经济政策指南》(Broad Economic Policy Guidelines)的一贯性时应予以考虑,以便提供更伟大的协同效应(Synergy)并将高水平的就业目标并入共同体的政策制定与实施之中。

欧洲就业常务委员会的任务是确保在理事会、欧洲联盟委员会与社会合作伙伴之间有连续的对话、协调与咨询,以便社会合作伙伴对协调一致的就业战略做出贡献,促进成员国之间协调其在就业领域的政策,同时考虑到《欧洲就业指导纲要》与《广泛的经济政策指南》中所反映的共同体经济与社会目标。

欧洲联盟理事会成员或其代表、欧洲联盟委员会与欧洲层面的社会伙伴代表参与欧洲就业常务委员会的工作。

欧洲就业常务委员会中将最多有20个社会合作伙伴代表,它们可分为两大平等的代表团,劳资双方各有10个组织代表。

社会合作伙伴代表团应涵盖整个经济领域,由代表着监督和专业人员以及中小型企业一般利益或多个特定利益的欧洲组织组成。

---

① Decision No. 70/532 of 14 December 1970, as amended by Decision No. 75/62 of 20 January 1975, O.J. L 21, 28 January 1975.

② Decision No. 1999/20 of 9 March 1999 on the reform of the Standing Committee on Employment and repealing Decision 70/532/EEC (O.J. L 072, 18 March 1999).

为此,每个代表团体将由欧洲联盟委员会咨询的社会合作伙伴组织的代表组成,它们隶属于以下类别:

——一般性跨行业部门的组织;

——代表某些类别的劳动者或企业的跨行业部门组织;

——代表农业和贸易的部门组织。

劳动者代表团的协调工作实际上是由欧洲工会联合会负责,而雇主代表团则由欧洲工业与雇主联盟(Union of Industrial and Employers' Confederations of Europe,UNICE)负责。

六、欧洲就业委员会

131.《里斯本条约》规定成立一个可提供咨询的就业委员会(Employment Committee),以促进成员国之间就业与劳动市场政策的协调。

就业委员会的职责包括:

——监控成员国与共同体内的就业形势与政策;

——应欧洲联盟理事会或欧洲联盟委员会的要求,或者自行提供意见,协助理事会研究就业问题(包括情势报告、指南与其他等)。

就业委员会由每个成员国各自选派两名成员组成,它必须与劳资双方进行协商(《欧洲联盟运行条约》第150条)。

就业委员会根据欧洲联盟理事会 2000 年 1 月 24 日第 2000/98/EC 号决议而设立。①

七、欧洲劳动安全与卫生管理局

132. 欧洲劳动安全与卫生管理局(European Agency for Safety and

---

① O.J. L 29/21,4 February 2000.

Health at Work)依照欧洲联盟在 1994 年 7 月 18 日[①]通过的法规而设立,该机构位于西班牙的毕尔巴鄂(Bilbao)。

欧洲劳动安全与卫生管理局的目标如下所示:

> 为改善工作环境,保护《欧洲联盟运行条约》、共同体有关工作场所健康与安全的连续性战略与行动方案所规定的劳动者安全和健康,本机构的目的是为共同体各机构、各成员国、社会合作伙伴和相关领域的人员或机构提供工作安全与健康领域使用的科技与经济信息。

为实现上述目标,欧洲劳动安全与卫生管理局的作用包括:

(1) 收集、分析并传播成员国的科技与经济信息,以便向共同体各机构、成员国和相关利益方传递这些信息;这一信息的收集用来确定存在的风险以及好的实践、成员国现有的优先发展事项与行动方案;同时为共同体的优先事项与行动方案提供必要的信息或意见;

(2) 收集和分析有关工作安全与卫生的研究及其他相关研究活动的科技与经济信息,传播相关研究和研究活动的结果;

(3) 促进并支持成员国之间信息与经验的合作与交流,包括培训方案等方面的信息;

(4) 组织会议、研讨会并进行成员国间专家的交流活动;

(5) 提供共同体各机构和成员国制定审慎、有效的政策所需的客观、可用的科技与经济信息;

(6) 通过与成员国之合作,建立并协调网络化运作;

(7) 收集第三国及国际组织(世界卫生组织[World Health Organiza-

---

① No. 2062/94, O.J. L 216/1, 20 August 1994, amended by Regulation No. 1643/95 of 29 June 1995, O.J. L 156, 7 July 1995; Council Regulation (EC) No. 1654/2003 of 18 June 2003, O.J. L 245, 29 September 2003; Council Regulation (EC) No. 2051/2004 of 25 October 2004, O.J. L 355, 1 December 2004; Council Regulation (EC) No. 1112/2005 of 24 June 2005, O.J. L 184, 15 July 2005.

tion，WHO]、国际劳动组织、泛美卫生组织[Pan American Health Organization，PAHO]、国际海事组织[International Maritime Organization，IMO]等)已有的信息并向这些国家和组织提供相关信息；

（8）提供实施预防性活动的方法与工具所需的科技与经济信息，明确好的做法，促进预防性措施，特别是有关中小企业的具体问题；就好的实践而言，该局尤其关注那些属于实用工具、用于起草工作安全与健康风险评估、确定风险解决措施的做法；

（9）致力于共同体有关工作安全与健康保护的战略与行动计划的发展，而不会影响欧洲联盟委员会的权限；

（10）该局应确保其传播的信息是终端用户可理解的内容。为了实现这一目标，它会根据第4条第2款的规定，与该条款提及的成员国国内重点机构（Focal point）开展紧密合作。

欧洲劳动安全与卫生管理局应尽可能与共同体现有关机构、基金会、专家团体和各行动方案保持密切的工作关系，避免任何不必要的重复。尤其是在不影响其目标的前提下，该局应和欧洲改善生活与工作条件基金会保持适当的合作。

133. 根据欧洲联盟理事会2003年7月22日的决议，欧洲设立了工作安全与健康咨询委员会：

（1）该委员会有协助欧洲联盟委员会准备、实施和评估工作安全与健康领域活动的任务。

这些任务应涵盖经济领域的公共部门与私营部门。

（2）具体来说，该委员会应：

（a）根据已有的资料信息，就现有的或计划制定的规章交换意见、交流经验；

（b）帮助制定应对工作安全与健康等领域问题的共同方式，确定共同体的优先发展事项以及实施这些事项所必需的措施；

（c）提请欧洲联盟委员会关注有明显需要新的知识、适合培训与研究措施的领域；

（d）在共同体行动计划的框架内定义以下事项：

——防止企业内工作事故与健康危害的标准及目标；

——可使企业及其雇员评估与提高保护水平的方法；

（e）与欧洲劳动安全与卫生管理局一起，致力于告知成员国的行政管理部门、工会和雇主组织有关共同体采取的措施，以促进合作，鼓励他们主动采取行动来交流经验和制定行为守则；

（f）对影响工作安全与健康的共同体行动计划发表意见；

（g）对欧洲劳动安全与卫生管理局的年度计划以及轮流性的四年期方案发表意见。

（3）为了完成上述任务，委员会应与负责工作安全和健康的其他委员会合作，主要通过与高级劳工督察委员会和职业接触限值化学剂科学委员会交换信息。

八、欧洲地区委员会

134. 地区委员会（Committee of the Regions）是个由地区性和地方性机构的代表所组成的咨询机构。欧洲联盟理事会任命地区委员会的成员，任期五年，并且可以连任。

《里斯本条约》引入了必须咨询委员会的若干领域，主要包括：

——就业指导纲要（《欧洲联盟运行条约》第148条）；

——就业激励措施（《欧洲联盟运行条约》第149条）；

——关于社会政策的最低要求（《欧洲联盟运行条约》第153条）；

——关于公共健康的措施（《欧洲联盟运行条约》第168条）；

——关于环境方面的措施（《欧洲联盟运行条约》第192条）；

——执行有关欧洲社会基金的决定（《欧洲联盟运行条约》第164条）；

——关于职业培训的措施（《欧洲联盟运行条约》第166条）。

九、欧洲其他咨询委员会

135. 此外,欧洲还有其他一些包括劳资代表所组成的咨询机构。例如:

—工作安全、卫生与健康保护咨询委员会;

—男女机会均等咨询委员会;

—职业培训咨询委员会。

十、行业联合委员会、非正式团体与行业对话委员会

136. 欧洲还设立了许多联合委员会(Joint Committees)以及非正式团体委员会,它们由雇主组织和劳工组织的代表组成,在部门层面发挥作用。这种委员会覆盖以下行业部门:

欧洲联合委员会与工作小组(1996年)

联合委员会(JC)	非正式工作组(Informal Working Parties)
农业(1963)	酒店餐饮业(1984)
公路运输业(1965)	制糖业(1984)
内河航道业(1967)	商业与零售业(1985)
铁路运输业(1972)	保险业(1987)
渔业(1974)	银行业(1990)
海运业(1987)	家具业(1991)
民航业(1990)	制鞋业(1977)
电信业(1990)	建筑行业(1991)
邮政服务业(1994)	清洁行业(1992)
	服饰及纺织业(1992)
	木业(1994)
	私人安保业(1994)

这些联合委员会最重要的任务在于协助欧洲联盟委员会制订和执行社会政策。其次,它们是劳资双方对话、信息交流和促进协商的平台,可以应欧洲联盟委员会的要求或自己主动提出建议。

137. 总体而言,自从 1998 年以来,欧洲共成立了 40 个行业社会对话委员会(Sectoral Social Dialogue Committees),覆盖欧洲联盟境内 1.45 亿名劳动者。

作为部门性社会对话的结果,这些委员会共形成了 500 多份文件,包括对协商事项发表的联合意见和回应、自治协议以及通过指令形式而具有法律效力的协议。具有法律效力的文件列举如下:

——2010 年 5 月 10 日通过的第 2010/32/EU 号理事会指令:关于实施预防医院和卫生保健部门(Hospital and healthcare sector)锐器损伤(Sharps injuries)的框架协议,2009 年 7 月由欧洲医院与卫生保健业雇主协会(HOSPEEM)和欧洲公共服务工会联合会(EPSU)达成;

——欧洲联盟理事会于 2009 年 2 月 16 日通过的第 2009/13/EC 号指令:关于由欧洲共同体船东协会(European Community Shipowners' Associations,ECSA)和欧洲运输工人联合会(European Transport Workers' Federation,ETF)达成的实施《海事劳工公约》(Maritime Labour Convention)的协议(2006);对第 1999/63/EC 号指令的修订;

——理事会于 1999 年 6 月 21 日通过的第 1999/63/EC 号指令:关于海员工作时间组织安排的协议,由欧洲共同体船东协会(ECSA)和欧洲联盟运输工人联合会(即目前的欧洲运输工人联合会 ETF)达成;

——欧洲联盟理事会于 2005 年 7 月 18 日通过的第 2005/47/EC 号指令:关于流动工作的劳动者跨境服务工作条件的某些方面的协议;由铁路共同体(Community of Railways,CER)和欧洲运输工人联合会达成;

——欧洲联盟理事会于 2000 年 11 月 27 日通过的第 2000/79/EC 号指令:《关于欧洲民用航空流动工作劳动者的工作时间组织安排协定》(European Agreement on the Organisation of Working Time of Mobile Workers in Civil Aviation);由欧洲航空公司协会(Association of European Airlines,AEA)、欧洲运输工人联合会、欧洲飞机驾驶员协会(European Cockpit Association，ECA)、欧洲地区航空公司协会(European Regions Airlines Association，ERA)和国际航空承运人协会(International Air Carrier Association，IACA)等组织达成；

——14个行业部门达成的关于通过良好地处理和利用结晶硅和包含有结晶硅材料产品保护劳动者健康的协议(2006年4月25日签署)。

有报告指出，这些文件有助于发展现代化的行业关系以及采用新的"社会标准"。①

(一) 行业性社会对话委员会的设立

138. 1998年,欧洲联盟委员会决定建立行业性对话委员会,以促进欧洲层面的各行业社会合作伙伴之间的对话。②于是,部门层面的社会对话经历了一个重要的发展阶段。欧洲联盟委员会制定了关于新的部门委员会的建立、代表性和运作的简要规定,打算作为咨询、联合行动和谈判协商的核心机构。

行业性社会对话委员会在设立时会适当顾及社会合作伙伴的自主权。各社会合作伙伴的机构必须联合向欧洲联盟委员会提交申请,以便参加欧洲层面的社会对话。代表雇主和劳动者的这些欧洲组织在提交申请时必须满足一系列标准：

——与特定部门或分类相关,属于欧洲层面的组织；

——属于成员国社会合作伙伴框架内不可以缺少的并获得认可、有能力协商协议并作为若干成员国代表的组织；

——有恰当的组织结构确保其有效参与各对话委员会的工作。

(二) 行业性社会对话委员会的构成

139. 行业性社会对话委员会最多可以由社会合作伙伴的50名代表组成,包括同等数量的雇主代表与劳动者代表。这些委员会要么由社会合作伙伴代表主持,要么在他们的要求下由欧洲联盟委员会的代表主持,在所有情况下,欧洲联盟委员会均应为各对话委员会配备秘书处。

---

① Andrea Broughton, "Commission issues report on EU-level sectoral social dialogue", EIRO online, 19 October 2010.

② Communication from the Commission 'Adapting and promoting the social dialogue at Community level', COM (1998) 322 final of 20 May 1998.

(三) 行业性社会对话委员会的运作

140. 每个委员会采用自己的程序规则,每年至少召开一次全体会议,在秘书处扩大会议或特定工作组会议上处理更具体的问题。准备会议、议程和后续工作等任务通常会委派给社会合作伙伴各自的秘书处以及欧洲联盟委员会。

表4 经济活动部门和行业性社会对话委员会 ①

行业	雇员组织	雇主组织	成立时间
农业	欧洲食品、农业与旅游业工会联合会(EFFAT)	欧洲联盟农业组织雇主群体委员会/欧洲联盟农业组织委员会(GEO-PA/COPA)	1999
影视业(Audiovisual)	欧洲媒体、娱乐及艺术行业联盟,国际演员联合会,国际媒体联盟,欧洲新闻工作者联合会(EURO-MEI; FIA; FIM; EFJ)	欧洲广播联盟、国际电影制片人协会、欧洲制片人协会、欧洲无线电台协会、演艺界企业同盟(UER/EBU; FIAPF; CEPI; AER; ACT)	2004
银行业	国际网络工会欧洲分部(UNI-Europa)	欧洲银行联合会、欧洲储蓄银行协会、欧洲合作银行业协会(FBE; ESBG; EACB)	1999
化工业	欧洲能源化学工会联合会(EMCEF)	欧洲化学业主集团(ECEG)	2004
民航业	欧洲运输工人联合会、欧洲飞行驾驶员协会(ETF; ECA)	欧洲航空公司协会、民用空中航行服务组织、欧洲地区航空公司协会、国际机场协会欧洲分会、国际航空承运人协会(AEA; CANSO; ERA; ACI-EUROPE; IACA)	2000

---

① Commission, *Recent Developments in the European Sectoral Social Dialogue* (2008).

(续表)

行业	雇员组织	雇主组织	成立时间
清洁业	国际网络工会欧洲分部（UNI-Europa）	欧洲清洁行业联合会（EFCI）	1999
商业	国际网络工会欧洲分部（UNI-Europa）	欧洲商务协会（Euro-commerce）	1999
建筑业	欧洲建筑工木工联合会（EFBWW）	欧洲建筑业联合会（FIEC）	1999
合同餐饮业	欧洲食品、农业与旅游业工会联合会（EFFAT）	欧洲食品生产业联合工会（EFFCCO）	2007
教育业	欧洲教育工会委员会（ETUCE）	欧洲教育业雇主联合会（EFEE）	2010
电力行业	欧洲公共服务工会联合会，欧洲采矿业、化工业与能源业联合会（EPSU；EMCEF）	欧洲电力工业联盟（Eurelectric）	2000
采掘业	欧洲能源化学工会联合会（EMCEF）	欧洲钾肥生产商协会、欧洲煤炭业协会、欧洲采矿业协会、欧洲工业矿物质协会（APEP；Euracoal；Euromines；IMA）	2002
制鞋业	欧洲纺织品、服装和皮革业工会联合会（ETUF：TCL）	欧洲鞋业联合会（CEC）	1999
家具业	欧洲建筑工木工联合会（EFBWW）	欧洲家具制造商联合会（UEA）	2001
煤气业	欧洲采矿业、化工业与能源业联合会，欧洲公共服务工会联合会（EMCEF；EPSU）	欧洲天然气工业协会（EUROGAS）	2007
餐饮设备业	欧洲食品、农业与旅游业工会联合会（EFFAT）	欧洲酒店、餐馆与咖啡馆业协会（Hotrec）	1999
医院	欧洲公共服务工会联合会（EPSU）	欧洲医院与卫生保健业雇主协会（HOSPEEM）	2006

(续表)

行业	雇员组织	雇主组织	成立时间
工业清洁业	欧洲网络工会(UNI)	欧洲清洁行业联合会(EFCI)	1999
内陆水道	欧洲运输工人联合会(ETF)	欧洲广播业联盟、欧洲船长组织(EBU；ESO)	1999
保险业	国际网络工会欧洲分部(UNI-Europa)	(国际商会)欧洲事务委员会、国际保险与再保险中间人协会、咨询管理工程师协会(CEA；BIPAR；ACME)	1999
现场表演业	娱乐雇员协会(EEA)	欧洲表演业雇主协会联盟(Pearle)	1999
地方和区域治理	欧洲公共服务工会联合会(EPSU)	欧洲城市和地区委员会(CEMR)	2004
海洋运输业	欧洲运输工人联合会(ETF)	欧洲共同体船东协会(ECSA)	1999
金属业	欧洲金属工人联合会(EMF)	欧洲金属业、工程业与科技业雇主委员会(CEEMET)	2010
纸业	欧洲采矿业、化工业与能源业联合会(EM-CEF)	欧洲独立生产商联合会(CEPI)	2010
个人服务	国际网络工会欧洲分部(UNI-Europa)	欧洲理发行业雇主联盟(EU Coiffure)	1999
邮政服务	国际网络工会欧洲分部(UNI-Europa)	欧洲公共邮政运营者组织(Posteurop)	1999
职业足球	国际职业球员协会(FIFpro)	欧洲职业足球联赛协会(EPFL)	2008
私人安保业	国际网络工会欧洲分部(UNI-Europa)	欧洲安保服务联合会(CoESS)	1999
铁路运输业	欧洲运输工人联合会(ETF)	欧洲铁路与基础建设企业委员会、欧洲铁路基础设施管理者协会(CER；EIM)	1999

(续表)

行业	雇员组织	雇主组织	成立时间
公路运输业	欧洲运输工人联合会（ETF）	国际公路运输联盟（IRU）	1999
海洋渔业	欧洲运输工人联合会（ETF）	欧洲渔业团体/欧洲农民协会联盟(Europeche/Cogeca)	1999
造船业	欧洲金属工人联合会（EMF）	欧洲共同体船东协会（CESA）	1999
钢铁业	欧洲金属工人联合会（EMF）	欧洲钢铁工业联盟(EUROFER)	2006
制糖业	欧洲食品、农业与旅游业工会联合会（EFFAT）	欧洲糖业生产商协会（CEFS）	1999
制革和皮革业	欧洲纺织品、服装和皮革业工会联合会（ETUF:TCL）	欧洲皮革与皮具协会联合会(Cotance)	2001
电信业	国际网络工会欧洲分部（UNI-Europa）	欧洲电信网络运营商协会（ETNO）	1999
临时机构工作	国际网络工会欧洲分部（UNI-Europa）	欧洲职业中介联盟（Eurociett）	2000
纺织服装业	欧洲纺织品、服装和皮革业工会联合会（ETUF:TCL）	欧洲纺织服装业组织（Euratex）	1999
木工	欧洲建筑与木工联合会（EFBWW）	欧洲木业工业联合会（CEI-Bois）	2000
	欧洲食品、农业与旅游业工会联合会（EFFAT）	欧洲汽车零配件制造商协会（CLEPA）	2006
	欧洲金属业工人联合会（EMF）	欧洲木器制造业联合会（FERCO）	2007
		欧洲金属业联合会(EUROMETAUX)	2007

141. 欧洲联盟委员会关注社会对话的热切程度，胜过当前《欧洲联盟就业指导纲要》中规定的核心主题或"支柱"，例如平等机遇、可就业能力和适应能力。特别是在最后一个标题下的事项，委员会强烈呼吁社会合作伙

伴实现旅游、私人安全和铁路部门工作组织安排的现代化,强调训练与职业培训标准的相互认可。商业领域的关键主题之一仍然是增强电子商务的影响;而在制鞋业,使用童工仍然是主要议题之一;清洁业正在讨论打击未申报工作(Undeclared work)的问题;健康与安全保护则是农业、渔业和制糖业讨论清单上的一个话题。

十一、欧洲社会保护委员会

142. 欧洲联盟于 2000 年 12 月在尼斯决定,欧洲联盟理事会在咨询欧洲联盟议会之后设立一个具有咨询性质的社会保护委员会(The Social Protection Committee),以促进成员国之间以及成员国与欧洲联盟委员会之间在社会保护政策方面的合作。[①]

社会保护委员会的工作包括:

——监控成员国与共同体的社会发展状况与社会保护政策的制定;

——促进成员国之间以及成员国与委员会之间信息、经验及最佳实践的交流;

——在不影响《欧洲联盟运行条约》第 240 条规定的情况下,在理事会或欧洲联盟委员会的要求下或主动在其权限内准备报告、提出建议,或开展其他相关工作。

社会保护委员会可根据实际情况适当与其他相关机构以及委员会合作,诸如就业委员会(Employment Committee)或经济政策委员会,处理有关社会与经济政策事项。

为完成规定的工作任务,社会保护委员会应与社会合作伙伴及非政府社会组织建立适当的联系,考虑这些机构在社会保障领域的作用与承担的责任。该委员会所涉及的活动也应告知欧洲联盟议会。

各成员国及欧洲联盟委员会分别任命两人出任社会保护委员会的成员(《欧洲联盟运行条约》第 160 条)。

---

① Council Decision of 4 October 2004 establishing a Social Protection Committee and repealing Decision 2000/436/EC (2004/689/EC), O. J. L 314, 13 October 2004.

十二、欧洲全球化调整基金

143. 欧洲全球化调整基金（European Globalisation Adjustment Fund，EGF）①于 2006 年创立，旨在对全球化的发展、就业及繁荣产生积极的影响，同时也是通过结构调整来加强欧洲竞争力的需要。事实上，全球化或许会对某些行业的多数弱势或不太称职的劳动者产生消极影响。因此，设立欧洲全球化调整基金的时机也是恰到好处，并可适用于所有成员国。通过这一方式，共同体可以向那些因世界贸易模式转型而遭受裁员影响的劳动者展示其团结一致的决心。

欧洲全球化调整基金应向那些遭受严重经济冲击的区域、行业部门、地区或劳动力市场内的劳动者提供特定的一次性支持，以便于他们重新就业。该基金应通过小额贷款或建立合作项目等形式来促进创业行动。

（一）主要事项及范围

144. 欧洲全球化调整基金的设立旨在协助共同体向那些因世界贸易全球化模式改变而遭受裁员影响的劳动者提供支持，若这种重大结构性变革导致这些裁员并对地区或当地经济产生重大负面影响。

其目的在于促进那些受到贸易相关裁员影响的劳动者再次就业。

（二）干预标准（Intervention Criteria）

145. 欧洲全球化调整基金所提供的财政资助需符合世界经济模式重大结构性变革所导致的严重经济破坏的情形，尤其是欧洲联盟进口的大幅增长，欧洲联盟在特定行业市场占有份额的大幅下滑或明显出现向第三国流动的非当地化趋势，并产生以下情况：

（1）某成员国企业在连续四个月内裁员至少 500 人，包括其供应商或下游生产商的劳动者；或

---

① Regulation (EC) No. 1927/2006 of the European Parliament and of the Council of 20 December 2006 on establishing the European Globalisation Adjustment Fund，O.J.，30 December 2006，L 406，amended by Regulation (EC) No. 546/2009 of the European Parliament and of the Council of 18 June 2009，O.J.，29 June 2009，L 167/26.

(2) 在一个地区的 NACE II 级别或者 NUTS II 级别的相邻地区,特别是中小型企业,连续九个月内至少裁员 500 人;

(3) 在规模较小的劳动力市场或在特殊情况下,如果相关成员国有适当的事实支持,证明重大裁员对就业及当地经济产生重大影响时,即使不完全符合干预标准第 1 或第 2 项的规定,向欧洲全球化调整基金提出的援助申请可以经考虑批准。成员国应具体表明,其申请未能完全符合干预标准第 1 或第 2 项的规定。此类例外情况的累计资助金额不得超过欧洲全球化调整基金年度最大金额的 15%。

146. 为方便计算上述第 1—3 项规定的裁员人数,此类裁员的统计应:

——自雇主下达个人解雇通知或终止其与劳动者雇佣关系的日期起;

——在合同期满前,实际终止劳动合同的日期起;或

——雇主遵循理事会于 1998 年 7 月 20 日通过的关于成员国集体裁员规定趋同性的第 98/59/EC 号指令,以书面形式告知相关公共管理机构其集体裁员计划的日期起;在此情况下,申请人所在的成员国应向欧洲联盟委员会提供额外信息加以说明,根据上述第 1、2 或 3 项规定受裁员影响的实际人数,以及根据该规定第 10 条在评估工作完成之前提出一揽子个性化服务的花费估算。

对于每一家涉及裁员的企业,成员国应在申请中明确说明该裁员人数的计算方式。

(三) 符合条件的行动

147. 根据此规定,财政资助应用于积极的劳动力市场措施,属于一揽子个性化服务计划的一部分,旨在促进劳动力市场内遭受裁员的劳动者重新融入劳动力市场,包括:

(1) 求职协助、职业指导、专门培训及就业再培训、包括信息与通信技术的技能、所获工作经验的证明、新职介绍协助、创业能力的提升及自由就业的帮助;

(2) 有时间限制的特殊措施,例如求职津贴、机动性津贴、为个人参与终身学习与培训活动所提供的津贴;

(3) 激励劳动者,尤其是处于弱势地位或年龄较长的劳动者继续留在或者重返劳动力市场的措施。

欧洲全球化调整基金不得用于资助消极的社会保护措施。

在成员国发起的行动中,欧洲全球化调整基金可用来支付那些执行过程中涉及活动准备、管理、信息与宣传以及控制等的费用。

十三、欧洲性别平等研究所

148. 鉴于在多数政策领域男女性别差距仍十分显著、男女之间的不平等涉及多方面因素等事实,这些问题必须通过采取多种综合性措施才能得到改善。为实现里斯本战略所设定的目标,欧洲性别平等研究所(European Institute for Gender Equality)于 2006 年设立。①

(一) 研究所的目标

149. 欧洲性别平等研究所的总体目标是,促进及加强性别平等,包括所有共同体政策以及由此而产生的成员国政策中的社会性别主流化(Gender mainstreaming),打击性别歧视,通过向共同体各机构,特别是欧洲联盟委员会与成员国的相关管理机构,提供技术援助等方式,提高欧洲联盟公民的性别平等意识。

(二) 研究所的任务

150. 为实现上述目标,欧洲性别平等研究所应:

(1) 收集、分析和传播就性别平等的相关客观、可靠并有可比性的信息,包括源自成员国、共同体各机构、研究中心、国内性别平等机构、非政府组织、社会合作伙伴、相关第三方国家与国际性组织的研究与最佳实践,以及需要进一步调查的领域;

(2) 通过建立可以完善信息一致性的标准来开发可增强欧洲层面数

---

① Regulation (EC) No. 1922/2006 of the European Parliament and of the Council of 20 December 2006 on establishing a European Institute for Gender Equality, O.J., 30 December 2006, L 403.

据的客观性、可比性和可靠性的方法,并在收集数据的过程中考虑性别问题;

(3)开发、分析、评估并传播方法论工具,以支持性别平等问题被纳入所有共同体及成员国的政策之中,支持所有共同体组织、机构内的社会性别主流化行动;

(4)在欧洲开展有关性别平等状况的调查研究;

(5)建立并协调欧洲性别平等网络平台(European Network on Gender Equality),该平台涉及有关性别平等及社会性别主流化问题的研究中心、团体、组织及专家,以支持和鼓励研究,充分利用已有的资源,促进信息的交流与传播;

(6)组织专家特别会议以支持该研究所的研究工作,鼓励研究人员之间信息的交流,促使其研究中包含性别问题;

(7)为提高欧洲联盟公民的性别平等意识,与利益相关者组织欧洲层面的研讨会、活动及会议,并向欧洲联盟委员会提交其研究发现与结论;

(8)传播各行各业中出现的男女劳动者发挥非常规作用的积极事例等信息,展示其发现和主动宣扬的行动,构建类似成功事例;

(9)与非政府组织和平等机会组织、大学、专家、科研中心、社会合作伙伴及相关机构开展对话及合作,共同积极探寻在成员国以及整个欧洲层面实现性别平等;

(10)建立面向公众的文件资源;

(11)使社会性别主流化的相关信息向公共和私人组织开放;

(12)向共同体机构提供加盟或即将入盟的国家有关性别平等和社会性别主流化的信息。

(三)研究所的构成

151.欧洲性别平等研究所应包括:

(1)管理委员会(Management Board);

(2)专家论坛;

(3)主管及其员工。

十四、欧洲联盟基本权利局

152. 欧洲联盟基本权利局(European Union Agency for Fundamental Rights)[①]于2007年建立,总部设在奥地利的维也纳。

(一)机构目标

153. 欧洲联盟基本权利局的目标在于,为共同体及其成员国的相关机构、组织和办事处在实施联盟法所涉及的基本权利方面提供帮助和专业意见,以支持这些机构在充分尊重基本权利的前提下所采取的措施或开展的活动。

(二)机构范围

154. 欧洲联盟基本权利局应在共同体权限内开展各项工作,以实现《欧洲共同体条约》规定的这一目标,并且执行与《欧洲联盟条约》第6条第3款所设定的基本权利相关的任务。

该机构在实施共同体法律的过程中,负责处理与欧洲联盟和其成员国内相关的基本权利问题。

(三)机构工作任务

155. 欧洲联盟基本权利局应:

(1) 收集、记录、分析及宣传各类相关的客观、可靠、有可比性的信息与数据,包括由成员国、欧洲联盟各机构与联盟的组织、团体与办事处、研究中心、成员国国内机构、非政府组织、第三方国家及国际组织的机构研究或监测出的结果,尤其是欧洲联盟理事会相关主管机构的信息与数据;

(2) 与欧洲联盟委员会及成员国通力合作,制定多种方法与标准来提高欧洲层面数据的可比性、客观性及可靠性;

(3) 根据欧洲联盟议会、欧洲联盟理事会或欧洲联盟委员会的要求,在必要并且与优先事项及年度工作方案相一致的情况下,开展、协作进行或鼓

[①] Council Regulation (EC) No.168/2007 of 15 February 2007 establishing a European Union Agency for Fundamental Rights,O.J.,22 February 2007,L 53.

励科学研究与调查、预备性研究及可行性研究;

（4）在实施共同体法律的过程中，主动或应欧洲联盟议会、欧洲联盟理事会及欧洲联盟委员会的要求，为联盟各机构和成员国制定并发布关于某特定议题的结论与意见;

（5）在机构开展活动的领域内发布关于基本权利问题的年度报告，同时强调那些最佳实践的范例;

（6）根据其分析、研究及调查结果发布主题报告;

（7）发布其活动的年度报告;

（8）制定交流策略，促进与公民社会团体的对话，以提高公众基本权利意识，积极开展相关宣传工作。

（四）与公民社会组织的合作;保护基本权利的平台

156. 欧洲联盟基本权利局应与非政府组织及民间团体组织建立密切的合作关系，积极在基本权利领域开展行动，包括反对国内、欧洲乃至国际层面的种族主义与仇视外国人的行为。为此，该机构应构建一个合作网络平台（基本权利平台），包括涉及人权的非政府组织、工会、雇主组织、相关社会与专业性组织、教会、宗教组织、哲学组织、非忏悔性组织、大学以及欧洲和国际性机构组织的其他资深专家。

基本权利平台应形成一种信息交流与知识共享机制，确保机构与利益相关方之间保持密切的联系。

（五）机构构成

157. 欧洲联盟基本权利局包括以下部门:

（1）管理委员会;

（2）执行委员会（Executive Board）;

（3）科学委员会（Scientific Board）;

（4）主管。

158. 我们在这里还应提及的是，欧洲联盟议会以及欧洲联盟理事会于2006年12月20日通过了关于为促进世界民主与人权而设立金融机构的第 1889/2006 号条例。①

欧洲共同体在其关于发展合作、与第三方国家经济、金融与技术合作等方面的政策框架内，按照与欧洲联盟整体外交政策相一致的条件，就这一金融机构提供援助，从而促进民主与法治、尊重所有人权与基本自由的发展。

此类援助特别针对：

（1）加强对《世界人权宣言》(Universal Declaration of Human Rights)和其他国际和区域人权保护文件所宣称的那些人权与基本自由的尊重和遵守，促进和巩固第三方国家的民主与民主改革——主要是通过民间团体组织的支持，为人权捍卫者及受到压迫和虐待的受害者提供支持和团结力量，提高公民社会组织在人权保护与促进民主的领域内的积极性；

（2）支持并加强关于人权保护、促进与监测、促进民主和法治的国际性与区域性组织框架，并在这些框架内加强公民社会组织的积极作用；

（3）对选举进程建立信心并提高可靠性，特别是通过选举观察团，通过介入该选举进程而支持当地的公民社会组织。

十五、劳动者劳务派遣事务专家委员会②

（一）工作任务

159. 劳动者劳务派遣事务委员会的主要任务如下：

（1）支持并协助各成员国确定并促进经验与最佳实践的交流；

（2）加强相关信息的交流，包括成员国和/或社会合作伙伴之间的现有形式的（双边）行政合作信息；

（3）审查在涉及理事会第 96/71/EC 号指令执行和实际应用、国内执行措施及具体履行时可能出现的问题、困难和具体事项；

（4）审查理事会第 96/71/EC 号指令第 3 条第 10 款在适用过程中可能出现的困难；

---

① O.J.，29 December 2006，L 386.
② Commission Decision of 19 December 2008 (2009/17/EC).

(5) 监测在完善信息获取与行政合作方面所取得的进展;在此背景下,评估信息交流所需的适当技术支持的不同选择方案,包括电子信息交换系统,以加强行政合作;

(6) 如有必要,审查可增强有效遵守及实施劳动者权利及其岗位保护的可行性;

(7) 如有必要,可深入审查跨国执法中的实际问题,以解决存在的问题,提高现有法律文件的实际效用,提高成员国之间的相互协助。

(二) 成员资格——任命制

160. 劳动者劳务派遣事务委员会由以下成员组成:

——每个成员国的两名代表;

——在共同体层面的劳资双方代表以及在高度依赖派遣劳动者的部门的社会合作伙伴的代表可作为观察员出席该委员会的会议。

161. 该观察员团最多可由以下 20 名成员组成:

——在共同体层面代表雇主组织的 5 名成员;

——在共同体层面代表劳动者组织的 5 名成员;

——在高度依赖派遣劳动者的部门,社会合作伙伴代表(雇主组织与劳动者组织平均分配)最多不超过 10 人;

——来自欧洲经济区/欧洲自由贸易区(European Free Trade Area, EFTA)国家的代表、欧洲自由贸易区管理监督机构(Surveillance Authority)代表、已加入国家的代表、候选国家的代表以及瑞士的代表同样可以作为观察员参加会议。

第四节 立法程序

一、联盟法

162. 欧洲联盟法律涵盖欧洲联盟框架内普遍适用的一系列法律规范。

我们可以把欧洲联盟法分为基本法律以及次要法律两大类。基本法律由欧洲联盟各条约以及附属文件中的法律规范构成,例如议定书和各项入盟条约。次要法律则是由上述法律文件衍生出的法律规范构成,它包括在欧洲机构根据上述条约赋予的职权所做出的决议之中。

此外,欧洲联盟法律的一部分是通过联盟自身的法律主体根据《欧洲联盟运行条约》所制定的法律规范。例如,集体协议就是为实施《欧洲联盟运行条约》第 155 条所制定的法律规范。"如果劳资双方有强烈的意愿,它们在联盟层面开展的社会对话可以形成包括协议在内的契约关系。"

同时,欧洲联盟的部分法律是与成员国法律相通的一般原则。这些原则与平等待遇原则有关,尊重被收购的权利。也正是通过这一渠道,基本人权在共同体法中频繁出现。

在此背景下,《欧洲联盟条约》第 6 条的规定显得尤为重要。该规定如下:

(1)欧洲联盟承认 2000 年 12 月 7 日制定的《欧洲联盟基本权利宪章》中对有关权利、自由及原则方面的规定,该宪章于 2007 年 12 月 12 日在法国斯特拉斯堡被通过,并与联盟条约享有同等的法律地位。

该宪章的规定不得以任何方式扩展到条约所限定的欧洲联盟权限之外。

宪章中的权利、自由与原则应按照规范其解释与适用的标题七的总则规定做出解释,适当考虑宪章中提及的解释内容,以作为这些规定的渊源。

(2)联盟应批准《欧洲人权保护与基本自由公约》,但该批准不应影响欧洲联盟各条约中所规定的联盟权限。

(3)《欧洲人权保护与基本自由公约》所保障的基本权利源于各成员国共同的宪法传统,应构成联盟法的一般原则。

虽然尊重基本权利成为法律一般原则不可分割的组成部分,是共同体法案具有合法性的条件,但这些权利自身不能有超出《欧洲联盟条约》赋予共同体权限范围内的效力。[①]

---

① C.O.J., 17 February 1988, *L. J. Grant/South West Trains Ltd.*, C-249/96, ECR, 1988, 621.

二、联盟次要法律(Secondary Law)

163. 为履行这一任务,欧洲联盟理事会及欧洲联盟委员会可根据欧洲联盟各条约的规定采取以下五种措施。

其中三项措施具有法律约束力,也就是:

—规章(Regulation);*

—指令;

—决议(Decision);

不具备法律约束力的有:

—建议(Recommendation)及

—意见(Opinion)。

(一) 规章

164. 规章"应具有普遍适用性,其效力应完整且直接适用于所有成员国"(《欧洲联盟运行条约》第288条第2款)。规章如同议会制定的法案一样,是一种清楚而具普遍约束力的规范。它具有立即而直接的法律约束力,成员国政府对此类法律不得干预。规章对公民也有直接的约束力,后者可援引此类规定提起诉讼。因此,规章在效力上可取代国内法;与规章相抵触的国内法不具有法律效力,而且不得适用。规章陈述其形成的法律依据,引述条约规定所需的建议与意见(《欧洲联盟运行条约》第296条)。规章刊登于欧洲联盟《官方公报》(Official Journal),其生效日期为规章所标明的具体日期,若无特别标明的日期,则自刊登之日起第20天开始生效(《欧洲联盟运行条约》第297条第1款)。

(二) 指令

165. 指令就其将要实现的结果而言,对每个成员国都具有约束力,但允许各成员国的主管机构自行决定实施指令的形式与方法(《欧洲联盟运行条约》第288条第3款)。因此,相较于法规,指令是一种更具有灵活性的措

---

* 在指具体规章时,也可以译为"条例"。——译者注

施,它允许成员国的主管机构根据自认为最合适的方式将指令转变为国内法的一部分。它所注重的是结果而非过程。对指令的遵守可通过议会的法案或其他方式实现。于是,集体协议也是政府法令中的一种强制性规范,同时可能包括整个私有经济领域。集体协议在某些成员国中还具有自动扩张的效力,例如比利时、法国、德国及荷兰等国。以比利时为例,欧洲联盟1977年2月14日通过的有关企业转让的第77/187号指令属于全国性的集体协议,而第32副号(32bis)指令则由国家劳动委员会(National Labour Council)签订于1985年6月,这些指令都被扩展为皇家法令(Royal Decree)。根据比利时的国内法,被扩展效力的指令产生了这样的结果:集体协议的规范部分对于整个私营业的雇主和雇员都具有法律约束力,并且成为具强制性的法律,对违法者可采取惩罚措施。欧盟法院曾对一起涉及意大利企业的案件作出判决。法院认为,成员国虽然可依照指令,首先由劳资双方来实施指令所推动的社会政策目标,这一点千真万确;但这种可能性无法免除成员国有关指令中所强调的以下义务:欧洲联盟的所有劳动者享有完全保护的权利。这种政府保障必须包括其他方式无法保证有效保护的所有情形。这种情况尤其出现在,当集体协议只覆盖某些特定行业部门时,由于合同自身的属性,它只会对受该协议约束的工会会员与雇主或受协议约束的企业产生义务。[①]

比利时和挪威已将1994年9月22日通过的有关欧洲劳资联合委员会的指令通过集体协议的方式转换为国内法,我们会在后面的章节中进一步提及。那么,究竟一项跨国性的指令是否可以采用集体协议的方式来代替议会法案而被转换为国内法?目前,这仍然是人们热烈讨论的议题,我们将在随后的章节中予以讨论。

166. 指令陈述其形成的法律依据,并引述所需的建议与意见(《欧洲联盟运行条约》第296条)。事实上,由于显而易见的原因,指令也会刊登在欧洲联盟官方公报中。指令中会标明成员国必须采取必要措施以符合指令规

[①] C.O.J., 10 July 1986, *Commission v. Italy*, No. 235/84, ECR, 1986, 2291.

定的最后日期。受指令约束的成员国必须告知欧洲联盟委员会有关其已采取措施的情形。若某成员国未在规定期限内遵守该指令的要求,则欧洲联盟委员会可向欧盟法院提起诉讼。欧盟法院会在其判决中宣布,因为未在规定的期限内采取适当的措施来遵守指令的规定,该成员国并未履行欧洲联盟条约所规定的义务。

如果欧盟法院发现某成员国并未能履行欧洲联盟条约所规定的义务,那么该成员国会被要求采取必要的措施,以遵从欧盟法院的判决。

如果欧洲联盟委员会认为相关成员国没有采取应有的措施,它会给该成员国政府提供申辩的机会,并就该成员国未遵守欧盟法院判决的情形给出合理的意见。

如果相关成员国未能在欧洲联盟委员会所规定的期限内采取必要的措施来遵守欧盟法院的判决,则欧洲联盟委员会可向欧盟法院提起诉讼。在这种情况下,欧洲联盟委员会根据合适的情形,可向该成员国提出整笔支付的金额或应受处罚的金额。

若欧盟法院发现相关成员国未按照其判决一次性支付罚金(《欧洲联盟运行条约》第260条)。

167. 包含有清晰义务的指令具有直接的法律效力。欧洲公民也可以援引指令对未充分采取必要措施遵守规定的某成员国提起诉讼。在这种情形下,公民可在国内法庭援引欧洲联盟的指令。

欧盟法院曾对某成员国未能转换指令为国内法的情形做出了一项具有里程碑意义的判决。该指令涉及雇主倒闭清算时对劳动者保护的议题。法院认为,"相关当事人不得在国内法院的诉讼程序中起诉政府未在规定期限内执行已被通过的措施。"然而,成员国对于其未实施指令而造成的个人损失,有补偿的义务。①

---

① C.O.J., 19 November 1991, *A. Francovich and Others v. Italian Republic*, Nos. C-6/90 and C-9/90; ERC, 1991, 5357. Sofia Moreira de Sousa and Wolfgang Heusel (eds.), *Enforcing Community Law from Francovich to Köler: Twelve Years of the State Liability Principle*, ERA, 2004, Cologne, 273 pp.

(三) 决议

168. 决议与法规相同,可直接而完整地对相关对象具有法律约束力(《欧洲联盟运行条约》第 297 条)。决议既可以针对自然人,也可以针对法人。决定并非一般的规范,但却直接指向某些特定的个人。当决议针对各成员国时,它对成员国国内的个人也会具有法律约束力,后者可以援引该决议提起诉讼。决议的内容必须告知相关对象,并在告知后生效。尽管一些决议并不具有法律强制性,但还是被刊载于欧洲联盟的《官方公报》中。

(四) 建议与意见

169. 建议与意见没有法律约束力(《欧洲联盟运行条约》第 288 条)。同样,决议或严肃的声明,例如 1989 年 12 月 8 日至 9 日由 11 个成员国在法国的斯特拉斯堡(Strasbourg)通过的《欧洲劳动者基本社会权利宣言》(Declaration of Basic Social Rights of Workers),并没有法律约束力。这些文件仅包含有某种政治约定的意义。

然而,由于建议并非完全不具有法律效力,成员国的国内法院在对当事人的纠纷判决时就有义务考虑这些建议,尤其是在阐明成员国为确保建议的实施所采取的国家措施或者是在补充有约束力的联盟决定等情况下。①

(五) 国际协议

170. 此外,有一部分联盟法的内容来自其所签署的国际协议,这些协议对联盟各机构及成员国具有约束力(《欧洲联盟运行条约》第 216 条)。另外值得一提的是,成员国在欧洲联盟理事会会议召开时所签署的国际协议,实际上并不属于欧洲联盟法的范畴。

第五节 决策程序

171. 欧洲联盟立法的决策过程清楚地显示出相关机构,特别是欧洲联

---

① C.O.J.,13 December 1989,S. *Grimaldi v. Fonds des Maladies Professionnelles*,No. 322/88,ERC,1989,4407.

盟委员会、欧洲联盟理事会及欧洲联盟议会之间的基本关系。

172.首先,我们需要再次提及欧洲联盟委员会的地位。该委员会拥有提案权:它对共同体立法的提案具有专属权。一般来说,如果没有欧洲联盟委员会的立法议案,欧洲联盟理事会就无法做出立法决定。然而,这一权利现在多少已被以下事实所淡化:理事会可要求委员会作出提案,而后者也经常予以配合。此外,自从1991年《马斯特里赫特条约》之后,欧洲联盟议会经大多数议员同意后,可要求欧洲联盟委员会对诸如"欧洲联盟条约所需的联盟法案"(《欧洲联盟运行条约》第225条)事项提交适当的议案。这就赋予了欧洲联盟议会提出议案的权利。值得补充的是,欧洲联盟委员会在欧洲联盟理事会尚未作出决议之前随时可以修改议案。这就使委员会能够按照欧洲联盟议会或经济与社会委员会的决议或意见调整其议案。此外,如果理事会依照《欧洲联盟运行条约》的规定对委员会议案作出回应,有关提案的修正则必须采取全体一致投票表决的方式(《欧洲联盟运行条约》第293条)。

173.如前所述,欧洲联盟理事会并没有义务必须接受欧洲联盟委员会或欧洲联盟议会的意见。若理事会不同意委员会的意见,那么前者在作出决定时就必须采取全体一致的表决方式。

174.《阿姆斯特丹条约》(1997年)极大地增强了欧洲联盟议会的作用。在大多数情况下,共同决定程序取代了原来的合作程序(《欧洲联盟运行条约》第294条)。这种共同决定程序必须在下列情况下实施:

——有关就业的激励性措施(《欧洲联盟运行条约》第149条);

——确保男女平等待遇与机会均等原则适用的措施(《欧洲联盟运行条约》第157条);

——《欧洲联盟运行条约》第153条中所提及的社会措施;

——劳动者的自由流动(《欧洲联盟运行条约》第45条);

——法律的趋同(《欧洲联盟运行条约》第114条);

——教育(《欧洲联盟运行条约》第165条);

——公共卫生(《欧洲联盟运行条约》第168条);

——设立自由(Freedom of establishment)(《欧洲联盟运行条约》第50

条)。

175. 根据《欧洲联盟运行条约》第 294 条的规定,共同决定的程序如下所示:

首先,欧洲联盟委员会应向欧洲联盟议会和欧洲联盟理事会提交立法议案。

(一)(议会审议议案时的)一读(First reading)

176.

(1)欧洲联盟议会在审议议案一读时应表明立场,并与欧洲联盟理事会沟通;

(2)如果欧洲联盟理事会认可欧洲联盟议会的立场,则相关法案应以与欧洲联盟议会立场相对应的文本被通过;

(3)如果欧洲联盟理事会不认可欧洲联盟议会的立场,其应在一读时表明自己的立场,并与欧洲联盟议会沟通;

(4)欧洲联盟理事会应完全告知欧洲联盟议会其在一读时所采取立场的原因。欧洲联盟委员会应全面告知欧洲联盟议会其所持立场。

(二)二读(Second reading)

177. 如果欧洲联盟议会在三个月的沟通期间:

(1)同意欧洲联盟理事会在一读时的立场或者尚未作出决定,则相关的法案按照与理事会立场相一致的文本被视为已经通过;

(2)通过其成员的绝对多数原则反对欧洲联盟理事会在一读时的立场,则相关法律议案被视为未能通过;

(3)通过其成员绝对多数原则,对欧洲联盟理事会在一读时的立场提出修改建议,则该修正案应提交给欧洲联盟理事会与欧洲联盟委员会,而后者应就其是否同意该修正案表达意见。

欧洲联盟理事会在收到欧洲联盟议会修正案的三个月期间,可依据特定多数原则采取以下行动:

(1)同意欧洲联盟议会的所有修正意见,则讨论中的法案应被视为已经通过;

(2) 如果欧洲联盟理事会不同意所有的修正意见,则理事会主席与欧洲联盟议会主席在达成一致后的六星期内举行调解会议(Conciliation)。

欧洲联盟理事会对于欧洲联盟委员会表达否决意见的修正案应按照全体一致的表决方式作出决定。

(三) 调解程序

178.

(1) 调解委员会应由欧洲联盟理事会的成员或其代表以及相同数量的欧洲联盟议会议员组成,它有帮助双方共同修订的议案文本达成一致的任务。在调解会议召开的六星期内,欧洲联盟理事会委员或其代表按照特定多数原则、欧洲联盟议会成员按照多数原则,依据欧洲联盟议会的立场和理事会二读时的立场,进行表决。

(2) 欧洲联盟委员会应参与调解委员会的程序,并采取所有必要手段,促使理事会与欧洲联盟议会之间立场达成和解。

(3) 如果在调解会议召开的六星期内,调解委员会不批准该联合文本,则该议案被视为未通过。

(四) 三读(Third Reading)

179. 如果在调解会议召开的六星期内,调解委员会批准该联合文本,则欧洲联盟议会应按照绝对多数原则,欧洲联盟理事会按照特定多数原则采取行动。双方在该联合文本被批准后各自有六星期的时间来通过该法案。如果欧洲联盟理事会和议会没有通过决议,则讨论中的法案应被视为未通过。

本条款所规定三个月和六个星期的期限在欧洲联盟议会与欧洲联盟理事会的要求下,可最多分别延长一个月及两个星期的时间。

(五) 特别条款

111　　180. 如果法案中涉及条约规定的内容,在一些成员国的倡议下、在欧洲中央银行的建议下或是在欧盟法院的要求下,法案必须遵循一般的立法程序,但不得适用于第 2 段、第 6 段第二句和第 9 段的规定。

在这种情况下,欧洲联盟议会和欧洲联盟理事会应在一读和二读中与欧洲联盟委员会就提交的法案进行沟通，表明自己的立场。欧洲联盟议会或欧洲联盟理事会在整个立法程序中都可以咨询欧洲联盟委员会的意见，而后者也可以主动发表意见。此外，欧洲联盟委员会可依据第 11 段的规定，在有必要的情况下参加调解委员会。

181. 这里值得强调的是常驻代表委员会（Comité des représentants permanents，COREPER）的作用。该委员会由各成员国常驻欧洲联盟的代表组成，负责欧洲联盟理事会的会议筹备工作。事实上，常驻委员会负责处理来自欧洲联盟委员会的议案、意见及修正案，承担了理事会的部分工作。若常驻委员会就理事会必须通过的决议达成一致意见，则该事项将被置于理事会议程的第一部分内，同时获得自动通过。因此，常驻代表委员会也具有相当重要的影响力。理事会自身通过包括（夜间）马拉松式的会议等形式来协商最终可以解决的争议性议题(《欧洲联盟运行条约》第 240 条)。

第六节　欧洲联盟与其他国际组织之间的关系

一、概述

182.《欧洲联盟运行条约》第 218 条这样规范欧洲联盟与其他国际组织之间的关系：

欧洲联盟应与联合国各组织及其相关特定机构、欧洲理事会、欧洲安全与合作组织（Organisation for Security and Cooperation in Europe）及经济合作与发展组织等机构确立各种适当的合作形式。

欧洲联盟应与其他国际组织保持此类恰当关系。

欧洲联盟外交与安全政策高级代表和欧洲联盟委员会负责实施本条规定。(《欧洲联盟运行条约》第 218 条)

那么,欧洲联盟是否有权与其他国际组织缔结法定义务?这取决于它是否对相关议题享有权限。该权限一方面可来自于《欧洲联盟运行条约》中的明文规定,另一方面可来自条约赋予其内部权限所间接引申出的规定。

112 问题在于,这种可间接引申出的内部权限是否可以包含缔结具有国际义务的协议?如果这种外部权限是为了完全行使这种内部权限,那么欧洲联盟就有可能具有缔结这种协议的权限。接下来的问题是,我们必须仔细考察这种缔约权是欧洲联盟专属,还是它与成员国共享?最后必须强调,我们在这一框架下讨论的并非仅局限于联盟协商并达成国际协议的权限,而且也应包括参与其他国际组织的活动权限。

二、国际劳工组织

183. 这里要讨论的问题的是,欧洲联盟是否有权参与国际劳工组织的活动,尤其是国际劳工组织可导致有关国际公约与建议书通过的相关立法活动?这一问题在讨论《夜间工作公约》(Night-work Convention)(1990年)时再次出现。正如我们在下面所举例说明的那样,这并不是个简单的问题。

184. 首先,我们必须仔细检查欧洲联盟是否具有相关争议问题的对外权限以及该管辖权限是否具有排他性。一般而言,我们可以认为,当联盟法赋予其机构内部权限时,则联盟有权为实现其目标而缔结国际性法律义务的协定。[①]这种看法必须视具体情况而定。例如,欧洲联盟对于涉及"受雇人员的权利与利益"的问题似乎没有对外权限,依照《欧洲联盟运行条约》第114条第2款,该议题属于欧洲联盟理事会一致投票决定的事项。另一方面,欧洲联盟似乎对于劳动者的安全与卫生问题具备对外权限,根据《欧洲联盟运行条约》第153条的规定,它可以根据特定多数原则作出有关决定。然而,欧洲联盟自身并非完全享有这种权限,它需要与所有成员国共同行使。首先,成员国对于安全与健康问题享有对外权限,因此它可以维持或引

---

① H. Verschueren, *Internationale Arbeidsmigratie. De Toegang tot de Arbeidsmarkt voor Vreem-delingenaar Belgisch, Internationaal en Europees Gemeenschapsrecht*, Bruges, 1990, Deel Ⅲ, 2.1.

进更严格的劳动条件保护的规定。其次,成员国对于欧洲联盟不涉及的那一部分安全与健康问题也有采取措施的权限。因此,这是一种共享的权限范围。

185. 欧盟法院于1993年3月19日针对欧洲共同体与国际劳工组织的关系发表意见。①

欧洲联盟委员会针对国际劳工组织有关工作场所使用化学物品安全的第170号公约,尤其是共同体是否有权签署该公约以及签署后对成员国的影响等问题,向欧盟法院寻求意见。

欧盟法院在其意见书中认为,有必要仔细讨论一个问题:第170号公约是否属于共同体的权限?如果是,该权限在本质上有无排他性?

第170号公约涉及工作场所使用化学药品的安全问题,它所覆盖的领域属于《欧洲共同体条约》有关"社会规定"的范围之内。

从《欧洲共同体条约》第153条的规定来看,欧洲联盟似乎享有社会政策领域的内部立法权限。因此第170号公约所涉及的主题事项恰好与依据条约第153条通过的许多指令相一致,所以应属于欧洲联盟的管辖权限范围。

为了确定这种权限是否具有排他性,与此相关的是,必须意识到第170号公约的规定并不会影响根据条约第153条而通过的规则。

然而,任何可能因联盟立法职能而引起的困难不能构成联盟具有排他性权限的理由。基于相同的理由,依照《欧洲共同体条约》第114条通过的有关欧洲联盟的条款不能证明它具有这种排他性的权限,尤其是,例如理事会在1980年11月27日通过的关于保护劳动者在工作场所不暴露于化学、物理、生物药剂中风险的第80/1107/EC号指令以及依据该指令第8条规定所通过的单行指令都设立了最低要求。

然而,有一些属于第170号公约第三部分规范的领域所通过的指令则包含了一些超过最低要求的规定。例如,有关危险物品的分类、包装及标识的问题。

---

① 2/91, ECR, 1993, Vol. 1, 1061.

这些指令包含了某些可对劳动者的工作条件有更广泛保护意义的规定,这些方面的要求甚至超过第170号公约第三部分的规定。

但是,第170号公约的范畴要比上述指令的范围更广。例如,有关化学物品的定义比指令中所涵盖的更宽泛。除此之外,与指令的规定有所不同的是,公约还规定了有关化学药品的运输问题。

尽管公约的这些规定与上述指令的规定并无冲突之处,第170号公约第三部分所覆盖的领域在很大程度上已经被共同体的规范所包含。

在上述情形下,我们必须考虑到,根据第170号公约第三部分而产生的义务的确属于上述指令所规范的领域,它可能会影响这些指令中所制定的欧洲联盟的规定,而各成员国也不能在欧洲联盟机构框架之外采取行动。

如果我们可以确认第170号公约的实质性规定属于联盟的权限范围,则联盟有义务落实这些条文规定。

公约第3条规定,在使第170号公约规定的措施生效时,有关机构必须咨询最具有代表性的劳动者组织与雇主组织。

联盟法强调,社会政策,特别是劳资双方之间的合作事项,明显属于成员国的管辖权限。

114 然而,这一事项并未完全脱离共同体的管理权限。依据《欧洲联盟运行条约》第154条的规定,欧洲联盟委员会有义务致力于发展欧洲层面的劳资对话。

因此,在确定旨在促进咨询代表性劳资团体的国际承诺,究竟是属于成员国还是共同体权限的问题时,必须结合此类咨询的目的进行讨论。

第170号公约第5条规定,如果基于合理的安全与健康理由,主管机构有权禁止或限制使用某些有害化学物品,或者在该化学物品使用之前提前告知相关机构并获得授权。

即使该条文中所提及的相关主管机构是指成员国的某一行政部门,共同体仍然可以依据其对外的目的承担上述义务。基于其对内的目标,欧洲联盟也可以在联盟法规定的范围内赋予成员国的主管机构某些监督权。另一方面,欧洲联盟也可以基于对外的目的,履行那些属于其权限之内并赋予成员国的主管机构某些监督权的承诺,以确保遵守实体性规定。

欧盟法院在1978年11月14日的裁决中指出,一旦某协议或合同所涉及的主题看起来是部分属于欧洲联盟的管辖权限、部分属于成员国的管辖权限时,确保欧洲联盟各机构与成员国之间在协商与缔结协定以及履行协定所规定义务的过程中保持紧密关系尤为重要。这一合作义务也必须适用于《欧洲联盟运行条约》的规定,它源自欧洲联盟作为整体而单一的国际代表性机构的要求。

在这种情况下,欧洲联盟与成员国之间的合作非常必要,因为根据相关国际法,欧洲联盟事实上自己无法直接与国际劳工组织签署公约,它需要通过成员国这一媒介来实现这一缔约目的。

因此,欧洲联盟各机构与成员国必须采取所有必要的措施,以便能够完全确保双方在提交第170号公约并获得相关主管机构批准的程序中以及在公约签署后履行所承诺的事项进行合作。

最后,欧盟法院认为国际劳工组织第170号公约所涉及的事项属于成员国与欧洲联盟有共同管辖权限的范围。

186. 接下来,我们必须考虑到根据国际劳工组织章程所规定的有关地区性团体的权利与义务问题。大致而言,我们可以认为,以目前欧洲联盟参与国际劳工组织会议的情形,它有权以观察员的身份发言,但并没有提出修正建议或参与投票表决的权利。这些重要问题的核心责任就落在了成员国的身上。无论如何,我们必须区别问题的不同方面。

《国际劳工组织章程》(ILO Constitution)第14条第2款以及《国际劳工组织大会现行命令》(Standing Order of the Conference)第38条和第39条规范国际劳工标准的起草工作。对于已经批准上述法规的国家来说,这也会涉及国际劳工组织第144号公约第5条第1款。国际劳工组织章程要求咨询成员国的意见,但问题在于,究竟一个区域性组织的机构在某些情况下是否能代替成员国或者在成员国之外作出回应?在1979年关于(公路运输业)工作时间与休息的第153号公约起草阶段,基于国际劳工组织的现有命令中似乎并没有排除若干政府群体授权给类似于欧洲联盟委员会的机

115

构,代表它们共同作出回应的情形;而且对国际劳工组织而言,这种回复被视为相关成员国政府的行为。对于成员国自身作出回复的,来自欧洲联盟委员会的额外回复在国际劳工组织的大会中会受到同样的重视,这就如同其他相关国际组织因其功能涉及国际标准的主题事项而必须作出回应一样。

187. 政府部门在准备回应相关问题时应咨询最具有代表性的国内雇主与劳动者组织是国际劳工组织强制要求的做法。对那些第144号公约的缔约国来说,这种咨询属于其法定义务。然而,这对欧洲联盟委员会而言——在形成意见的过程中寻求欧洲社会合作伙伴的意见并将这些意见送交给国际劳工组织等方面①——无任何限制。

188. 有关国际劳工标准的考虑与采纳等程序由《国际劳工组织章程》第19条第1—3款以及《国际劳工组织大会现行命令》第40条所规范。根据这些规定,隶属于某一区域团体的有关成员国的授权代表以及参加国际劳工组织大会的此类区域团体代表的地位可概括如下:

——授权代表或参会代表均有权在委员会会议及全体大会上发言。会议不得妨碍成员国的政府授权代表同意产生一名发言人,该发言人可以是授权代表之一或者区域团体的代表。依据国际劳工组织的规定,除了该发言人之外,任何区域性协议不能剥夺某一成员国的授权代表发言的权利。

——有关国际劳工组织所提出的法案修正权一般仅限于授权代表;然而,如果考虑到第153号公约的规定,对于国际劳工组织办事处来说,《国际劳工组织大会现行命令》似乎并不反对一群成员国政府的授权代表委托某一地区性机构的代表以其名义共同提出修正意见;这种修正案视为是相关政府授权代表的行为。

——只有授权代表具有投票权。《国际劳工组织章程》第4条第1款似乎主张成员国的投票权必须单个行使。

189.《国际劳工组织章程》第19条第5款第b项及第c项、第6款第b

---

① ILO, Governing Body, *The Relationship of Rights and Obligations under the Constitution of the ILO to Rights and Obligations under Treaties Establishing Regional Groupings*, 215th session, Fourth item on the agenda, February-March 1981.

项及第 7 款第 b(i)-(ii)项涉及有关国际劳动公约与建议书呈交相关主管机构的问题。所谓主管机构,是指有权制定立法或采取行动,以实施相关建议书中所提到的国际劳工组织公约。公约第 144 号要求成员国向主管机构提交有关公约与建议书时应咨询国内最具有代表性的劳动者与雇主组织的意见。如果相关建议来自成员国政府之外的机构,则必须有履行这项咨询义务的方式与方法。成员国有宪政性义务告知国际劳工组织总干事将该文件提交给相关主管机构的措施以及该机构所采取的行动。一群成员国似乎可以授权属于区域团体的某个组织联合告知总干事其采取的措施。在任何情况下,上述告知行为的备份文件必须传达给最具有代表性的劳动者组织和雇主组织。

190.《国际劳工组织章程》第 19 条第 5 款第 d 项的规定涉及有关国际劳动公约的批准事项。该条款一致的解释为,只有国际劳工组织的成员国才可以批准公约。国际劳工标准的适用及后续行动(提交报告)的责任则属于成员国。

191. 最后,我们必须指出,成员国国内的劳动者组织与雇主组织认为,区域性组织安排不得妨碍《国际劳工组织章程》规定的有关义务的履行。[①]这一点不难理解:国际劳工组织由真正的三方代表构成,而参加国际劳工组织大会的代表团成员也由三方组成,包括政府及劳资双方的代表。然而,在欧洲层面却并非如此。在欧洲联盟的架构下,社会合作伙伴最多是起咨询的作用,而且通常只有一点点影响力。

192. 随着《欧洲单一法案》的生效实施以及欧洲联盟与国际劳工组织其他关系的发展,有必要更新它们之间的相互关系,以加强两大组织之间基于互惠原则的合作与协商的范围与程序。它们于 2001 年 5 月 14 日通过信件来往实现了上述需求。

193. 文件节选如下:

---

① ILO, Governing Body, *Report of the Committee on Standing Orders and the Application of Conventions and Recommendations*, 215th session. Twelfth item on the agenda, 3-6 March 1981.

117　国际劳工组织与欧洲共同体对社会和经济进步有着共同的责任：改善生活与工作条件、促进就业。自从1958年国际劳工组织与欧洲共同体达成第一项协议之后，这两大组织一直持续合作，共同推进这些目标的实现。

由欧洲联盟委员会代表的国际劳工组织与欧洲共同体于1989年最后一次交换信件。此后，欧洲发生了影响深刻的变化，而当时的全球经济正在迅猛发展，国际劳工组织与欧洲共同体为了应对这些社会和就业政策领域的新变化明显增强了自己的能力。因此，我们继续交换信件的做法非常及时。这种新的交换信件方式首先能够帮助我们明确两大组织面临的新挑战；其次，它有助于我们依此确定国际劳工组织与欧洲共同体的合作中最能获益的重点发展领域。

自1989年起，社会与就业问题日渐成为欧洲和国际社会的头等要事——尽管全球化无疑为人们带来了诸多益处，但有待解决的问题依然不少。全球化过程中被忽视的社会问题已经成为公众关注的焦点。人们普遍认为需要在不同层面采取新的一体化方式，包括众多国际社会机构的介入。国际劳工组织确定了全球化背景下四项非常重要的战略目标：工作的基本原则与权利、促进男女就业、加强社会保护和促进社会对话。所有这些原则一起构成了"体面工作"的核心内容。就欧洲而言，其一体化过程的本身涉及强大的、不断发生变化的社会领域。在此背景下，提高素质成为欧洲联盟就业、社会政策与行业关系议程的核心议题，因为这是促进经济繁荣发展、创造更多更好的就业岗位并形成一个包容性社会的推动力。此外，欧洲联盟扩展的过程会要求新加入的成员国遵守欧洲社会模式的框架性规定。

194. 劳工标准和人权保护是欧洲共同体与国际劳工组织都非常感兴趣的领域。随着经济发展与贸易自由化，促进对工作基本原则与权利的尊重获得人们更多的认可。1995年，世界社会发展峰会根据国际劳工组织公约，为全球化经济界定了一个社会保护要求，主要包括四项基本原则：结社自由、劳资双方集体谈判自由、反对强迫劳动和劳动歧视的自由以及拒用童工。在此背景下,国际劳工组织通过了《劳动基本原则与权利宣言》(Declaration of Fundamental Principles and Rights at Work),在为人们创造更多体面并富有成效的工作机会的国际化努力方面,国际劳工组织进一步加强了自己在地区的作用。如今,基本社会权利已被包含在《欧洲联盟条约》内,这可能也是欧洲共同体反对歧视和社会排斥的具体行动。其次,欧洲联盟宣称《欧洲联盟基本权利宪章》也将成为其努力促进经济与社会进步的另一大举措。此外,欧洲共同体也在其整个对外关系政策及合作发展的过程中致力于提高核心劳工标准。

就社会对话而言,欧洲联盟自1989年以来取得了显著的进展。在欧洲层面的社会政策制定方面,社会合作伙伴被赋予了更多、更重要的责任。这在推进解决社会政策事务新方式的同时,加强了欧洲联盟层面的社会对话。这些发展对于欧洲联盟即将到来的历史性扩张尤为重要。

195. 同样,国际劳工组织与欧洲共同体自从上次交换信件(Exchange of letters)之后,它们在促进就业方面都明显地投入了大量的精力。事实上,创造更多的就业机会已成为国际劳工组织的一项战略性目标。就欧洲联盟而言,它制定了全面就业的战略,在开发欧洲经济的就业潜力的同时,尊重男女平等原则。此外,还应注意到,国际劳工组织与欧洲共同体在促进社会保护方面如今也有了共同的目标。

在发展合作方面,国际劳工组织与欧洲共同体自从1989年交换信件之后,它们所面临的挑战发生了巨大的改变。这至少体现了国际劳工组织所倡导的国际体系作为整体正在不断地将社会因素融入到经济发展计划与战略之中的主张。这也强调了1995年世界社会发展峰会及其后续举措的重要性。

就欧洲联盟而言,共同体通过以平等为指导原则的发展合作政策,旨在促进可持续发展,帮助发展中国家解决贫困问题并且融入全球经济之中。而且,共同体已经把减少贫困确立为发展的中心任务。国际劳工组织关于"体面工作"的议事日程也是一个基于经济增长、就业与工作的发展计划。发展合作是国际劳工组织在对其成员国发展需求作出回应的同时,用以促进并实现其价值的一种行动方式。

196. 在此背景下,欧洲联盟委员会与国际劳工组织认为在以下优先领域开展合作将会为双方带来好处:

——促进劳工标准的提高,尤其是1998年国际劳工组织发布的《劳动基本原则与权利宣言》中所确立的各项原则与权利;

——促进就业,尤其是通过《欧洲就业战略》和国际劳工组织努力为男女劳动者创造就业机会等信息和经验的交流;

——促进社会对话,至少把欧洲社会对话的经验尽可能地传播到世界的其他地区;

——欧洲联盟扩张的社会与就业政策问题,尤其是社会对话方面;

——通过特定主题开展特定目标的协作实现社会保护;以及

——发展合作,特别是,在可持续性发展服务操作层面协作的同时加强发展社会领域的合作。

为了开展在这些以及其他双方共同关心领域的合作,欧洲联盟委员会与国际劳工组织确认举行年度高层会议的作用,年会每年轮流在比利时布鲁塞尔和瑞士日内瓦举行,审查双方现有的合作以及下一年度计划开展的联合行动。

双方1989年关于交换信件的以下规定将继续适用:

——欧洲共同体将由欧洲联盟委员会代表继续应邀定期参加国际劳工组织的国际劳工大会及其理事机构的会议。

——反过来,欧洲联盟委员会将在合适的情况下,邀请国际劳工事务办公室的代表参加委员会举行的关于社会与劳工等议题的会议,这可能是国际劳工组织感兴趣的事项。

——欧洲联盟委员会主席与国际劳工组织总干事或他们的代表,就有可能对双方之间的合作产生深远意义的发展事项在各自的组织内进行磋商。

——双方在共同感兴趣的领域内开展信息或援助交换的适当形式,可通过相关项目管理者依据个案情况协商(例如参观访问、文件编写、设立工作组、项目融资等形式)。

为了促进项目融资合作,国际劳工组织与欧洲联盟委员会将继续商讨,以建立劳工组织执行委员会资助项目所需的标准化财务与管理模式。

毫无疑问,通过分享欧洲的经验、参与共同思考当代社会问题的新方法并在适当的情况下汇集欧洲的专业技能,我们既可以更有效地回应促进就业机会的需要,又可以维持并改善全世界范围内的生活与工作条件。

197. 国际劳工组织与欧洲联盟委员会于2002年2月14日举行了高层会议,主要讨论双方在社会事务方面的合作事宜。双方合作的领域包括全球化的社会事务问题、减少贫困、就业政策、健康与安全、社会保护和社会对话等。

会议日程分为两部分。第一部分讨论的是,全球化的社会领域问题以及欧洲联盟与国际劳工组织在诸如扶贫与"体面工作"等方面的合作。国际劳工组织发表声明,它正在筹建一个全球化社会问题的国际性委员会,其中会涉及诸如世界贸易组织(World Trade Organisation)和世界银行(World Bank)在内的其他国际机构。

就自身而言,欧洲联盟委员会表示非常愿意与国际劳工组织合作,共同开展发展中国家扶贫项目、技术合作项目、主流贸易以及核心劳工标准政策制定、中国农民工管理与社会保障等方面的行动。委员会于2001年7月在这一领域颁布了两份文件:《关于提高核心劳工标准与完善社会治理的沟通》与《承担更多企业社会责任的绿皮书》。

此外,国际劳工组织与欧洲联盟委员会将"反思"在巴尔干地区(The Balkans)稳定协定框架内加强开展社会对话并促进公民社会的发展。

本次会议日程第二部分包括:

—就业政策;

—工作健康与安全;

—社会保障(包括移民问题);以及

—社会对话。

198. 欧洲联盟委员会注意到,欧洲联盟的就业战略已经有效地影响了国际劳工组织的"全球就业议程"及其"全球就业联盟"的发展。欧洲联盟与国际劳工组织两大机构在这一领域的合作将包括制定"工作质量"指标以及就业、生产力和劳动力市场表现考核报告。

在工作健康与安全领域方面,这两大组织正在制定新战略,它们同时也在寻求在社会保护、社会排外和移民等领域的合作。在社会对话领域,两个组织关注的重点将放在欧洲联盟扩张背景下的社会对话、全球化影响下行业部门结构重组与社会对话等事项。

欧洲联盟委员会与国际劳工组织最终一致决定建立联系点,希望以此来确保有效的会议后续跟进措施。这些联系点将在年度高层会议上进行汇报。①

199. 但问题是,如果某成员国在加入欧洲联盟之前已经批准了一项国际公约,却碰巧违反了欧洲联盟法律的规定,这该怎么处理？奥地利共和国就遇到了这样的情形:它于1995年1月1日正式加入欧洲联盟,并在此日期前批准了国际劳工组织的第45项公约(涉及雇用女性从事各种形式的地下采矿工作的议题)。②该公约第2条总体上禁止雇用女性从事地下采矿。该项规定与欧洲联盟关于男女性平等待遇的第76/207号指令相矛盾。第76/207号指令第2条第3款不允许单纯以女性比男性应享受更多的风险保护作为理由而将女性排除在某类行业之外,若这种风险以同样的方式影响男女劳动者并且有别于女性具体的保护需要,例如有此类明确的规定。

从《欧洲联盟运行条约》第351条第3款的内容可以推断出,一个或多个成员国在作为加入国正式加入欧洲联盟的日期之前与另一个或多个第三方国家达成的协议所产生的义务将不受《欧洲联盟运行条约》的影响。

在这些情形下,虽然奥地利共和国在原则上确实可根据《欧洲联盟运行条约》第351条第1款的规定保留其履行上述义务的国内法的有效性,但该条第2款的规定实际上表明,该条第1款提及的协定与条约的内容不相符。相关成员国须采取适当措施来消除之前规定中存在的不相符的内容。

---

① 'European Commission and ILO cooperate on Social Issues', www.eiro.eurofound.ie.

② 根据《欧洲联盟运行条约》第351条的规定,加入国在1958年1月1日正式加入的日期之前基于已达成协议而产生的权利与义务,如果协议中的权利与义务都明确规定,一个或多个成员国与一个或多个第三方国家达成的协议将不受《欧洲联盟运行条约》的影响。如果之前的协议在某种程度上与该条不相符,相关成员国须采取适当措施废止之前规定中不相符的内容。

从欧盟法院得出的结论来看,根据国际劳工组织第45号公约所规定给奥地利共和国的义务与欧洲联盟理事会第76/207号指令第2条和第3条的规定不一致。

消除《欧洲联盟运行条约》第351条第2款提及的这种不一致情形的恰当措施包括退出正在讨论的协议。①

200. 欧洲联盟通常建议成员国批准国际劳工组织的公约并出台了以下文件:

——第1999/130/EC号文件:委员会1998年11月18日关于批准国际劳工组织第180号关于海员工时与船舶的配备及《1976年〈商船(最低标准)公约〉协定书》(1996)的建议[文件通知编号C(1999)372];

——第2000/581/EC号文件:委员会2000年9月15日关于批准国际劳工组织1999年6月17日通过的禁止并立即采取行动消除最恶劣形式童工的第182号公约的建议[文件通知编号C(2000)2674];

——第2005/367/EC号文件:理事会2005年4月14日关于授权成员国为了欧共体的利益批准国际劳工组织《海员身份证件公约》(第185号公约)的决议;

——第2007/431/EC号文件:理事会2007年6月7日关于授权成员国为了欧共体的利益批准国际劳工组织《海事劳工公约》(2006)的决议。

欧洲联盟与国际劳工组织在非洲、加勒比海及太平洋地区努力提供更多体面工作的合作措施

201. 2009年6月22—25日,欧洲联盟委员会(欧洲援助开发署[EuropeAid])与国际劳工组织共同举办了关于非洲、加勒比海与太平洋地区(African, Caribbean and Pacific, ACP)就业、社会保护与体面工作的研讨会。参会者强调《全球就业协定》的重要性并指出,欧洲联盟和国际劳工组织在劳动就业、可就业能力、社会保护以及其他涉及"体面工作"的问题上,例如

---

① C.O.J., 1 February 2005, *Commission v. Republic of Austria*, C-203/03, ECR, 2005, 935.

社会对话和基本社会权利等,有很多相同的看法。欧洲联盟委员会与国际劳工组织同意相互协商,一起在合作伙伴国家展开工作,以便交流它们各自擅长的技能与主动采取的措施,特别是在对《国家战略文件》(Country Strategy Papers)进行中期审查的框架之下。

202. 国际劳工组织办公室与欧洲联盟委员会服务处于 2011 年 5 月 20 日在瑞士日内瓦举行第九届年度高层会议(Annual High Level Meeting,HLM)。与会期间,来自双方机构的代表都强调了加强相互合作的重要性,无论是在欧洲联盟内部还是在其他地区。会议共同日程包括金融与经济危机之后双方机构的政策优先事项、欧洲联盟和其他地区出现危机时的社会对话与国际劳工标准以及二十国集团中国际劳工组织—国际货币基金组织—欧洲联盟之间的合作与协作。高层会议就各自在社会保护的作用方面达成共识,包括联合国规定的社会保障最低标准等要求。根据 2011 年 6 月召开的国际劳工大会提出的核心讨论议题,社会保护主题显得尤为重要。会议的一个环节主要致力于在北非/阿拉伯国家开展国际劳工组织与欧洲联盟之间的合作。其他的议题主要集中在劳工移民、发展及贸易等问题的协作方面。

三、欧洲经济区

203. 《欧洲经济区协议》于 1994 年 1 月 1 日生效,该协议将欧洲联盟 27 个成员国以及三个欧洲自由贸易区国家:冰岛、列支敦士登及挪威——整合在一起形成了一个单一内部市场(Single internal market),可简称为"内部市场"。①

204. 欧洲经济区协议规定包括四种自由——货物自由流通以及服务、人员与资本的自由流动——在内的欧洲联盟立法可适用于 30 个欧洲经济区国家。此外,该协议也涉及在诸如研发、教育、社会政策、环境、消费者保护、旅游和文化等其他重要领域内的合作,统称为"侧向或横向"政策。该协议保证欧洲经济区内的公民和经营者在欧洲内部市场具有同等权利与义务。

---

① 瑞士不属于欧洲经济区(EEA)协议的缔约国,但它与欧洲联盟签署了双边协议。

第二章 欧洲的社会合作伙伴

第一节 雇主组织

一、欧洲企业组织

205. 各大雇主组织在欧洲联盟层面表现活跃。除了欧洲企业组织——它由来自35个国家的41个核心行业联盟以及像英国工业联合会（CBI）或法国雇主协会（MEDEF）①等雇主组织国家联盟的机构组成，还有服务于农业的欧洲联盟农业组织委员会（COPA，Comité des Organizations Agricoles）、活跃在公共部门并为企业服务的欧洲公共企业中心及代表中小企业利益的欧洲中小企业联合会等具体行业的组织。

206. 伴随着欧洲联盟的扩展和其工作的深入，欧洲企业组织也逐渐发展壮大。2011年，现有来自35个国家的41名成员，所在组织覆盖了欧洲联盟国家、欧洲经济区国家以及一些中东欧地区的国家。该组织目前的构架包括7个主要委员会、约60个工作组、秘书长领导的45名员工，和组织主席负责下的组织工作。

---

① Z. Tyszkiewicz, 'Unice: the Voice of European Business and Industry in Brussels—A Programmatic Self-Presentation' in *Employers' Associations in Europe: Policy and Organization*, D. Sadowski and O. Jacobi (eds), Baden, 1991, 92; Gary Rynhart and Jean Dujardin, 'Employers' Organizations', in R. Blanpain (ed.), *Comparative Labour Law and Industrial Relations in Industrialized Market Economies*. 10th and revised edition, The Hague, Kluwer Law International, 2010, 43-70; M. Behrens & F. Traxler, 'Employers' organization in Europe', www.eiro.eurofound.ie, 2004; J. Dujardin, 'The International Organization of Employers', in: Confronting Globalization: the Quest for a Social Agenda, *Bulletin of Comparative Labour Relations*, Kluwer Law International, No. 55, 2005, 103-106.

207. 由全体成员联合会主席(即当选的高级官员)组成的主席团,是欧洲企业组织的最高管理机构,并决定欧洲企业组织的总体战略事项。

208. 执行局(Executive Bureau)汇聚了各联合会代表,他们分别来自最大的 5 个国家、欧洲联盟主席国以及按照轮值基础产生的 5 个较小国家,在必要时召开会议。该局负责监管欧洲企业组织年度计划的执行工作,促进其与联合会成员的协调,确保资源充足,以完成该组织的任务,并对主要委员会之间所产生的紧急情况迅速作出回应。

209. 执行委员会由所有成员联合会的总干事(即受聘的高级官员)组成,负责将欧洲联盟理事会的战略转化为欧洲企业组织的活动与任务。在执行局的帮助下,该委员会确保其任务与资源之间的平衡。

124 210. 欧洲企业组织设有七大政策委员会,即经济与金融事务委员会、国际关系委员会、社会事务委员会、工业事务委员会、法律事务委员会、企业家与中小企业委员会和内部市场委员会。这些委员会通过工作组来起草欧洲企业组织在特定政策领域的立场文件书(Position papers)。每个政策委员会成员都由成员联合会提名,并根据该成员在特定领域的经历进行择选。

211. 这些政策委员会共创建和组织了 60 个工作组,这也是欧洲企业组织的强大优势所在。在每个领域,只要有需要讨论的发展事项,相关的政策委员会就会相应地成立一个工作组。该工作组的专家由成员联合会提名,且通常为来自位于该联合会所在国家的公司或企业。因此可以说,根据这些讨论所产生的一致意见书(Consensus papers)可以真正地代表整个欧洲对特定议案所作出的商业反应。

212. 大多数成员联合会在比利时的布鲁塞尔设有办事处。且就它们的其他职能而言,这些办事处负责人是欧洲企业组织的常驻代表(Permanent Delegates)。他们参加每个月由秘书长召集的 1—2 次会议,常驻代表委员会(Committee of Permanent Delegates)为总部和联合会成员之间建立起联系。

设在布鲁塞尔的欧洲企业组织总部大约有 45 名工作人员。负责管理整个组织,协调各政策委员会和工作组之间的活动,准备意见书,并与欧洲联盟各机构以及位于布鲁塞尔和各成员国的其他相关人士沟通其立场。欧洲企业组织的行政高层也参与社会对话、咨询委员会、管理委员会、会议、展览和高级别代表团等工作。

联合会：欧洲企业组织成员*

国家	组织简称	组织全称
奥地利	IV	奥地利工业联合会（Industriellenvereinigung）
比利时	VBO-FEB	比利时企业联合会（Fédération des Entreprises de Belgique—Verbond van Belgische Ondernemingen）
保加利亚	BIA	保加利亚工业协会（Bulgarian Industrial Association）
瑞士	Economiesuisse	瑞士雇主联盟（Confederation of Swiss Employers）
克罗地亚	HUP	克罗地亚雇主协会（Croatian Employers' Association，Hrvatska Udruga Poslodavaca）
塞浦路斯	OEB	塞浦路斯雇主与工业家联合会（Employers & Industrialists Federation Cyprus）
捷克共和国	SPCR	捷克共和国工业联盟（Confederation of Industry of the Czech Republic）
丹麦	DI	丹麦工业联盟（Confederation of Danish Industries）
	DA	丹麦雇主联盟（Danish Employers' Confederation）
爱沙尼亚	ETTK	爱沙尼亚雇主联盟（Estonian Employers' Confederation）
芬兰	EK	芬兰工业联盟（Confederation of Finnish Industries）
法国	MEDEF	法国企业运动［联盟］（Mouvement des Entreprises de France）

---

* 本处原文有明显排版错误，已作修改。——译者注

(续表)

国家	组织简称	组织全称
德国	BDI	德国工业联合会（Bundesverband der Deutschen Industrie）
	BDA	德国雇主协会联合会（Bundesvereinigung der Deutschen Arbeitgeberverbände）
英国	CBI	英国工业联盟（Confederation of British Industry）
希腊	SEV	希腊工业联合会（Fédération des Industries Grecques）
匈牙利	MGYOSZ	匈牙利雇主与工业家联盟（Confederation of Hungarian Employers and Industrialists）
冰岛	FII	冰岛工业联合会（Federation of Icelandic Industries [Samtök idnadarins]）
	IS	冰岛雇主联盟（Confederation of Icelandic Employers）
爱尔兰	IBEC	爱尔兰商业与雇主联盟（Irish Business and Employers Confederation）
意大利	CONFINDUSTRIA	意大利工业总联合会（Confederazione Generale dell'Industria Italiana）
拉脱维亚	LDDK	拉脱维亚工业联盟（Latvijas Darba Deveju Konfederacija）
立陶宛	LPK	立陶宛工业家联盟（Lithuanian Confederation of Industrialists）
卢森堡	FEDIL	卢森堡工业联合会（Fédération des Industriels Luxembourgeois）
马耳他	MFOI	马耳他工业联合会（Malta Federation of Industry）
黑山共和国	MEF	黑山雇主联合会（Montenegrin Employers Federation）
荷兰	VNO	荷兰企业协会（Verbond van Nederlandse Ondernemingen）
	NCW	荷兰基督教联盟（Nederlands Christelijk Werkgeversverbond）
挪威	NHO	挪威商业与工业联盟（Confederation of Norwegian Business and Industry）

（续表）

国家	组织简称	组织全称
波兰	PKPP	波兰私营雇主联盟（Polish Confederation of Private Employers）
葡萄牙	AIP	葡萄牙工业协会（Associaçāo Industrial Portufuesa）
	CIP	葡萄牙工业联盟（Confederçāo da Indústria Portuguesa）
罗马尼亚	ACPR	罗马尼亚工业雇主联盟（Alianta Confederatiilor Patronale din Romania）
圣马力诺	ANIS	圣马力诺全国工业协会（Associazione Nazionale dell'Industria Sammarinese）
塞尔维亚	SAE	塞尔维亚雇主协会（Serbian Association of Employers）
斯洛伐克	RUZ	雇主全国联盟（Republikova Unia Zamestnavatelov）
斯洛文尼亚	ZDS	斯洛文尼亚雇主协会（Združenje Delodajalcev Slovenije [Employers' Association of Slovenia]）
西班牙	CEOE	西班牙雇主联盟（Confédération des Employeurs Espagnols）
瑞典	SN	瑞典企业联盟（Svenskt Näringsliv [Confederation of Swedish Enterprise]）
	SAF	瑞典雇主联盟（Swedish Employers' Confederation）
土耳其	TÜSIAD	土耳其工业家与商人协会（Turkish Industrialists' and Businessmen's Association）
	TISK	土耳其雇主协会联盟（Turkish Confederation of Employer Associations）

就业与社会事务议程（2010—2014）

213. 由于欧洲联盟出现的经济危机，防止失业率上升成为其当务之急。此外，欧洲联盟正在面临着劳动力老龄化和国际竞争加剧的压力。因此，它需要结构性变革来提高劳动力市场的灵活性，确保市场可提供有工作技能的劳动力——包括通过经济移民——并实施现代化的社会政策。其目标必须是为了让更多的人参加就业，可以更富有成效地工作（增加就业人数以及提高工作效率）。弹性保障应成为欧洲联盟就业战略的核心要素以及社会政策发展中的主导原则。就业、社会与移民政策须适应各成员国形势的多样性。

欧洲企业组织积极参与欧洲社会对话，以便找到能够协调劳动力市场参与者各种经济与社会需求的解决方案，制定有益于企业和劳动者的具体工作安排。

2008—2009年，全球遭遇了近50多年来最具破坏性的金融与经济危机。这场危机已带来了诸多问题，例如关于市场运作、国家和政府在经济发展的角色以及商业对社会的贡献等。尽管这一方面的争论具有其合理性，但更重要的是，我们应该认识到自由市场经济已经给欧洲的民众带来了巨大的发展和福利。

214. 增强经济发展的最佳途径是回归市场经济的基本价值：

——鼓励工作与生产性投入；

——鼓励合理承担风险；

——确保市场价值的透明度；

——保护和发展知识产权；

——识别诈骗并规定制裁措施；

——禁止扭曲竞争，反对保护主义；

——资助可负担的公共服务与社会保障。

实施这些原则对于欧洲公民的发展前景至关重要。

二、欧洲公共企业中心

215. 欧洲公共企业中心是欧洲具有公众参与和共同经济利益的企业中心。该中心代表以下主体的欧洲协会：

——有公众参与的企业与雇主组织，以及

——从事具有共同经济利益活动的企业，无论其所有权或地位如何。

216. 在该欧洲机构里,欧洲公共企业中心及其在布鲁塞尔的办事处/秘书处代表其成员的利益,与欧洲联盟委员会及欧洲联盟议会和经济与社会委员会等其他欧洲机构保持有良好的关系。该中心作为欧洲层面的社会合作伙伴,其地位提供了与包括欧洲联盟委员会成员和主席等高级官员的联系机会。欧洲联盟委员会下设的专门委员会,定期就法律草案、发展方向和涉及其成员利益的立法事项咨询欧洲公共企业中心,并且经常被邀请到企业中心发表意见。欧洲公共企业中心选派代表和观察员到众多欧洲机构的委员会和咨询机构,并通过这种形式的参与随时更新欧洲联盟层面涉及其成员利益的发展动态。因此,该中心始终非常了解欧洲各机构的活动与计划,并且能够发表意见并采取其他必要的措施,以确保相关机构可在行动早期考虑其成员的利益。

欧洲公共企业中心与欧洲其他行业协会密切合作。尽管中心的许多成员隶属于一些具体的行业组织,但凭借其作为社会合作伙伴和代表所有企业提供具有共同利益服务的欧洲协会,欧洲公共企业中心在布鲁塞尔通过其强大的游说手段给予欧洲行业协会额外的支持。

此外,欧洲公共企业中心以其成员当前利益和欧洲整体发展为主题,举办代表大会、会议和研讨会。该中心与欧洲联盟委员会和其他社会合作伙伴一起组织许多此类活动。欧洲公共企业中心还在欧盟委员会的支持下,代表后者开展研究项目。

三、欧洲手工与中小企业协会

217. 欧洲手工与中小企业协会是在欧洲层面代表欧洲手工业、贸易和中小型企业利益的雇主组织。是人们公认的欧洲社会合作伙伴,在欧洲社会对话中代表着手工业和中小企业的利益,与欧洲各机构进行讨论。属于非营利的无党派组织。

作为欧洲的中小型企业的伞状组织,欧洲手工与中小企业协会有来自36个国家的82个成员机构,它们由支持中小企业家族的全国性跨部门的中小企业联盟和其他协会会员组成。

在整个欧洲,欧洲手工与中小企业协会代表着大约拥有 5500 万名雇员、超过 1200 万家的企业。

218. 因各种欧洲行业协会和中型企业组织合并,欧洲手工与中小企业协会最初于 1979 年成立。该组织有一些覆盖欧洲联盟主要政策领域的委员会,负责举行会议并制定协会的政策立场。这些委员会设立工作组来处理对中小型企业有重大影响的议题,例如行政负担的简化和新企业的创立。欧洲手工与中小企业协会阐明的其主要目标,是使其成员了解欧洲政策的发展,在欧洲联盟层面代表全国性组织促进联合行动,并确保欧洲各机构能理解和考虑其成员的利益与意见。

中小型企业是欧洲经济不可缺少的组成部分。欧洲手工与中小企业协会认为中小型企业在欧洲雇用了超过 70% 的工作人口。其次,中小型企业较大型企业能创造和保持更高的就业率,而这可归功于它们对市场波动更快捷、更灵活的反应。此外,在当前《欧洲联盟就业指导纲要》的创造就业战略中,中小型企业发挥着关键的作用。

219. 欧洲工业与雇主联盟(即现在的欧洲企业组织)的主席和欧洲手工与中小企业协会的主席在 1998 年 12 月 4 日签署合作协议,同意加强它们之间的合作。

该协议规定,雇主代表将在雇主组织讨论政策的预备会议上拥有相同的权利,但他们对任何谈判不具有否决权。据说这项协议是基于这样一项原则:双方将尽最大努力就社会对话中的议题和立场达成共识,同时尊重双方组织的自主权。欧洲工业与雇主联盟作为雇主一方的领袖,承诺在欧洲社会对话的谈判或其他会议中代表雇主表达立场之前,会咨询欧洲手工与中小企业协会的意见。签署合作协议的原因之一是欧洲手工与中小企业协会长期声称自己是中小型企业的合法代表,并认为欧洲工业与雇主联盟在过去没有充分代表这些中小型企业的利益。①

---

① Peter Foster, 'European Employers' Organizations Forge Closer Links within Social Dialogue', www.eiro.eurofound.ie, 31 March 1999.

第二节　工会

220. 欧洲最重要的工会无疑当属欧洲工会联合会。其总部设在布鲁塞尔，距离大多数欧洲联盟的机构不远，试图将其影响力扩展到最大的程度。我们会在同一座楼里发现国际工会联合会(International Trade Union Confederation，ITUC)。欧洲工会联合会成立于1973年，目前代表着来自36个国家的83个全国性工会大约6000万名成员。

欧洲工会联合会是个统一却又具有多元化色彩的组织，它通过其代表大会和执行委员会会议的审议讨论来确定其政策。

代表大会每四年举行一次会议，①按照各工会会员人数的一定比例选举代表组成。大会选出一名秘书长、两名副秘书长和一名主席，其职责是主持欧洲工会联合会的代表大会、执行委员会和指导委员会的会议。

执行委员会每年与其所代表的所有分会举行四次会议。如有必要，参会代表可按照三分之二的多数投票方式作出决议。执行委员会在欧洲社会对话中负责决定与欧洲联盟雇主组织谈判的代表团授权事项与人员组成，并评估谈判结果。

督导委员会(Steering Committee)作为欧洲工会联合会的一个小型机构，负责跟进执行委员会各届会议之间做出的决定。它一年举行八次会议，由21名执行委员会的当选委员组成。

秘书处负责欧洲工会联合会的日常活动及其与欧洲机构和雇主组织的关系。

秘书长是欧洲工会联合会的领导和发言人。

---

① 上一次会议于2011年在希腊雅典举行。

221.

一、欧洲工会联合会会员[①]

国际工会联合会

国家工会联合会(83家)

国家/地区	组织简称	组织全称
安道尔	USDA	安道尔工会(Trade Union Andorra [Unió Sindical D'Andorra])
奥地利	OGB	奥地利工会联合会(Austrian Trade Union Federation [Österreichischer Gewerkschaftsbund])
比利时	ABVV/FGTB	比利时劳工总联合会(General Labour Federation of Belgium [Algemeen Belgisch Vakverbond/ Fédération Generale du Travail de Belgique])
	ACV/CSC	基督教工会联盟(Confederation of Christian Trade Unions [Algemeen Christelijk Vakverbond / Confédération des Syndicats Chrétiens])
	CGSLB	比利时自由工会总联盟(General Confederation of Liberal Trade Unions of Belgium [Centrale Générale des Syndicats Libéraux de Belgique])
保加利亚	CITUB	保加利亚独立工会联盟(Confederation of Independent Trade Unions of Bulgaria)
	PODKREPA	劳工联盟(Confederation of Labour)
克罗地亚	SSSH/UATUC	克罗地亚自主工会同盟(Union of Autonomous Trade Unions of Croatia [Saveza Samotalnih Sindicata Hrvatske])
	NHS	克罗地亚独立工会(Independent Trade Unions of Croatia [Nezavisni Hrvatski Sindicati])
塞浦路斯	SEK	塞浦路斯劳动者联盟(Cyprus Workers' Confederation [Synomospondia Ergaton Kyprou])

[①] J. P. Windmuller, S.K. Pursey and J. Baker, 'The International Trade Union Movement', in R. Blanpain (ed.), *Comparative Labour Law and Industrial Relations in Industrialised Market Economies*, 10th and revised edition, The Hague, Kluwer Law International, 2010.

(续表)

国家/地区	组织简称	组织全称
	TURK-SEN	土耳其裔劳动者工会联合会(Turkish Workers' Trade Union Federation [Kibris Türk Isci Sendikalari Federasyonu])
	DEOK	塞浦路斯劳工民主联合会(The Democratic Labour Federation of Cyprus)
捷克共和国	CMK OS	捷克摩拉维亚工会联合会(Czech Moravian Confederation of Trade Unions)
丹麦	AC	丹麦专业协会联盟(Danish Confederation of Professional Associations [Akademikernes Centralorganisation])
	FTF	雇员与公务员联盟(Salaried Employees' and Civil Servants' Confederation [Funktionærernes og Tjenestemændenes Fællesråd])
	LO-DK	丹麦工会联盟(Danish Confederation of Trade Unions [Landesorganisationen i Danmark])
爱沙尼亚	EAKL	爱沙尼亚工会协会(Association of Estonian Trade Unions [Eesti Ametiühingute Keskliit])
	TALO	爱沙尼亚雇员同盟协会(Estonian Employees' Unions' Association [Teenistujate Ametiliitude Organisatsioon])
芬兰	AKAVA	芬兰专业学者同盟联合体(Confederation of Unions for Academic Professionals in Finland)
	SAK	芬兰工会中央组织(Central Organisation of Finnish Trade Unions [Suomen Ammattiliittojen Keskusjärjestö])
	STTK	芬兰雇员联合会(Finnish Confederation of Salaried Employees [Toimihenkilökeskusjärjestöry])
法国	CFDT	法国劳工民主联盟(French Democratic Confederation of Labour [Confédération Française Democratique du Travail])
	CFTC	法国基督教劳动者联盟(French Confederation of Christian Workers [Confédération Française des Travailleurs Chrétiens])
	CGT	劳工总联盟(General Confederation of Labour [Confédération Générale du Travail])

131

(续表)

国家/地区	组织简称	组织全称
	FO	劳工-劳动者力量总联盟(General Confederation of Labor-Workers' Power [Confédération Générale du Travail-Force Ouvrière])
	UNSA	自主工会全国同盟(National Union of Autonomous Trade Unions [Union Nationale des Syndicats Autonomes])
德国	DGB	德国工会联盟(German Confederation of Trade Unions [Deutscher Gewerkschaftsbund Bundesvorstand])
希腊	ADEDY	希腊公务员工会联盟(Confederation of Greek Civil Servants' Trade Unions [Anotati Diikisis Enoseon Dimosion Ypallilon])
	GSEE	希腊劳工总联盟(Greek General Confederation of Labour [Geniki Synomospondia Ergaton Ellados])
匈牙利	ASzSz	自主工会联盟(Autonomous Trade Union Confederation)
	LIGA	独立工会民主同盟(Democratic League of Independent Trade Unions)
	MOSz	劳动者委员会全国联合会(National Federation of Workers' Councils)
	MSzOSz	匈牙利工会全国联盟(National Confederation of Hungarian Trade Unions)
	SZEF	工会合作论坛(Forum for the Co-operation of Trade Unions [Szakszervezetek Egyuttmukodesi Foruma])
	ÉSZT	专业人士同盟联合会(Confederation of Unions of Professionals [Értelmiségi Szakszervezeti Tömörülés])
冰岛	ASI	冰岛劳工联盟(Icelandic Confederation of Labour [Althydusamband Islands])
	BSRB	国家与市政雇员联盟(Confederation of State and Municipal Employees [Bandalag Starfsmanna Rikis of Baeja])

(续表)

国家/地区	组织简称	组织全称
爱尔兰	ICTU	爱尔兰工会代表大会(Irish Congress of Trade Unions)
意大利	CGIL	意大利劳工总联盟(Italian General Confederation of Labour [Confederazione Generale Italiana del Lavoro])
	CISL	意大利劳动者工会联盟(Italian Confederation of Workers' Trade Unions [Comfederazione Italiana Sindacati Lavoratori])
	UIL	意大利工会同盟(Italian Union of Labour [Unione Italiana del Lavoro])
拉脱维亚	LBAS	拉脱维亚独立工会同盟(Union of Independent Trade Unions of Latvia [Latvijas Brivo Arodbiedribu Savienība])
列支敦士登	LANV	列支敦士登雇员联合会(Liechtenstein Federation of Employees [Liechtensteinischer Arbeitnehmer Innenverband])
立陶宛	LDF	立陶宛劳工联合会(Lithuanian Labour Federaticin [Lietuvos Darbo Federacija])
	LPSK/LTUC	立陶宛工会联盟(Lithuanian Trade Union Confederation [Lietuvos Profesiniu Sajungu Konfederacija])
	LPSS(LDS)	立陶宛团结工会(Lithuanian Trade Union 'Solidarumas' [Lietuvos Darbiniku Sajunga])
卢森堡	CGT-L	卢森堡劳工总联盟(General Confederation of Labour of Luxembourg [Confédération Générale du Travail de Luxembourg])
	LCGB	卢森堡基督教工会联盟(Luxembourg Christian Trade Union Confederation [Lëtzebuerger Chrëschtleche Gewerkschafts-Bond])
马耳他	CMTU	马耳他工会联盟(Confederation of Malta Trade Unions)
	GWU	劳动者总工会(General Workers' Union)
摩纳哥	USM	摩纳哥工会同盟(Union of Monaco Trade Unions [Union Syndicale de Monaco])

(续表)

国家/地区	组织简称	组织全称
荷兰	CNV	基督教工会全国联合会(National Federation of Christian Trade Unions [Christelijk Nationaal Vakverbond])
	FNV	荷兰工会联盟(Netherlands Trade Union Confederation [Federatie Nederlandse Vakbeweging])
	MHP	中产阶级与高层雇员工会联盟(Trade Union Federation for Middle Classes and Higher Level Employees [Vakcentrale voor middengroepen en hoger personeel])
挪威	LO-N	挪威工会联盟(Norwegian Confederation of Trade Unions [Landsorganisasjonen i Norge])
	YS	职业工会联盟(Confederation of Vocational Trade Unions [Yrkesorganisasjonenes Sentralforbund])
	UNIO	The Confederation of Unions for the Professionals 专业人士工会联盟
波兰	NSZZ	独立与自治工会同盟(Independent and Self-Governing Trade Union)
	Solidarnose	团结工会(Union 'Solidarnosc' [Niezalezny Samorzadny Zwiazek Zawodowy 'Solidarnosc'])
	OPZZ	波兰工会全国联盟(All-Poland Alliance of Trade Unions [Ogólnopolskie Porozumienie Zwizków Zawodowych])
葡萄牙	CGTP-IN	葡萄牙劳动者总联盟(General Confederation of Portuguese Workers [Confederação Geral dos Trabalhadores Portugueses])
	UGT-P	葡萄牙劳动者总工会(General Workers' Union-Portugal [União Geral de Trabalhadores])
罗马尼亚	BNS	全国工会联盟(The National Trade Unions Block)
	CARTEL ALFA	全国工会联盟—阿尔法同业联盟(National Trade Union Confederation-Cartel ALFA [Confederatia Nationalā Sindicalā])
	CNSLR-Fratia	罗马尼亚自由工会全国联盟—费拉尼亚(National Confederation of Free Trade Unions of Romania-FRATIA)

(续表)

国家/地区	组织简称	组织全称
	CSDR	罗马尼亚民主工会联盟(Democratic Trade Union Confederation of Romania)
圣马力诺	CSdl	圣马力诺劳工联盟(San Marino Labour Confederation[Confederazione Sammarinese del Lavoro])
	CDLS	圣马力诺劳动者民主联盟(Democratic Confederation of San Marino Workers[Confederazione Democratica lavoratori Sammarinese])
斯洛伐克	KOZ SR	斯洛伐克共和国工会联盟(Confederation of Trade Unions of the Slovak Republic)
斯洛文尼亚	ZSSS	斯洛文尼亚自由工会协会(Slovenian Association of Free Trade Unions[Zveza Svobodnih Sindikatov Slovenije])
西班牙	CC.OO	劳动者委员会工会联盟(Trade Union Confederation of Workers' Commissions[Confederación Sindical de Comisiones Obreras])
	STV-ELA	巴斯克劳动者同盟(Basque Workers' Union[Solidaridad de Trabajadores Vascos Eusko Langileen Alkartasuna])
	UGT-E	西班牙劳动者总同盟(General Workers' Union — Spain[Union General de Trabajadores])
	USO	西班牙劳动者同盟(Workers' Union — Spain[Union Sindical Obrera])
瑞典	LO-S	瑞士工会联盟(Swedish Trade Union Confederation[Landsorganisationen i Sverige])
	SACO	瑞士专业协会联盟(Swedish Confederation of Professional Associations[Sveriges Akademikers Centralorganisation])
	TCO	瑞士专业雇员联盟(Swedish Confederation of Professional Employees[Tjänstemännens Centralorganisation])
瑞士	Travail Suisse	瑞士劳动者工会组织(Organisation faîtière des travailleurs[Organisation faîtière des travailleurs. Dachorganisation der Arbeitnehmenden])

(续表)

国家/地区	组织简称	组织全称
	SGB	瑞士工会联合会（Swiss Federation of Trade Unions［Schweizerischer Gewerkschaftsbund / Union Syndicale Suisse/ Unione Sindacale Svizzera］）
土耳其	DISK	土耳其进步工会联盟（Confederation of Progressive Trade Unions of Turkey［Türkiye Devrimci Isci Senikalari Konfederasyonu］）
	HAK-IS	土耳其人权工作者工会联盟（［Confederation of Turkish Real Trade Unions Türkiye Hak Isçi Sendikalari Konfederasyounu］）
	KESK	公共雇员工会联盟（Confederation of Public Employees' Trade Unions［Kamu Emekçileri Sendikalari Konfederasyonu Servants］）
	TURK-IS	土耳其工会联盟（Confederation of Turkish Trade Unions［Türkiye Isci Sendikalari Konfederasyonu］）
英国	TUC	英国工会联盟（Trades Union Congress）

具有观察员身份的组织(4家)

国家/地区	组织简称	组织全称
波斯尼亚和黑塞哥维那联邦（Herzegovina）	CTUBiH	波斯尼亚和黑塞哥维那联邦工会联盟（Confederation of Trade Unions of Bosnia and Herzegovina）
马其顿*	SSM	马其顿工会联盟（Federation of Trade Unions of Macedonia）
塞尔维亚	NEZAVISNOST	独立工会联盟（'Independence' Trade Union Confederation［Ujedinjeni Granski Sindikati 'Nezavisnost'］）

---

* 此处原文内容错误，已删除"FYROM"和"前南斯拉夫马其顿共和国（Former Yugoslav Republic of Macedonia）"等字样。——译者注

(续表)

国家/地区	组织简称	组织全称
	CATUS	塞尔维亚自主工会联盟(Confederation of Autonomous Trade Unions of Serbia)

欧洲行业联合会(12家)

组织简称	组织全称
EAEA	欧洲艺术与娱乐联盟(European Arts and Entertainment Alliance)
EUROCOP	欧洲警察联盟(European Confederation of Police)
EFBWW/FETBB	欧洲建筑与木业劳动者联盟(European Federation of Building and Woodworkers)
EFFAT	欧洲食品、农业与旅游业工会联合会(European Federation of Food, Agriculture and Tourism Trade Unions)
EFJ/FEJ	欧洲记者联合会(European Federation of Journalists)
EMCEF	欧洲采矿、化学与能源业劳动者联合会(European Mine, Chemical and Energy Workers' Federation)
EMF/FEM	欧洲金属业劳动者联合会(European Metalworkers' Federation)
EPSU	欧洲公共服务工会联合会(European Federation of Public Service Unions)
ETF	欧洲交通工人联合会(European Transport Workers' Federation)
ETUCE/CSEE	欧洲教育工会委员会(European Trade Union Committee for Education)
ETUF-TCL/FSE-THC	欧洲纺织品、衣服与皮衣业工会联合会(European Trade Union Federation — Textiles Clothing and Leather)
UNI-EUROPA	国际网络联盟(Union Network International)

二、欧洲工会研究所

222. 2005年4月1日,欧洲工会联合会宣布其三大机构——欧洲工会研究所(European Trade Union Institute,ETUI)、欧洲工会健康与安全技术局（European Trade Union Technical Bureau for Health and Safety，TUTB）和欧洲工会学院（European Trade Union College，ETUCO）——合并为一个组织，命名为欧洲工会科研、教育、健康与安全研究所（简称为E-TUI-REHS）。

223. 欧洲工会研究所的每个分支机构在其各自特定专业领域开展工作：

——欧洲工会研究所科研部开展有关社会与经济问题及劳资关系方面的科学研究，并为欧洲工会联合会提供专业意见。它为欧洲工会运动与学界之间的联系筑建纽带。

——欧洲工会研究所教育部是欧洲工会联合会的一般培训机构，承担为欧洲工会联合会制定和提供整体的培训方案角色，并全面发展欧洲范围内的各个层次的工会教育。

——欧洲工会研究所健康与安全部门负责监督欧洲立法在职业健康和安全领域的规划框架、在成员国之间的合作与实施。

欧洲工会研究所健康与安全研究部设有欧洲劳动信息资源（Labour-line）数据库，其中收集有超过4.2万份涉及劳资关系、健康与安全问题的文献。该研究所教育部的网站为工会教育与培训提供了广泛的材料，且大多数材料支持多种语言下载。

三、《雅典宣言》

224. 欧洲工会联合会于2011年5月16日至19日在希腊雅典举行的第十二届代表大会通过了《雅典宣言》（Athens Manifesto）：

欧洲工会目前的核心问题是影响希腊、爱尔兰和葡萄牙等国的金融危机，以及在其他成员国实施的更普遍的财政紧缩政策正在施加负面的压力，造成劳动者薪酬降低，公共服务减少，社会保障、养老金的支付力减弱以及劳动力质量与生活水平的下降。

欧洲联盟与国际货币基金组织经济救助所产生的后果至今仍使欧洲工会联合会深受警示。例如在希腊、葡萄牙和爱尔兰等三国，紧缩性财政措施的实施使形势更加糟糕,而相关国家也同样面临着经济持续衰退、债务负担不断增加,以及劳工标准、劳动权利和失业等方面的压力。这些国家和人民负债增加的风险仍然存在,它对整个欧洲及其成员国都构成了巨大的威胁。

225. 欧洲工会联合会因此迫切要求欧洲联盟做出重要的政策改变,为面临困境的国家提供有效帮助。

新的欧元协定适用于欧元区及其他六个经济体,包含了对成员国的建议,特别是对薪酬方面具有深远的意义:

——单位劳动成本的比较;

——反对工资指数化以及普遍的集中劳资谈判;

——将薪酬与生产力挂钩,不包括通货膨胀因素;

——降低公共部门的薪酬支付压力,在某些情况下,最低工资也与私营部门的经营状况挂钩;

——降低养老金待遇和提前退休计划的压力;

——促进对公共债务与财政支出的严格预算和宪法控制。

226. 欧洲工会联合会声称,这种做法对于欧洲的工会来说完全不能接受,所以它会在各个层面开展各种活动来坚持以下原则:

——薪酬问题不是经济发展的敌人而是其发展的动力,促进经济和就业的增长;

——工会组织应更好地协调集体谈判,同时社会合作伙伴的集体谈判和工资协商自主权必须被尊重;

——在保留现有的以公平分配为总目标的工资指数体系的同时,必须提高劳动者工资薪酬的购买力,工资增长需与通货膨胀和生产力水平保持一致;

——应扭转收入持续不平等现象;

——必须加强对工资和财政倾销的斗争,同时贯彻同工同酬原则;

——应保护养老保险与养老制度,确保劳动者有体面的生活条件;

——对公共债务的规定应适应经济现实和特殊情况,确保紧缩措施不会引发经济衰退及社会后果。

在此背景下,工会联合会决心:

——打击极右势力及其狭隘的民族主义盟友,并在接下来的欧洲联盟议会选举中代表一个活跃的欧洲社会;

——减少失业、日益加剧的不平等、不稳定的工作和财政紧缩等问题;

——鼓励增长与可持续发展;

——努力壮大工会的力量并增加成员人数;

——制定共同措施以应对日益一体化的欧洲劳动力市场。

227. 以下内容都将成为欧洲工会联合会 2011—2014 年度工作的核心:

(1) 为劳动者争取欧洲新政(European New Deal),反对紧缩治理与削减薪酬、社会保障及公共服务;支持服务于欧洲人民利益而非市场利益的经济治理方式,包括实质性经济增长、充分就业、加强欧洲的社会发展模式,这一方面的重要例证包括设立金融交易税、统一企业税基准、针对公司制定的最低税率、发行欧债、保障未来投资不受到盲目紧缩性政策影响等措施;

(2) 要求并争取基本社会权利优先于经济自由,从而在欧洲条约中的《社会进步议定书》、修订过的《劳务派遣劳动者指令》(Posted Workers Directive)以及被称为"第二单行法(Mono Ⅱ)"的内部市场规定中,奉行这一原则;

(3) 将提供更多更好的就业机会放在欧洲发展议程的首位和欧洲联盟经济治理的核心位置,并在欧洲社会对话和《欧洲 2020 战略》评估以及《单一市场法案》中体现这一点;

(4) 通过保障其可获得教育、培训和工作岗位等途径,要求采取协调一致的措施减少失业青年的人数,投资良好的教育体制——从幼儿教育一直到高等教育阶段;

(5) 优先改善欧洲所有劳动者的工作条件,通过立法和在社会对话范围内来打击未申报的工作、腐败与黑色经济、社会与工资倾销等行为;

(6) 与欧洲的雇主们共同发起绿色就业、经济增长与投资、可持续发展的产业政策、教育和培训等行动;

（7）采取行动，让所有劳动者无论其工作形式都可以过上体面的生活，通过集体协议、立法等保护措施，确保劳动者的平等待遇并享受其应有的权利；

（8）要求对金融市场和评级机构严格有效的规定，结束重税、金融交易税，停止支付高管们的高额薪酬、解雇金（Golden handshakes）与奖金；

（9）要求设立可促进长期可持续发展的公司治理与所有人可获得公正薪酬等级的新体系——在这一系统中，欧洲劳资联合委员会、工会和劳动者的知情权、协商权和参与权必须发挥基础性的作用；

（10）积极促进向低碳经济方向转型的交易公平管理体系，包括通过社会对话；支持在新技术与能源效率下的研究与创新；

（11）支持公共服务，反对由于紧缩性财政和大量私有化所带来的公共服务缺位，确保其对于民主发展、可持续增长、就业和社会福利的必要贡献；

（12）积极开展性别平等活动，反对基于性别、种族、宗教、年龄、残疾和性取向等各种形式的歧视；欧洲联盟作为一个整体，根据其对平等、自由、民主的承诺以及各条约赋予的法治原则，必须在解决与外部移民流有关的问题上作出表率；

（13）通过促进双方工会成员的相互认可来保护移民劳动者的权利，根据东道国原则要求同工同酬、同值同酬，反对种族主义和仇外心理；此外，所有移民劳动者必须有权在东道国被告知其应有的权利；

（14）完善健康与安全标准，包括争取可保护劳动者健康并结束自由退出机制的工作时间法规，监控有关工作压力的协议，将国际劳工组织关于工作场所预防艾滋病、暴力和性骚扰的建议转换为国内法并付诸实施，优先关注肌肉骨骼疾病，加强劳动监察，保护个人数据，全面执行欧洲联盟关于《化学品的注册、评估、授权和限制》（REACH）*的规定，加强培训，每年专门用

---

* REACH 是 REGULATION concerning the Registration，Evaluation，Authorization and Restriction of Chemicals 的缩写。这是一个涉及化学品生产、贸易、使用安全的法规提案，旨在保护人类健康和环境安全，保持和提高欧盟化学工业的竞争力，以及研发无毒无害化合物的创新能力，防止市场分裂，增加化学品使用透明度，促进非动物实验，追求社会可持续发展等。该法规于 2007 年 6 月 1 日生效。——译者注

一天来庆祝和促进健康与安全事务代表者的工作;

（15）会同土耳其和西巴尔干半岛地区的附属机构协助欧洲联盟扩展工作;

（16）支持公平与可持续的全球化发展,包括欧洲联盟合作协议——但不一定是全部双边贸易协议,尤其是与哥伦比亚签订的那一份协议——并与国际工会联合会和工会咨询委员会(Trade Union Advisory Committee, TUAC)密切合作;

（17）为了世界的发展和全球贸易工会权利的竞争,推动欧洲社会模式(European Social Model)成为全球的一种积极的、可持续发展的模式,与国际工会联合会一起在全球范围内开展有关工会权利的运动;

（18）支持泛欧洲地区委员会(Pan European Regional Council, PER-C)和欧洲分区域的活动以及工会和在欧洲地中海地区(Euromed region)的社会对话;促进其与在非洲、北美、拉丁美洲和亚洲的工会组织之间的关系;

（19）要求跨国问题的罢工权利,敦促要求在欧盟法院中成立专门的劳动法庭;

（20）最大限度地利用现有的欧洲工会联合会可以使用的手段,以提升其在欧洲联盟层面的工会议程的影响范围,比如采取运动和动员行动,使用欧洲联盟机构、雇主与社会对话,发挥公众社会的力量以及社会三方峰会与欧洲联盟对外关系的作用。

第三节　欧洲社会合作伙伴对《欧洲 2020 战略》的联合声明

一、概述

228. 我们当今社会面对的挑战,与 2000 年设立《里斯本战略》时所面临的情形一样,且属于长期挑战:它不仅涉及全球化、人口老龄化以及向低碳经济转型的问题,而且也包括建立在平等机遇与平等待遇基础上的、更具有凝聚力的社会。然而,经济危机进一步增加了欧洲联盟制定连贯而艰巨的政策议程来应对这些挑战的迫切性。越来越多的证据显示,欧洲的发展速度落后于全球经济复苏水平。欧洲的目标应该是走向可持续增长的道路,在财政可持续性增长的同时,确保快速恢复经济可以提供更多更好的就业岗位。各成员国与欧洲联盟各机构应有明确的目标以及更艰巨的责任,以集体责任感去实现这一目标。同样重要的是,欧洲应从经济与金融危机中吸取经验教训,确保不会重犯错误,这就意味着,应改革全球金融体系,以提高金融稳定性以及可以促进经济发展的金融业。除此之外,别无他法。这意味着欧洲需要直面就业危机,通过恢复和提高经济增长活力的方式,创造更多更好的就业岗位。通过创新、技术和生产力提升欧洲的经济竞争力尤为重要。有鉴于此,有效地调动欧洲联盟的人力资本和企业的创造性成为关键。同样重要的一点是,拥有巨大内部市场的欧洲成为经济增长的强大动力,能够提高生产力和创新能力,是其发展绿色经济的主要投入。此外,社会凝聚力也必须被视为是创造充满活力、可持续发展经济的一个先决条件。提高技术与创业能力,振兴单一市场,制定完整的欧洲联盟产业政策,支持新的金融投资手段,开展消除贫困与不平等的行动都会成为欧洲联盟未来成功的关键因素。

二、政策优先发展事项

(一) 退出与加入的结合策略

229. 宏观经济政策(Macroeconomic policies)的目标应该是,重新界定经济行动的范围并能调动必要的资源来保持经济增长性投资,同时确保公共财政与社会保障体系的持续性,以维持不同年代人员之间的社会团结与凝聚力。这意味着结合和设定退出机制,利用进入策略、技能投资、现代基础设施建设和技术来解决公共债务。这只能通过政策优先事项的重新分配来平衡公共支出、税收系统和治理机构等方面的改革,同时确保私人债务在未来保持在可持续发展水平。在欧洲货币联盟的背景下,在共享单一货币的国家之间,这一更强大、更广泛的国家经济监督政策将成为未来稳定和发展的必要条件。公共财政的可持续性必须与新的承诺一起来实现教育、培训和研究体制的卓越性,并允许有效利用新技术和现代化基础设施来应对能源与气候挑战。它需要利用公共资金和私人储蓄作为杠杆的融资新渠道,这一点应该通过更多的有针对性地利用欧洲投资银行(European Investment Bank)融资能力、欧洲联盟预算以及发展基础建设和创新融资的市场来实现。

(二) 促进知识三角(教育、科研与创新)的发展

230. 欧洲必须进一步发掘其在有技能的劳动者、科学、研究和技术等方面的潜力,从而具备创新能力并作为其竞争力的关键要素。无论如何,知识三角的要求必须始终为《欧洲 2020 战略》的核心内容。在此背景下,创新的理念必须扩展到各类非技术领域的创新,包括"社会创新",以便增加对竞争力和社会凝聚力都十分重要的社会资本。欧洲在创新和继续教育方面的投入不足正在加剧经济问题的恶化,影响其劳动生产力。展望未来,我们会发现工作方式正在发生变化。雇主对劳动力技能需求、劳动者将其富有生产力的就业与家庭生活和个人发展相结合的需求也都发生着变化。欧洲不仅必须提升和更新劳动者的技术水平,也必须确保劳动者具有劳动力市场所需要的、可完全使用在高质量的工作岗位中的技能。全面的终身学习战略是劳动者的就业保障。树立有效的理念对劳动者的初期与继续培训、创造就业十分重要;采取有效措施为消除进入并留在劳动力市场的歧视尤其是对那些因教育程度不足而被排除在劳动力市场之外的人员。接受过良好教育和具有创新能力的劳动者是市场竞争的关键因素,是经济繁荣的前提条件。这对于创造出富有生产力的、需要熟练技巧的工作岗位来说必不可少。

(三) 就业与社会政策

231. 各成员国已经采取措施来缓解经济危机对社会和就业的影响。但是在 2009 年,成员国的失业人数已高达 2300 万人,且目前青年人失业率已超过了 21%,许多人面临不确定的就业形势。欧洲的就业率大幅落后,

目前仅三分之二的劳动力实现了就业。《里斯本战略》所规划实现的70%就业率目标远远低于经济危机之前的数据。这是欧洲联盟目前急需关注的问题,它也是欧洲劳动力市场所面临的中长期挑战。因此,《欧洲2020战略》应在解决经济危机对就业的影响与采取改革措施来解决欧洲劳动力市场面临的中长期挑战之间进行适当的平衡。增加具有较高生产力的就业应成为欧洲发展的主要目标。具体来讲,至少2%的平均增长速度应成为欧洲联盟未来几年的发展目标。创造更多更好的工作岗位并保持相当高水平的经济增速,才是欧洲联盟实现75%就业率目标并成功解决人口老龄化对劳动力市场和金融危机影响的前提。从2010年开始,人口老龄化导致劳动力人口的减少,到2020年将超过300万甚至更多。如果欧洲联盟继续无视这一趋势,不仅会破坏其社会保障体系,而且会丧失商业机会并影响相关就业岗位的创设以及经济增长。为实现这些目标,在欧洲建立现代劳动力市场迫在眉睫。为创造更多更好的就业岗位,欧洲社会合作伙伴呼吁成员国实施恰当的混合政策措施,以一种整体和平衡的方式来解决劳动者与雇主间的灵活性和安全保障的问题(包括劳动法和合同安排、高品质且有效的劳动力市场政策、终身学习政策、有效且可持续的社会保障制度以及社会对话等)。此外,欧洲社会合作伙伴呼吁各成员国审查劳动法与就业保护体系的设计,在必要时做出调整,并与社会合作伙伴一起开展集体谈判,以期:

——确保所有劳动关系在灵活性和安全性之间达到最佳平衡;在所有形式的合同下保障劳动者的安全以应对劳动力市场分化;

——制定补充性的就业保障措施,以推动转型期的企业提供富有生产力和奖励性的工作岗位;

——在劳动法的范畴、涵盖和实施方面增强雇主与雇员之间的法律确定性与透明度;

——在国家层面上实施和尊重欧洲社会指令中的原则与规定,其中包括源于欧洲社会合作伙伴的框架协议,以及平等对待和不歧视等基本原则;

——促进稳定的劳动关系与可持续发展的劳动力市场等实践。

232. 灵活保障政策必须与合理的宏观经济政策、良好的经营环境、充足的财政资源及良好的工作条件相适应。

特别是,通过社会合作伙伴自主设置的薪酬政策应确保实际工资的发展与生产力发展趋势相一致,同时非工资的劳动力成本适当受到限制,以支持劳动力需求。

失业和贫困问题以及不成比例的高管薪酬必须得以讨论并着手解决,确保薪酬和企业的长期成功经营和健全的管理实践相一致。努力确保各项措施真实有效地在合理的层面上实施。在政策措施的制定和能力需求上,成员国也应该包括社会合作伙伴的参与,比如,在整合成员国国内改革的各项政策措施方面。欧洲社会合作伙伴进一步呼吁成员国在制定政策措施时应有社会合作伙伴的参与,并在必要时发展其能力;整合国家改革方案的各项政策措施,努力确保各项措施在合理的层面上可以真正有效地落到实处。对于社会合作伙伴来说,他们在应对的灵活性与安全性方面,必须积极促进政策措施的制定和实施。最后,加强工作与家庭生活之间的平衡对于增强性别平等和进一步提高女性劳动者的参与度是一个重要因素。

(四)支持性的公共环境以及获得高品质、可承受、有成效的公共服务

233.《欧洲 2020 战略》应解决公共服务的可使用性、质量保证与有效性;培养服务的创新性与现代化能力。有效的公共服务为企业的发展和公民的生活质量提供了重要的基础。欧洲的民营企业,尤其是中小企业,在很大程度上依赖于公共服务的质量与可使用性,如运输和信息与通信技术基础设施、教育与培训体制、就业和商业支援的服务。其服务的可使用性、质量、效率与效益必须提高,包括受益于均衡的公私合作伙伴关系与现代化的公共管理体系。高效可持续的社会制度可提供收入支持,促进劳动力市场流动与整合,这也是公民福利和民营企业力量的一个关键性先决条件。此外,确保公平竞争的高效法规与可靠的法律框架在社会市场经济中至关重要。因此,提高监管质量和加强执法是欧洲联盟当务之急。这需要适用《欧洲小企业法案》(European Small Business Act),包括承诺的"着眼于小处"原则。

三、治理和程序

234. 虽然成员国对于结构性改革的实施负有主要责任,但其仍需有一个合适的欧洲框架,以便以一种协调一致的方式来实施这些改革措施。这样一份欧洲框架的缺失是《里斯本战略》未能实施的主要原因之一。因此,欧洲有必要审视在协调结构改革尝试中的所有权与问责制问题。新的战略重点必须作为标杆,以明确国家层面的结构性缺陷,确定一个明确的量化目标和期限并予以实现。欧洲联盟委员会应密切监控进展情况,在成员国没有履行其约定承诺时行使其警示权。

235. 综合性的指导纲要为各成员国共同的改革优先事项提供了基础,但应减少纲要的数量,欧洲联盟应更关注增长、竞争力、更多更好的就业岗位和社会凝聚力的总体目标。成员国的国家改革计划和针对具体国家的建议必须以透明分析和评估的结果为基础,有针对性地解决国家结构性缺陷的问题。新的治理机制的成败取决于在欧洲、国家、区域和地方等层面的社会合作伙伴在设计和监督欧洲和国家改革战略中的进一步参与。成员国应通过尊重社会合作伙伴的自主权,协调和支持他们的活动,尤其是在做出如何使用欧洲社会基金中的能力建设资金的决定上与他们联系,从而进一步支持雇主组织与劳动者组织之间的信任与社会对话的氛围。最后,欧洲联盟的下一个多年财政框架必须反映出《欧洲 2020 战略》的目标。

第三章 欧洲联盟在劳动法领域的权限

第一节 概述

236. 我们可以明确地说,保护劳动者作为欧洲联盟的一个明确目标,而且一直从属于欧洲联盟的经济目标,这从一开始就备受争议。社会进步"这辆火车的车尾"应该被经济发展"这辆火车车头"带动的逻辑思维显然占了上风。

1955年,各国政府要求专家组对这一问题进行研究。当时,大多数专家认为没有必要在《欧共体条约》中设立具体的社会条款,只有法国政府强调成员国之间工资和工作条件的差异可能会影响企业在共同市场中的竞争。因此,欧洲的诸多条约很少包括允许切实可行的社会保护与劳动法政策存在的具体权限。欧洲联盟"这条大船"在社会政策方面却变成了"短桨的小船",其权限在这一领域受到了明显的限制。我们再次重申,欧洲各机构仅能在条约(明示或暗示)赋予的权限内约束各成员国。对于其他事项,各成员国政府保持有独立主权地位。

第二节 欧洲联盟

一、欧洲联盟各项目标的优先顺序:促进非通货膨胀式的增长

237. 欧洲联盟已经制定了较高的目标,其中:

（1）联盟的目标是促进和平，提升其价值和保障其人民的福祉（Well-being）。

（2）联盟应为其公民营造一个自由、安全、公平且没有内部边界的地区，并且在外部边境控制、庇护、移民及预防和打击犯罪方面采取适当措施的同时，保障个人的自由流动。

（3）联盟应建立其内部市场，为欧洲的可持续发展服务。这一发展应基于平衡的经济增长、稳定的价格、高度竞争的社会市场经济，致力于充分就业与社会进步、高水平的环境保护与环境质量的改善。

联盟应促进科技进步。

联盟应打击社会排外与歧视行为，促进社会公平与社会保护、男女平等、几代人之间的团结以及儿童权利的保护。

联盟应增强其经济、社会与地区凝聚力，促进各成员国之间的团结。

联盟应尊重各国语言文化的多样性，确保欧洲的文化遗产得到保护与传承。

（4）联盟应建立一个以欧元为货币单位的经济与货币联盟。

（5）在与更广阔的世界其他地区和国家的关系中，联盟应维护并提升其价值与利益，更好地保障公民的权利。它应当致力于全球和平、安全与可持续发展，各国人民之间的团结与相互尊重，自由与公平贸易，消除贫困和保护人权，特别是儿童的权利，以及严格遵守和发展国际法，包括对《联合国宪章》各项原则的尊重。

（6）欧洲联盟应当以条约中所赋予的、与其权限相符的适当手段来实现其各项目标。

238. 为了有效评估欧洲继续实施的就业与社会政策所具有的社会相关性与重要性，我们必须仔细讨论以下各点：

（1）在欧洲联盟所有整体的目标事项中，各项目标的优先性如何；

（2）欧洲联盟采用的这些方式在实现各项社会目标时是否恰当；

（3）各项目标的优先顺序及其实现方式在实现总体社会目标时所产生的后果及其对整个社会和公民福祉的影响；

(4) 最后，有必要评估在欧洲建构过程中所隐含的社会政策模式。我们会把这一模式与那些社会经济体系相同或对等的国家在不同时期的发展经验进行对比。①

在分析欧洲联盟实现不同目标的先后顺序时，我们必须承认，欧洲社会政策，尤其是就业战略部分，附属于欧洲联盟的总体经济与货币目标。我们可以通过分析《欧洲共同体条约》，尤其是《阿姆斯特丹条约》的文本来得出这一结论。

实际上，在欧洲联盟各种不同目标中，位于首要地位的是，非通货膨胀式的经济增长(Non-inflationary growth)以及符合欧洲货币联盟的经济政策，即低通货膨胀率、可控制的公债等。这些也就是众所周知的马斯特里赫特准则(Criteria)。

根据《欧洲联盟运行条约》中就业篇章第146条的清晰规定可以推断出这一结论：

成员国通过其就业政策促进这些目标的实现……其实现方式应符合成员国与共同体经济政策的普遍纲领……

换而言之，各成员国的就业战略首先必须不能导致通货膨胀。根据《欧洲联盟运行条约》的规定，社会政策将会考虑维持共同体经济竞争力的需求(第151条)。

鉴于其应有的重要性，请允许我们再次强调这一结论：包括就业措施在内的社会政策必须避免通货膨胀，并能维持欧洲经济的竞争力。

1997年由荷兰担任轮值主席时的政府间工作会议即指出如下发展方向：

"欧洲有必要振兴一种可持续的、高速的非通货膨胀式增长，以长期解决共同体的失业问题，并能进一步建立稳定的公共财政(Public finance)。"

"这些社会目标首先将接续共同市场功能之运作，此举有助于社会体系之间的和谐。"(《欧洲联盟运行条约》第151条)

如此一来，这无疑促使欧洲联盟在实现其崇高目标的时候，其功能将大

---

① 最后一点，详见：R. Blanpain, *Institutional Changes and European Social Policies after the Treaty of Amsterdam*, Kluwer, The Hague, 1998, pp. 5-65。

受限制。

二、社会目标

239.《欧洲联盟运行条约》第十章所规范的是社会政策。当我们在阅读《欧洲联盟运行条约》第151条的规定时,其基本哲理相当明确。

> 欧洲联盟与成员国牢记1961年10月18日于意大利都灵签署的《欧洲社会宪章》及1989年所签署的《共同体劳动者基本社会权利宪章》中所设立的基本社会权利,在完善这些权利的同时,应以促进就业、改善生活与工作条件为其努力目标,以便实现社会和谐。其次,应提供适当的社会保护,鼓励劳资之间的对话,发展人力资源策略,以实现持久性的就业并致力于反对社会排外现象。
>
> 为此,共同体与成员国的实施措施应考虑各国不同形式的实践,特别是在合同关系方面,维持欧洲联盟经济竞争力的需要。
>
> 欧洲联盟与成员国认为,这种发展趋势并非仅仅是因为它有助于各种社会制度相互协调的共同市场运作,而且也由于《欧洲联盟运行条约》规定的程序以及法律、法规或行政措施(Administrative action)中条款的趋同化。

三、基本权利与权限

(一) 基本权利

1. 基本原则

240.根据《欧洲联盟条约》第6条的规定,欧洲联盟认可《欧洲联盟基本权利宪章》所设立的各项权利、自由与原则,这些内容与欧洲联盟各条约具有同等的法律价值。

这些基本权利由《欧洲人权与基本自由保护公约》保障,源于各成员国共同的宪政传统,它们构成了欧洲联盟法的基本原则。

2.《欧洲人权与基本自由保护公约》

241.《欧洲联盟条约》第 6 条第 3 款规定,《欧洲人权与基本自由保护公约》所保障的基本权利,源于各成员国共同的宪政传统,它们构成了欧洲联盟法的一般原则。如前所述,这也是欧盟法院一直坚持的意见,因此不具有太多的附加值,但非常重要的是欧盟法院在这一问题上所起的作用。实际上,这就意味着欧盟法院可能会按照人权公约的规定来审查欧洲联盟理事会、欧洲联盟委员会与其他欧洲联盟机构或指令所采取的任何行动。

3. 基本社会权利

242.《阿姆斯特丹条约》、《尼斯条约》或《里斯本条约》中并未包含可赋予基本社会权利具有可执行法律效力的主张。然而,《欧洲联盟运行条约》第 151 条对于这种社会权利的规定如下:"欧洲联盟与成员国牢记 1961 年 10 月 18 日于意大利都灵签署的《欧洲社会宪章》及 1989 年签署的《共同体劳动者基本社会权利宪章》所设立的那些基本社会权利。"我们不必强调,这一条款规定的权利与义务并不具有法律约束力,它只是单纯的意图宣言,仅此而已。

243. 2000 年 12 月于法国尼斯召开的欧洲联盟理事会高层会议处理了有关基本社会权利的问题。自此,欧洲存在将这些权利设为具有法定权利与义务的可能性。1999 年,当欧洲联盟理事会成员在芬兰坦佩雷(Tampere)(1999)会晤时,部长们决定启动欧洲联盟基本权利宪章的起草工作。由各成员国政府、欧洲联盟委员会、欧洲联盟议会和成员国国内议会等机构的代表组成的一个联合机构将执行宪章的起草工作。其他欧洲联盟机构、社会团体和专家也应邀向该联合机构提交意见。这是把这些基本权利列入《欧洲条约》的一个很好的机会。但是,我们仍然需要进一步观察,欧洲联盟理事会的行动是否会超越单纯宣言的意义,为包括雇主与劳动者在内的欧洲公民设立直接可实施的权利。这些具有法律强制执行力的基本标准有助于把"社会化的欧洲"清楚地标注在地图上。

欧洲联盟于 2000 年 12 月 7 日在法国尼斯通过了《基本权利宪章》,但是大量权利被保留,我们会在本书后面的章节中对此进行解释。然而,就宪章的约束力而言,尼斯会议通过的这一宪章相当令人失望。欧洲联盟尼斯

高层会议的主要结论如下:

> 欧洲联盟政府首脑理事会乐于接受由欧洲联盟部长理事会、欧洲联盟议会和欧洲联盟委员会有关《基本权利宪章》的联合公告,这些整合在单一文本中的公民权利、政治权利、经济权利、社会权利和社交权利,到目前为止是来自各种国际、欧洲或国内等机构制定的权利。理事会希望看到宪章在欧洲联盟公民中尽可能广泛地传播。根据科隆会议的决议,理事会稍后将考虑宪章的生效问题。

2007年12月12日,欧洲联盟议会及欧洲联盟委员会通过的《欧洲联盟基本权利宪章》在《里斯本条约》[①]正式生效后会取代2000年的宪章。《欧洲联盟条约》(《里斯本条约》)第6条第1款表明,该宪章与《里斯本条约》应具有同样的法律价值。

4. 反对歧视

244. 在欧洲联盟各条约所适用的范围内,《欧洲联盟运行条约》第18条禁止任何国籍歧视行为。欧洲联盟理事会可以采取措施,禁止此类歧视行为。

其次,《欧洲联盟运行条约》第19条预见到了这样一种可能性:欧洲采取适当行动来反对因性别、种族或出生地、宗教、信仰、残障、年龄或性取向而产生的歧视。

然而,仍有因为肤色、国籍或社会背景、文化或语言、政治观点、婚姻状况与家庭责任等而产生的歧视问题并未受到条约的关注。[②]

再次,欧洲联盟理事会并不具有广泛的权限来制止这些歧视行为,其采取行动的可能性仅限于条约中所授予欧洲联盟的那一部分权力。[③]

(二) 权限

245. 为了使欧洲联盟能够依照《欧洲联盟运行条约》第151—152条的

---

① 2007/C 303/01,O.J.,14 December 2007,C 303/1.
② 然而,宣言的最后部分涉及残疾人士:"会议同意根据《欧洲联盟运作条约》第114条的规定来制订措施,共同体各机构应考虑残疾人士的需求。"
③ 《欧洲联盟运行条约》第19条第2款。

规定来实现较高的社会目标,该条约对欧洲联盟以及社会合作伙伴所享有的权限均进行了规定。

1. 欧洲联盟

A. 成员国之间的合作

246. 欧洲联盟委员会被赋予了促进各成员国之间在社会领域密切合作的使命,尤其是与以下领域相关的事项:

—劳动就业;①

—劳动法与工作条件;

—基本与高级职业培训;

—社会保障;

—职业事故与疾病的预防;

—职业卫生(Occupational hygiene);

—雇主与劳动者之间的集体协商与结社权(《欧洲联盟运行条约》第156条)。

247. 该项重要任务的完成必须通过研究、意见表达以及对成员国国家层面和国际组织相关问题的咨询等方式,在与成员国保持密切联系的情况下完成。简而言之,《欧洲联盟运行条约》第151—152条和第156条包含有广泛的目标,但是却没有足够的措施来实现这些目标。

248. 例如,有一位名为费尔南多·罗伯托·基米尼·萨拉(Fernando Roberto Gimenze Zaera)的西班牙公民,他是西班牙王国的公务员(Civil servant),想利用上述两个条款的有效性来支持自己的主张。基米尼·萨拉向欧盟法院提起诉讼,源于其雇主的一项相当不友好的决定:其雇主依据一般社会保障方案的规定,决定中止支付萨拉退休金。当时,基米尼·萨拉

---

① C. O. J., 9 July 1987, *Germany and Other v. Commission*, No. 281/285, ECR, 1987, 3203. 促进来自非成员国的劳动者融入劳动力市场的事项必须在社会领域内举行,并且在条约第140条的指导下与就业密切相关。这也适用于他们融入社会的情形。关于移民群体的文化融入问题,它在某种程度上会受到移民政策的影响,这些移民群体与其他外国人在总体上没有区别,但其涉及就业与工作条件的问题则极度严峻。

虽为公务员,但退休金来自他之前所服务的民营部门。① 西班牙法院判决适用的依据是1983年的一项法案,该法案规定,公务员获得社会保障方案所支付的退休金的行为与其从事有偿公共管理的职能、职业或行动不相符。基米尼·萨拉认为,这一判决与《欧洲联盟运行条约》第151条所承诺的"促进劳动者生活条件与水平的改善"目标不符,而且与该目标背道而驰。他想知道,第151条的规定是否只是一纸空文。更具体而言,在基米尼·萨拉提出上诉的同时,承办该案的西班牙法官也想了解,《欧洲联盟条约》第3条和《欧洲联盟运行条约》第151条和第156条的规定是否与取消(私营部门)支付退休金的决定相一致,尽管该员工当时在公立机构工作并取得报酬。

249. 欧盟法院在答复西班牙法官的问题时,仔细而谨慎地从《欧洲联盟条约》第3条的规定说起。该条款目的落实是该条约的核心目标。法院认为,就迅速提升劳动者的生活水准而言,特别是这一点,正是促使欧洲联盟的目标形成的原因之一。由于这一术语的概括性、欧洲对设立共同市场的系统性依赖以及各国经济政策的不断趋同化,该条约并不能将这一目标视为成员国的法定义务,也不会赋予个人这一权利。

250. 欧盟法院一直主张条约第151条在本质上具有计划的性质。然而,这并不意味条约第151条不具有任何法律效力。该条款对于解释条约和欧洲联盟次要法律的有关社会领域的其他条款提供了重要的协助,然而上述目标的实现必须是由相关主管机构界定社会政策的结果。②

《欧洲联盟运行条约》第156条的规定就不会侵犯成员国在社会领域所享有的权力,这是因为社会领域的权限并未被条约的其他条款所涵盖,例如劳动者的自由流动、共同农业政策或共同运输政策。尽管如此,该条文却规定有关权力的运作必须在成员国之间的合作架构下由欧洲联盟委员会来安排。就这一点而言,我们必须强调,当《欧洲联盟运行条约》的一个条款——本案涉及的

---

① C.O.J., 29 September 1987, *Gimines Zaera v. Instituto de la Seguridad Social y Tesoria General de la Seguridad Social*, No. 126/86, ECR, 1987, 3697.

② 这一点已被以下案例所证实:*Stoman Neptun Schiffarts AG v. Seebetriebsrat Bodo Ziesemer der Sloman Schiffarts AG*, No. C-72/91 and C-73/91, 17 March 1993, ECR, 1993, 887.

是第156条——赋予欧洲联盟委员会具体任务时,后者必须接受。假如该条款并非完全只是一纸空文,那么它就赋予了委员会这项必要的权力,这也是执行该任务所不可缺少的权力。据此,第156条第2款必须被解释为赋予欧洲联盟委员会安排这些协商事宜所需的必要权力。为了履行协商安排这一任务,欧洲联盟委员会必须能够要求成员国告知重要的信息,首先用来明确问题,其次是提出可供成员国未来可能采取共同行动的指导纲要。同样,欧洲联盟委员会必须能要求成员国参与协商。由于委员会仅具有单纯的程序性权力来启动协商安排,它并不能决定协商的结果,也无法阻止成员国实施委员会可能会认为与共同体政策和行动不符的草案、协议与措施。①

251. 与此同时,我们并未忘记费尔南多·罗伯托·基米尼·萨拉一案。该案的结果是成员国政府保留有管理社会事务的权限,而欧洲联盟无权加以转移,至少在私人退休金与公立机构支付的问题上如此。不幸的是,基米尼·萨拉所处的情况和时机都不对。

B. 立法权限

(1) 社会事项

252. "社会政策"这一议题允许欧洲联盟在许多领域为达成《欧洲联盟运行条约》第156条所规定的目标,采取特定多数或全体一致同意的投票方式,来制定相关法规、指令或建议。第156条所定的领域相当广泛,但是它排除了与"薪酬待遇、结社权、罢工权或闭厂权有关的事项"。此外,根据本条款[第156条]通过的规定不应阻止成员国保留或引进更多(严格的)与条约相一致的保护性措施(第153条第4款)。

253. 我们认为,欧洲必须采取特定多数通过的各项议题与全体一致同意的事项之间似乎存在着一种微妙的关系。例如,男女平等待遇方面的议题有可能会适用特定多数的投票方式,其采取的措施可能会包括劳动保护因素在内。比如说当一名受到歧视的劳动者向劳动监察单位提出申诉时,其雇主不得因为该申诉行为而解雇该申诉人。而有关就业保障的劳动保护则明显属

---

① C. O. J., 9 July 1987, *Germany and others*, No. 281/285, ECR, 1993, 887.

于全体一致同意才能通过的事项。虽然如此,根据格言(Adage)合理的主要推论(Accessorium sequitur principale),整体上属于平等待遇的事项可以依据特定多数原则来处理。我们可以从《欧洲联盟运行条约》第155条第2款(关于用理事会决议的方式来推动欧洲集体协议)最后一句的规定推理出完全相反的结论,该条款规定:"欧洲联盟理事会应采取特定多数决定方式,除非该相关条约所包含的一项或多项条款涉及《欧洲联盟运行条约》第153条第2款所提及的领域之一。在这种情形下,则应采全体一致同意的原则。"但是,这一论点并不完全具决定性的说服力。条约第155条第2款包含了一般法律原则的但书规定。假如成员国要求依据条约第151—154条的规定不适用有关共同体立法的一般法律原则,则应采取口头明示的方式(Expressis verbis)。

(a) 特定多数投票表决方式

(i) 程序

254.《欧洲联盟运行条约》第153条规定,欧洲联盟应支持并配合成员国在若干相关领域的活动,以实现条约第151条所设定的目标。我们将在后面章节讨论这些领域。

154

为此,欧洲联盟议会和欧洲联盟理事会在考虑各成员国所具备的条件与技术性规定后,可以根据特定多数原则通过指令来设立最低要求。这些指令应避免因为行政、财务及法律的强制规定而妨碍中小企业的设立(第153条第2款)。

(ii) 范围

安全与卫生

255. 为改善工作环境以保护劳动者的安全与健康,欧洲联盟可以采取特定多数投票决定原则通过指令。至于条文中所提到的保护劳动者安全与健康的工作环境,我们指的是《欧洲联盟运行条约》第153条的规定。①

---

① 参见本书"个人劳动法"部分第七章第二节第一部分。

劳动条件

256. "劳动条件"是个内容相当广泛的概念,它涉及与工作环境相关的所有条件,而该工作则是指受雇者服从雇主,以提供劳务来获取报酬的行为,例如:

——不同职业类别的劳动者:蓝领、白领、商业代表、海员、工读生……;

——个人劳动合同,包括无固定期限的合同(Contract for an indefinite period)、有固定期限的合同(Fixed-term contract)、临时工作、合同的试用条款(Trial clause)、合同形式与内容,以及签署劳动合同的能力(例如未成年人与移民劳动者);

——劳动合同期间的权利与义务,也就是劳动者因此应履行的义务,包括执行雇主的命令、损害赔偿责任等;同样,雇主也应履行其义务,如提供受雇者与个人劳动合同相符的工作、雇主应为劳动者私人物品所负的责任、改变工作条件的能力……;

——工作时间,包括工作小时数、兼职工作小时数、超时工作(Overtime work)、夜间工作、轮班工作(Shift work)及假日工作以及年假与假日等;

——因疾病、工作意外、兵役及不可抗拒因素所导致的丧失工作能力的情形,这包括履行工作义务的后果以及劳动者在丧失工作能力(Incapacity to work)时雇主是否应中止执行(个人劳动)合同;

——对某些类别的劳动者的保护,使其不会受到歧视:这里主要是指青少年、老年、残障及女性劳动者、为人母的劳动者等群体,应在促进其就业、晋升和职业培训等方面采取平等待遇的措施;

——竞业禁止(Covenants of Non-competition):这些劳动合同条款涉及员工不得经营或从事与其雇主具有竞争性的工作的规定,无论是该个人劳动合同已经终止或者即将终止;

——有关劳动者发明的保护条件。

获得信息与咨询的权利

257. "信息"(information)一词的含义看似简单:它是指知识的交流。向劳动者提供信息意味着劳动者对于雇主提供的信息可以要求其进一步说明并提出疑问。然而,"咨询"(Consultation)一词的含义则比较模糊而且极易混淆。我们可以从许多不同的层面来界定其含义。以英国为例,"咨询"是指专属管理权范畴内的主题,而"协商"(Negotiation)则是指劳资双方共同规范权力范围内的相关事务。① 因此,咨询是指:(a)咨询的事项,以及(b)劳动者对于管理者决策的影响。其他人则强调咨询的含义还应包括:(c)执行的性质:咨询则会涉及共同利益的问题,而协商则涉及劳资因冲突关系而产生的问题。② 学者 A. 马什(A. Marsh)指出:

> 从理论上讲,咨询与协商的区别可从其主张加以判断:咨询属于非竞争性而具有整合性的行为,而协商则具有竞争性,其所关切的是短暂而令人不满的妥协。因此,咨询是被用来解决冲突的形式,而协商仅包含有冲突。③

就个人的看法而言,我们更倾向于按照劳动者对管理者决策的影响这一观点来界定"咨询"一词的含义。那么,咨询就是指劳动者向雇主提供意见并由雇主自行决定的行为。这意味着,雇主在倾听劳动者代表的观点后,依然保留有作出决定的权力。劳动者一方的意见不需要依照全体一致同意原则或多数同意原则进行考虑,除非确有必要,例如根据雇主或劳动者的要求,或者法律规定要求这样做。咨询包括观点交换,无论是赞成还是反对的主张,无论是短暂的交流还是深度的讨论。

然而,在实践中区分咨询和协商则有些困难,这是因许多欧洲联盟的指令使用如下文字表述:"为达成一致意见而进行咨询"。④ 我们对此的看法是,当雇主就相关事务征求劳动者的意见时,该文字所表述的意思似乎超过了严

---

① IELL, *Great Britain*, 1992(第 42 段)。
② 参见以下文献:*La Participation des Travailleurs aux Décisions dans L'entreprise*, Geneva, ILO, 1981, 22 and ILO Recommendation No. 94 of 1952.
③ *Concise Encyclopaedia of Industrial Relations*, Oxford, 1979, p.100.
④ Directive of 1998 on Collective Redundancies or the 2001 Directive on Acquired Rights.

格意义上的咨询。该条文所要求的内容似乎更多：参与咨询协商的各方当事人要努力达成协议。这实际上已经脱离了咨询而落入了协商的范畴。

258. 劳动者知情权与咨询权的落实涉及许多问题：这些问题必须由欧洲联盟的立法者或社会合作伙伴通过欧洲集体协议来解决，尽管不太可能达成集体协议，因为雇主们并不喜欢讨论此类议题。

最重要的问题包括：

——主题事项、信息类别与咨询主题；

——企业（工厂或团体）内所涉及的实体以及联系决策者的渠道；

——提供信息或进行咨询的时间；

——提供信息或咨询的对象；

——企业总部帮助分公司提供所需信息及进行有意义协商的义务；

——信息分享的保密问题以及咨询过程。①

259. 我们认为，欧洲联盟在处理"信息与咨询"问题时的权限似乎应包括有建立起可提供信息或安排咨询的机制与架构的权力，例如建立欧洲劳资联合委员会等。

平等待遇

260. 另一项可适用特定多数投票原则的领域是"男女劳动者在劳动力市场机遇和工作待遇等方面的平等"。显而易见，这一权限也属于共同体的法律规范。这里，我们按照《欧洲联盟运行条约》第157条以及有关男女平等待遇的指令等规定，使其意义更加明确。②

受到社会排斥的人士融入社会

261. 这一权限涉及在不违反《欧洲联盟运行条约》第166条规定的情况下有关被劳动力市场排斥在外的弱势群体。该条款属于《欧洲联盟运行条约》有关教育、职业培训、青少年与运动的第十二项标题。

(b) 全体一致投票原则

---

① 参见以下著作：R. Blanpain, *Comparative Labor Law and Industrial Relations*, 1st edn, 1982, pp. 208-219.

② 参见本书"个人劳动法"部分第五章。

(i) 程序

262. 依据《欧洲联盟运行条约》第 153 条第 2 款的规定,欧洲联盟议会和欧洲联盟理事会在咨询经济与社会委员会和地区委员会的意见后,针对欧洲联盟委员会的提案在若干领域采取全体一致投票的原则做出行动。

(ii) 范围

劳动者的社会保障与社会保护

263. 欧洲联盟必须采取全体一致投票原则来决定有关劳动者的社会保障与社会保护事项。

工作岗位保障

264. 全体一致投票原则也同样适用于对劳动合同已经终止的劳动者的保护。该议题涉及各种终止劳动雇佣关系的方法,例如通过劳动者同意、通知、立即解雇(Immediate dismissal),或通过司法途径以及类似渠道。该议题还包括解雇通知的条件、解雇原因、重新恢复劳动关系、对工厂工会代表(Shop steward)、劳资联合委员会成员、监事会(Supervisory Board)成员、怀孕的女性劳动者等群体的特殊保护,各种形式的补偿、解雇费(Redundancy payment)及类似的事项。我们认为,就业保障应包含个别与集体解雇(Collective dismissal)的情形。

代表与包括共同决策在内的集体保护(Collective defense)

265. 代表与集体保护劳资利益的行为,包括共同决策在内,必须结合《欧洲联盟运行条约》第 153 条第 5 款的规定来加以讨论。该款表明,条约第 153 条的规定并不适用于"薪酬、结社权、罢工权及闭厂权(Lock-out)"。

266. 这里所指的劳动者代表的情形涉及劳资联合委员会、工厂工会代表、健康与安全委员会、劳动者协会等组织以及通过工会和以下不同层面的代表:厂场、企业、企业集团、跨国企业(Multinational enterprise),包括部门性、全国性及欧洲层面的企业等。共同决策[①]也包括各种形式的劳动者参与,诸如通过(被

---

① 参见本书"集体劳动法"部分第二章第三节。在英国,人们几乎完全用于描述西德行业民主的形式(M. Terry and L. Dickens, *European Employment and Industrial Relation Glossary*, London, 1991, p. 48)。

选举的)雇员、工会代表或受员工授权(所谓的荷兰模式)的个人加入监事会或公司管理层等形式的参与。当然,雇主则主要由其组织作为代表。

267. 劳资权益的集体保护应考虑条约第153条第5款的规定及劳资双方的代表性,它主要是指集体协商。该议题涉及有权限达成集体协议的指定当事方、集体协议的内容与形式、协商的层次、协议的约束力、协议的延期程序等。此外,我们还可以加上通过调解、和解或仲裁等方式处理劳资纠纷的情形。

第三国国民

268. 这一权限涉及那些来自非成员国但合法居住在欧洲联盟领土内的第三国国民的就业条件。这些非成员国的国民,当他们具备劳动者身份时,并没有像成员国的国民那样在联盟内享有自由流动权,因此无疑需要改善其劳动条件。

以促进就业为目的的[社保]财政支出(Financial contribution)

269. 最后一项应采取全体一致投票决定的权限是,在不违反欧洲社会基金有关规定的前提下,为促进就业提供所需的[社保]财政支出。

(c) 被排除在外的领域

270. 如前所述,《欧洲联盟运行条约》第153条的规定并不适用于"薪酬、结社权、罢工权或闭厂权"(《欧洲联盟运行条约》第153条5款)。

显而易见的是,结社权、集体协商权及罢工权或闭厂权等权利彼此之间相互联系,但它们各自并无完全成熟的适当含义。事实上,劳动者为了能够集体保护其利益而团结在一起,他们以市场力量为基础,通过集体协商的方式并辅以罢工这一最终的武器进行集体保护。对于雇主而言,在其他条件相同的情形下(Ceteris paribus)也可以采取同样的行动。而根据国际劳工组织相关公约,自由结社权包括罢工权。[①] 正如我们在前文所述,没有罢工权的集体协商(Collective bargaining)形同集体乞求(Collective begging),自然就无法清楚地分别界定这些权利。

---

① W. B. Creighton,'Freedom of Association', in *Comparative Labour Law and Industrial Relations in Industrialized Market Economies* (ed. R. Blanpain) 10th edn, Deventer, 2010.

271. 因此,有关薪酬、结社自由、罢工与闭厂权完全属于各成员国主权的事务。然而,这些不同的概念——结社权、罢工权与闭厂权——则有欧洲联盟的法律定义。实际上,为了判断欧洲联盟在处理某一特定问题是否在其权限范围内时,及时了解这些权利的内涵至关重要。鉴于其社会政策标题以建设欧洲社会化为目的的事实,《欧洲联盟运行条约》第153条第5款必须被视为属于一般原则的例外,因此必须严格地予以解释。与此同时,有意思的是,[成员国]最高缔约代表在马斯特里赫特的会议中将罢工权与闭厂权置于相同重要的地位,但这与许多成员国的国情不同,例如意大利与法国。

(i) 薪酬

272. 我们假设可以援引《欧洲联盟运行条约》第157条的规定来界定有关薪酬的概念,这一条主要处理有关男女劳动者平等报酬的问题。① 在众多成员国之间,劳动成本仍存在重大差异。然而,这些差异可通过相关成员国对其生产力水平的对等变化来协调。

(ii) 结社权

273. 结社权包含有设立和加入或不加入工会、员工协会或雇主协会等组织的权利,上述组织有权自行制定其章程及规则、选举其代表并制定其工作计划。它包括设立并加入全国性雇主协会与工会联合会、联盟以及加入欧洲或国际组织的权利。该权利也包括获得法人资格、拥有自己的财产、签订合同等事项。

(iii) 罢工权或闭厂权

274. 罢工权涉及"劳动者(集体)拒绝继续工作,通常但不一定是某个工会组织的行动,以此向雇主或政府施压"。②闭厂则是指"雇主因涉及劳资纠纷而采取否认员工工作可能性的做法"。③

(2) 不同法律体系间的趋同性

275.《欧洲联盟运行条约》第115条赋予了欧洲联盟广泛的权力,并允

---

① 参见本书"个人劳动法"部分第四章。
② Terry and Dickens, *op. cit*, p. 188.
③ 同上,第126页。

许欧洲联盟理事会以全体一致同意的投票方式"对于直接影响其内部市场设立或运作的相关法律、法规或行政命令,可通过发布指令来寻求各成员国不同法律之间的趋同性"。

276.《欧洲联盟运行条约》第114条已经作为制定社会领域重要指令的法律依据,所涉及的问题包括企业转让、集体解雇与企业破产等。

277. 我们从《欧洲联盟运行条约》第153条中排除《里斯本条约》所覆盖的主题部分也可以得出同样的主张。

我们可以提出这样的推论,单一货币制的引入将会加剧成员国之间关于最低工资的恶性竞争。"社会倾销"一词经常被用来形容这一情形。

毫无疑问,任何形式的竞争与降低薪酬的做法将会对共同市场的运作产生直接的影响。以《欧洲联盟运行条约》第114条为法律依据,通过制定指令的方式来设立欧洲最低工资的做法从法律的角度而言完全可以接受。

虽然各成员国对于设立欧洲最低工资的政治意愿可能不强,但是也不存在任何法律障碍可以阻止设立这一工资标准。

对于新的第153条第5款中所提到的其他问题,可以做出相似的推论。

278. 各成员国之间在有关罢工的法规与立法、政府或法院的介入方式等方面的差异,可能会对内部市场的运作产生直接的影响。此外,某些形式的罢工行动甚至对内部市场的运作产生更直接的影响。

例如法国卡车司机大罢工的行动就是一个很好的例证。该行动不仅导致法国国内交通瘫痪,而且对于法国及其他国家的工业生产都带来了直接的影响。由于此类行动会直接影响共同市场的运作,因此从法律角度来看,由欧洲联盟采取行动似乎完全可以接受。

正如条约修订之前所规定的那样,《欧洲联盟运行条约》第153条预见到,设立最低标准的相关指令会避免出现由于此类行政、财政与法律上的限制而导致影响中小企业设立与发展的问题。成员国在一项针对《阿斯特丹条约》的声明中宣称,"中小企业的敏感性"要求不允许中小企业的员工因此而遭受歧视。根据欧盟法院的判决意见,中小企业的敏感性要求允许此类企业采取特定的经济措施,但这不妨碍欧洲联盟采取任何强制性的措施

(Mandatory measures)。①

所以,欧洲联盟采取的行动似乎完全可以接受。

C. 就业政策

(1) 促进就业的协调战略

279. 在阿姆斯特丹会议中,欧洲联盟对就业目标高度重视。《里斯本条约》中的第九标题就专门规范就业问题。

《欧洲联盟条约》第 3 条第 3 款规定如下:

> 欧洲联盟应设立一个内部市场。该市场应以均衡的经济增长和物价稳定、高度竞争的社会市场经济为基础,来致力于欧洲的可持续发展,目的在于促进充分就业与社会进步、高水平的环境保护与质量改善。联盟还应促进科技进步。
>
> 联盟应打击社会排斥与歧视行为,促进社会正义与保护、男女平等、几代人之间的团结以及对儿童权利的保护。
>
> 联盟应促进经济、社会和领土凝聚力以及成员国之间的团结。
>
> 联盟应尊重其丰富的文化和语言的多样性,应确保欧洲的文化遗产得以维护与传承。

280. 条约在新的就业标题中进一步规定了"协调一致的就业战略",其要点可归纳如下:

(1) 成员国在有关就业政策方面具有优先管辖权,而欧洲联盟的作用则属于补充与协调的性质。这是依据条约就业标题中第 145 条所得出的结论。该条规定:

> 成员国与欧洲联盟应根据本标题共同制定协调一致的就业战略,

---

① ECJ, 12 November 1996, *Kingdom of Great Britain and Northern Ireland v. Council of the European Union*, Case No. C-84/94, ECR, 1996, 5775. 又见以下案件:ECJ, 30 November 1993, P. *Kirshammer Hack v. Nurham Sidal*, Case No. C-189/91, ECR, 1993, 6185.

特别是促进发展有工作技巧、经过培训、适应能力强的劳动力与劳动力市场,以此对经济变革作出反应,并实现《欧洲联盟条约》第3条所设定的那些目标。

(2) 成员国之间必须在欧洲层面协调其就业战略。此项规定属于就业标题下第145条和第146条的条文。第145条规定:"成员国与欧洲联盟应根据本标题共同制定协调一致的就业战略。"第146条:"成员国在考虑其国内劳资团体相关责任的前提下,应将促进就业作为其共同关注的事项,并依据第148条的规定,在尊重欧洲联盟理事会权限的前提下协调其行动……"

(3) 就业政策必须与欧洲联盟的经济政策,也就是欧洲货币联盟的政策相一致。①

(4) 成员国与欧洲联盟应根据本标题共同制定协调一致的就业战略。

(5) 特别是促进发展有工作技巧、经过培训、适应能力强的劳动力与劳动力市场,以此对经济变革作出反应,并实现《欧洲联盟条约》第2条所设定的那些目标(第145条)。

(6) 欧洲层面的战略应包括:

——草拟行动指导纲要;

——撰写年度报告;

——采取激励性措施;

——交换信息与最佳实践经验;

——促进创新措施以及试点项目的实施;

——制定不具法律强制力的建议(第148—149条)。

(7) 成员国国家层面的政策包括:

——实施欧洲行动指导纲要;

——起草向欧洲联盟理事会提交的年度报告(第149条)。

---

① 成员国通过其就业政策,以与成员国以及欧洲联盟根据第121条所采取的广泛经济政策指导纲要相一致的方式,致力于实现条约第145条所提及的各项目标。

(8) 欧洲联盟理事会可采取的措施"不包括促进成员国之间法律与法规一体化的事项"(第149条)。

(9) 欧洲将成立具有咨询职能的就业委员会,以促进成员国间有关就业与劳动市场政策的协调(第150条)。

(2) 欧洲社会基金

281. 欧洲社会基金旨在增加欧洲内部市场劳动者的就业机遇,并由此致力于提升劳动者的生活质量,使劳动者更容易就业,在欧洲联盟范围内增强劳动者地域性与职业的流动性,特别是通过职业培训与再培训的方式,使劳动者能适应产业与生产制度的变革(《欧洲联盟运行条约》第162条)。①

D. 同工同酬、同等待遇、同等机遇

282. 根据《欧洲联盟运行条约》第157条的规定,每个成员国都有义务确保男女劳动者可适用同工同酬或同值同酬原则。

欧洲联盟议会与欧洲联盟理事会可通过特定多数投票决定的方式采取措施,确保适用男女机会均等以及在就业与职业方面的平等待遇原则,包括同工同酬或同值同酬等原则。

平等待遇原则上不应妨碍任一成员国维持或采取某些特定措施,以使传统上处于性别不利地位的男性或女性更容易获得就业机会,或者避免并补偿因性别而造成职业发展不利的状况。

E. 职业培训

283.《欧洲联盟运行条约》第12标题规范教育、职业培训、青少年与运动等事项。依据该标题,欧洲联盟应鼓励成员国之间开展合作,致力于发展素质教育,并在必要时支持和优化成员国的行动,但必须尊重成员国在教学的内容、教育体系安排及其文化和语言多样性方面的权力。

欧洲联盟的行动旨在:

——发展欧洲层面的教育体系,特别是通过成员国语言教学与传播;

——除了其他手段之外(Inter alia),还通过鼓励成员国之间对文凭与学

---

① 参见本书第一章第三节第二部分。

习阶段的学术认可来鼓励师生的机动性;

——促进教育机构之间的合作;

——成员国就教育制度常见问题开展信息与经验交流;

——鼓励开展青年交流以及社会教育指导老师之间的交流,鼓励年轻人参与欧洲的民主生活;

——鼓励开展远程教育(第 165 条);

——发展欧洲层面的运动体系,通过促进体育竞赛的公正性与公开性和相关体育负责机构间的合作,保护男女运动员的身心完整(Physical and moral integrity),特别是最年轻的男女运动员。

欧洲联盟与成员国应与第三国及相关国际组织在教育和体育领域开展合作,特别是欧洲理事会。

就职业培训而言,欧洲联盟在完全尊重成员国负责职业培训的内容与安排的同时,应实施一种可支持并补充成员国行动的职业培训政策(《欧洲联盟运行条约》第 166 条第 1 款)。

欧洲联盟的行动旨在:

——通过职业培训与再培训,使劳动者易于适应产业变化;

——完善初步与持续的职业培训,以方便各种不同的职业融入与再融入到劳动力市场;

——方便受训者获得职业培训,鼓励培训师与受训者的流动性,尤其是青少年受训者;

——鼓励教育或培训机构与企业之间开展培训合作;

——成员国就培训制度常见问题开展信息与经验交流。

欧洲联盟与成员国应与第三国及相关国际组织在职业培训领域开展合作。

欧洲联盟理事会根据特定多数原则,在咨询经济与社会委员会、地区委员会之后,应采取措施努力实现目标,但是应排除成员国间有关法律与法规趋同化的事项(《欧洲联盟运行条约》第 166 条第 2—4 款)。

F. 带薪休假方案(Paid holiday scheme)

284. 成员国应致力于维持现有的带薪休假方案之间的对等性(《欧洲

联盟运行条约》第 158 条)。

G. 经济与社会凝聚力(Social cohesion)

285. 为了促进其全面和谐发展,欧洲联盟将制定并采取行动,致力于增强经济与社会凝聚力工作。其目的在于努力减少成员国不同地区间的发展水平与包括农村地区在内的未受关注的区域或岛屿之间的差异(《欧洲联盟运行条约》第 174 条)。

欧洲联盟也应通过一些结构性基金支持采取的行动来实现上述目标:

——欧洲农业指导与保证基金(European Agricultural Guidance and Guarantee Fund);

——欧洲社会基金;

——欧洲地区发展基金(European Regional Development Fund);

——欧洲投资银行(《欧洲联盟运行条约》第 175 条)。

H. 年度报告

286. 欧洲联盟委员会应针对《欧洲联盟运行条约》第 151 条所列出的目标起草年度进展报告,包括欧洲联盟的人口状况(Demographic situation)。该报告将提交给欧洲联盟议会、欧洲联盟理事会与经济与社会委员会(《欧洲联盟运行条约》第 159 条)。

四、欧洲联盟委员会的作用

287. 条约中有关社会政策的标题赋予欧洲联盟委员会一项非常积极的任务,并确认其为欧洲层面的提案者及促进者的作用。首先,为实现《欧洲联盟运行条约》第 151 条所设定的目标并且不影响该条约其他规定,欧洲联盟委员会"鼓励各成员国之间的合作",并且在条约该章节规定的所有社会政策领域(第 156 条)内"促进成员国行动的协调"。

其次,欧洲联盟委员会有"促进劳资双方在欧洲联盟层面咨询"的任务,应采取任何相关措施,通过确保给予劳资双方均衡支持的方式来鼓励"劳资对话"(第 154 条第 1 款)。

288. 其中,最后提及的任务非常重要。我们会在随后的章节中讨论有关促进咨询的规定。促进社会对话不仅涉及诸如欧洲企业组织、欧洲手工与中小企业协会、欧洲公共企业中心以及欧洲工会联合会等欧洲层面的联盟组织之间的互动,而且也包括欧洲行业部门或企业层面的互动关系。支持可能就意味着给予跨国性的工会会议、欧洲劳资联合委员会的运作、管理培训的安排提供财政或后勤支持,例如在欧洲层面的社会对话及相关培训活动等。根据条约第154条第1款,在欧洲企业组织的要求下,如果因为欧洲联盟委员会之前的支持不均衡而抱怨,委员会的支持行动应力求平衡并平等地对待劳资双方。

五、社会合作伙伴的参与

289. 社会合作伙伴的作用在《马斯特里赫特条约》和《阿姆斯特丹条约》之后明显得以增强:从欧洲联盟在实施欧洲联盟指令时接受咨询一直到欧洲层面的集体协商。因此,社会合作伙伴有权真正从法规的构想与草拟阶段参与欧洲的劳动立法——这在某些国家的法律规定中完全可能发生,[①]并推动理事会指令的实施。同时,欧洲范围的集体协商具备了更稳固的法律依据,而设立的相关机制也用来确保欧洲集体协议在对国际社会整体的义务($Erga\ omnes$)方面具有法律约束力。尽管如此,这些协议产生了相当复杂的法律属性问题,最终可能有待欧洲联盟进一步立法来解决。

(一) 欧洲联盟层面的咨询

290. 欧洲联盟委员会具有促进共同体层面劳资协商的任务(《欧洲联盟运行条约》第154条第1款)。为此,欧洲联盟委员会在提交社会领域的议案之前,必须就欧洲联盟行动的可能方向咨询劳资双方的意见(《欧洲联盟运行条约》第154条第2款)。这就意味着社会合作伙伴在欧洲联盟理事会决定是否通过该决议之前,从一开始($ab\ initio$)就参与议案的准备起草

---

① 这些国家都存在一种所谓的扩展程序,通过(政府的)措施,令集体协议对所有雇主以及隶属于协议地域和职业范畴内的雇主和雇员具有约束力,无论他们是否属于其中一个缔约方的成员。

工作。假如在咨询社会合作伙伴之后,欧洲联盟委员会认为欧洲联盟的行动需要参考更多的意见,则应就草拟的议案咨询劳资双方的看法。后者必须向委员会提出意见,或者在适当情形下,形成自己的建议(《欧洲联盟运行条约》第 154 条第 3 款)。劳资双方因此也可以制定自己的意见或联合建议,但委员会无疑有权自行决定是否会采纳这些意见或建议。

我们认为,这种咨询是欧洲立法程序的一个主要组成部分;同时可能也提供了一种欧盟法院有权宣告该决议无效的理由,假如欧洲立法程序所要求的这种咨询未获得适当尊重的话。

1. 程序

291. 在此背景下,欧洲联盟委员会在 1993 年的《官方通报》(Communications)中[①]指出达成协议应包含以下两个阶段:

(1) 第一阶段

《欧洲联盟运行条约》第 154 条第 2 款明确规定,欧洲联盟委员会在提出社会政策领域议案之前,应就欧洲联盟行动的可行方向咨询劳资双方的意见。

(2) 第二阶段

假如在咨询社会合作伙伴之后,欧洲联盟委员会认为联盟的行动需要参考更多的意见,则应就草拟的议案咨询劳资双方的看法。后者必须向委员会提出意见,或者在适当情形下,形成自己的建议(《欧洲联盟运行条约》第 154 条第 3 款)。

根据已有的经验,欧洲联盟委员会提出以下程序:

——社会合作伙伴的第一阶段咨询应在收到欧洲联盟委员会的通知后举行。该咨询应采书面形式,或者,如果社会合作伙伴认为确有必要时,也可召开临时会议,但其咨询期限不应超过六星期的时间。

——欧洲联盟委员会在收到第一阶段的咨询意见后决定其立场,同时将

[①] Commission Communication: Adapting and Promoting the Social Dialogue at Community Level, 20 May 1998, COM (89) 322.

167 决定是否进行第二阶段的咨询。

——第二阶段的咨询将在社会合作伙伴收到欧洲联盟委员会的第二阶段通知后展开,欧洲联盟委员会的第二阶段通知将包括草案的内容及相关的法律依据。

在进行第二阶段咨询时,社会合作伙伴应以书面形式,或者如果社会合作伙伴认为确有必要时,也可召开临时会议,对草案文本是否同意提出各自的看法。如果必要,社会合作伙伴应就草案内容提出能反映其共同立场的建议。第二阶段的咨询期限同样不得超过六星期的时间。

这一新的咨询程序将不会完全取代原有的安排,特别是在涉及使用相当成熟的三方咨询委员会(Tripartite Consultative Committee)进行咨询方面。特别要指出的是,以下委员会或许将成为社会合作伙伴咨询的运作机制,开展《欧洲联盟运行条约》第154条所规定的适当咨询:工作场所安全、卫生与健康保护咨询委员会、劳动者自由流动咨询委员会、移民劳动者社会保障咨询委员会、欧洲社会基金、职业培训咨询委员会与男女平等机遇咨询委员会。① 有时候,上述两种程序可能会平行使用,这主要取决于特定提案的主题事项。然而,欧洲联盟委员会将确保不会发生重复咨询的情形,以及不同程序的所有阶段应保持最大程度的透明。

292. 在2002年6月26日的《官方通报》中,欧洲联盟委员会指出,为了落实和监督社会合作伙伴通过谈判达成的协议,有两种途径可供选择:

——欧洲联盟委员会提出了一项理事会决定议案,隶属于《欧洲联盟运行条约》第153条所规范的领域。这一行动发生在委员会对以下事项的审查之后,并且是应缔约方的联合要求而为:对具有充分代表性的订立合约的双方、根据欧洲联盟法来确定所有相关协议条款的合法性以及涉及中小型企业的条款,社会合作伙伴的协议先提交给欧洲联盟议会征求意见,然后转交给欧洲联盟理事会供其决定。在这种情况下,如果涉及社会合作伙伴协商并达成一致的协议延长程序,则理事会要对社会合作伙伴提出的文本作出

---

① Communication (COM (93)) 600 final of 14 December 1993.

决定,而不能改变其实质内容。理事会决定的实施则根据使用法律文件(指令、法规或决定)的性质来监督。然而,欧洲联盟委员会认为,起草法规文本的社会合作伙伴应特别负责该法规的实施。各成员国在国家层面转换可协商达成的协议形成的共同体法规文本时应联合社会合作伙伴。委员会将系统地咨询那些已经签署关于实施报告协议的社会合作伙伴,正如育婴假和兼职工作的情况。

——欧洲层面的协议会根据社会合作伙伴和成员国的程序和实践开始生效。例如,对于改进有偿农业劳动与跨行业远程工作的谈判者可选择这一方式。在这种情况下,欧洲联盟委员会可呼吁社会合作伙伴加强现场监督程序,并准备就签署协议的执行情况进行定期报告。这些报告应重点汇报执行协议内容及其覆盖范围等方面的进展。如果是社会合作伙伴在接受委员会根据《欧洲联盟运行条约》第154条的规定进行咨询之后谈判所达成的协议,那么这种结构系统化的报告则特别必要。委员会与社会合作伙伴要么通过使用现有的预算工具,要么通过引入新机制,来审查这种监测所需的技术和后勤保障设施。展望未来,在中期内,欧洲层面社会对话的发展,提出了欧洲集体协议作为法律渊源的问题。

293. 就欧洲联盟委员会而言,行业部门层面的对话,对于发展就业、产业变革及新的工作安排形式等一般性议题以及未来劳动力市场的具体需求等事项来说,属于非常重要的一个领域。因此,开展行业部门层面的协商显得格外重要。

为了促进行业部门劳资对话的质量与数量,欧洲似乎确有必要采取一种更高效的对话机制来替代现有的制度安排,这种运作程序简介如下:每年举行一次高层次全体大会,人数严格限制的社会合作伙伴代表团参加,劳资双方代表每方不超过15人。相关委员会将提供秘书处服务,并在社会合作伙伴无法推派主席人选时,作为会议协调人来担任会议主席的角色。相关委员会与其他委员会之间形成的合作关系将坚定地支持每个行业部门的社会对话,包括对会议的准备与后续工作等的技术支持。

294. 根据欧洲联盟委员会1998年5月20日的一项决定,社会合作伙伴联合要求参与欧洲层面对话的,或者符合下列条件的可代表劳资双方组织设立行业部门对话委员会(Sectoral Dialogue Committee):

(1) 与特定的行业部门相关并且属于欧洲层面的组织;

(2) 该组织本身属于成员国社会合作伙伴架构中合法的代表团体,有权缔结协议,并且是若干成员国的代表;

(3) 具备适当的组织结构,确保其有效参与各委员会的工作(第1条)。

这些对话委员会在欧洲联盟层面对其各自所属行业有社会影响的发展事项接受咨询,并发展和促进社会对话。劳资双方会议代表人数对等,总数不超过40人(第2条)。

欧洲联盟委员会依据社会合作伙伴所提出的草案邀请劳资代表参加(第3条)。

这些委员会每年至少召集一次会议(第5条)。如果欧洲联盟委员会已经告知某一对话委员会本次会议议题涉及机密,则该委员会的成员不得对外泄露其从会议或秘书处所获的任何信息(第6条)。

295. 关于自主协议(Autonomous agreement)的问题,欧洲联盟委员会(2004年)[1]充分认可社会合作伙伴在对其职权范围内所涉及主题的谈判自主权。

然而在依照《欧洲联盟运行条约》第155条第2款实施的自主协议的具体情形时,欧洲联盟委员会可以发挥特定的作用,假如该协议是作为完成《欧洲联盟运行条约》第154条所要求的协商的结果的话,因为除了其他事项之外,社会合作伙伴关于某项协议谈判的决定可以暂时终止欧洲联盟委员会按照自身权限启动的欧洲联盟层面的立法程序。

在尊重社会合作伙伴的自主原则的同时,欧洲联盟委员会将公布这些自主协议,并告知欧洲联盟议会和欧洲联盟部长理事会,会在进行事前评估(Exante assessment)之后,通过理事会决议来实施依据条约第155条第2

---

[1] Communication from the contribution, 'Partnership for change in an enlarged Europe—Enhancing the contribution of European social dialogue', Brussels, 12 August 2004, COM(2004) 557 final.

款所达成的这些协议。

在实施与监测期届满后,欧洲联盟委员会会给予社会合作伙伴优先监测权,它自己也会监测协议的履行情况,以评估该协议对实现联盟目标所作出的贡献程度。

如果欧洲联盟委员会认为协议未能成功达到联盟的目标,如有必要,它将会考虑提出一项立法议案的可能性。当然,如果委员会认为劳资任何一方正在拖延联盟目标的实现,即使在协议执行期间,它也可以随时行使其立法启动权。

欧洲联盟委员会在认可社会合作伙伴具有广泛权限的同时,根据其之前的顾虑,一旦基本权利或重要的政治选择处于危险之中,或者出现必须以统一的方式在所有成员国适用这些规则而且覆盖面要完整的情况,委员会就会优先考虑以理事会决议的形式来落实这些事项。自主协议也可以根据正常的立法程序来适当修订欧洲联盟理事会和欧洲联盟议会以前通过的现行有效的指令。

2. 欧洲社会对话结果分类(Typology)

296. 为了促进对各种社会对话工具的了解以及帮助社会合作伙伴提高透明度,我们可把它分为以下四大类,其中每一类别又可细分为若干小类:根据《欧洲联盟运行条约》第155条第2款所实施的协议、过程导向的文本、联合意见与工具、程序文本。欧洲联盟鼓励社会合作伙伴在以后起草此类文本时采取此分类方法。

社会合作伙伴在寻求自行跟进时所涉及的此类新型文本主要是前两类,也就是自主协议及过程导向文本。

应当指出的是,对于术语不严谨的使用,导致某些文本难以归类或部分种类重叠。

(1) 根据《欧洲联盟运行条约》第155条第2款所实施的协议:最低标准

297. 此类文本建立了最低标准,并包含了在特定期限内完成某些义务的内容。第155条第2款清楚规定了此类别下包括有两种主要协议,其主要区别在于可预见的执行方法。

根据《欧洲联盟运行条约》第 155 条第 2 款所执行的协议：最低标准	
协议类型	例证
通过欧洲联盟理事会决议所实施的协议	
根据欧洲联盟理事会决议实施、由欧洲联盟委员会监督的协议	关于育婴假的框架协议(1995) 关于兼职工作的框架协议(1997) 关于有固定期限工作的框架协议(1999) 关于海员组织工作时间的欧洲协议(1998) 关于民用航空工作流动人员工作时间安排的欧洲协议(2000)
通过欧洲联盟理事会决议所实施的协议	欧洲关于提供跨境服务的流动劳动者工作条件的协议(2004)
针对于管理、劳动力及成员国实施程序及实践的自主协议	
由社会合作伙伴实施与监督的协议	关于远程工作的框架协议(2002) 关于工作压力的框架协议(2004) 关于欧洲提供跨境运输服务的驾驶员执照协议(2004) 关于工作中性骚扰与暴力的框架协议(2007) 关于包容性劳动力市场的框架协议(2010)

(i) 根据欧洲联盟理事会决议实施的协议

298. 第一类协议包括那些在签署方的联合要求下,根据欧洲联盟委员会的提议所通过的理事会决议[①]所实施的协议。此类别包括有关育婴假、兼职工作和固定期限合同等三类跨行业的协议,海事运输、民航业关于工作时间的部门性协议,铁路行业关于提供跨境运输服务的流动劳动者的部门性协议。此三类跨行业框架协议是欧洲联盟委员会根据《欧洲联盟运行条约》第 154 条规定所磋商得出的结果,而部门性协议则以指令的形式[②]充分利用留给社会合作伙伴的空间,为满足行业的特殊需求,配合欧洲联盟的相

---

① 迄今为止,理事会的决议实际上是以理事会指令的形式出现。
② 例如,涉及工作时间安排内容的第 93/104/EC 号指令(《官方公报》L307,1993 年 12 月 13 日)。

关规定。

于是，确保按照理事会决议实施协议的责任则转移到了成员国的身上，即使是由社会合作伙伴通过集体谈判来落实的协议。与此同时，虽然社会合作伙伴会系统地提供其协议实施进度报告，①但监督这些协议实施的责任由欧洲联盟委员会来承担。

(ii) 自主协议

299. 第二类协议——根据劳资双方及成员国规定的程序与实践所实施的自主协议——是应由社会合作伙伴自行负责实施及监管的协议。2002年7月关于远程办公的框架协议是第一份此类跨行业协议的例证，是根据《欧洲联盟运行条约》第154条规定所磋商的结果。2004年5月，跨行业的社会合作伙伴完成了第二份此类协议，其议题主要涉及工作压力，这同样也是根据《欧洲联盟运行条约》第154条规定所磋商的结果。

此外，社会合作伙伴分别在2007年4月26日和2010年3月25日先后达成了涉及工作中性骚扰与暴力的框架协议以及关于包容性劳动力市场的框架协议。

此类协议的有效实施与监督十分重要，尤其是根据《欧洲联盟运行条约》第154条规定与委员会进行磋商之后所达成的协议。《欧洲联盟运行条约》第155条第2款规定，欧洲联盟层面的协议"应予以执行"，言下之意是对于协议签署方来说，实施这些协议是一项义务，并且为实施这些欧洲层面的协议，签署方应对其成员施加影响。

（2）过程导向文本（Process-oriented Texts）

300. 此类协议包括各种类型的联合文本，与一般协议相比，以更多、更注重过程的方式来执行。欧洲社会合作伙伴以各种方式推荐其成员进行后续跟进此类文本，为实现其目标，确保此类文本有实际的影响力，并需要对

---

① 欧洲工会联合会下设的欧洲工会研究所通过其成员国国内法律专家在网络交流平台（NETLEX）提供了关于育婴假、兼职工作和有固定期限工作等协议的实施报告。关于民航工作时间的协议与铁路部门工作条件的协议都表明，社会合作伙伴将会承担这些协议实施情况的评估工作。

实施过程进行评估。为实施其文本的某些内容，社会合作伙伴需要与国内的某些管理部门进行合作。

此类文本对欧洲范围的立法有所帮助，但也许不是最合适的解决方法，主要是因为成员国内已经存在了很多复杂的、区别较大的措施安排，但有些社会合作伙伴或许会对共同协作感兴趣。他们也可以在交换最佳实践经验及共同学习方面有所帮助。此类文本有时为未来欧洲联盟的立法奠定了基础。

此类文本可主要分为三种类型的法律文件。

欧洲工会联合会下的欧洲工会协会关于育婴假、兼职工作和固定期限工作等协议形成了一套自己的执行报告，主要是通过国内法律专家 NETLEX 网络平台。关于民航业劳动者工作时间的协议以及铁路部门员工工作条件的协议的实施都表明，社会合作伙伴将负责评估这些协议的实施情况。

（i）行动框架

301. 行动框架包括确定优先实现的政策以及社会合作伙伴应开展的工作等事项。这些优先事项作为标准，社会合作伙伴应对这些文本每年度的后续跟进情况做出报告。

（ii）指导纲要与行为准则

302. 行为准则对涉及建立标准或准则的相关国家分支机构提出建议或提供方向。在某些情况下，这些准则可以作为国家或企业的指导原则，或是欧洲最低标准。在其他情况下，他们寻求提出高于现存立法中所提供的标准。此类别还包括旨在促进在国际公约中规定的劳动法适用的地区，执行现有供应链的国际商定标准。该准则中的某些内容已超过了国际劳工组织某些核心的规定。

（iii）政策导向（Policy Orientations）

303. 此子类别是指社会合作伙伴可寻求积极主动的办法来促进其成员之间可实施某些政策的文本。该文本解释了应该如何促进①及社会合作

---

① 例如，最佳实践的积累和交流、增强意识的活动等。

伙伴如何着手评估后续跟进行动及其影响力。

过程导向文本		
文本类型	例证①	
行动框架——努力达成共同的重点		
社会合作伙伴的后续跟进与年度报告	能力与资质终身发展行动框架(2002)	174
指导纲要与行为准则——建立相关标准或原则		
社会合作伙伴的定期跟进与报告	**建立新的欧洲标准或原则：** 关于完善有偿农业劳动框架协议的建议(1997)② 关于促进欧洲邮政部门就业的协议(1998) 欧洲商业远程工作指南协议(2001) 欧洲理发师行为准则指南(2001) 商业领域支持年龄多样性的自愿性指导意见(2002) 银行业终身学习联合声明(2002) 欧洲农业职业培训协议(2002) 欧洲制糖业企业社会责任行为准则(2003) 私人安保业行为与道德准则(2003) 供电业远程工作联合声明(2003) 当地及地区政府关于远程工作的联合声明(2004) 关于促进残疾人士就业及其融入商业与分销业的声明(2004) (电信行业)客户联络中心指南(2004) 关于预防职业压力的联合建议[**建筑业**](2006) 程序规则[**个人服务业**](2006) 关于打击未申报工作的联合意见[**私人安保业**](2006) **促进并执行现行国际公认标准：** 制鞋业雇佣童工行为准则(1996)	175

---

① 有些此类文本没有包含后续跟进与报告的细节信息，但是仍被包括在内，因为这些文本包括了签署机构的成员所提供的建议。

② 虽然此类文本被称为"协议"，但还是归在这一类别中，因为其规定似乎主要包含对其成员提出的建议，并没有标明各成员必须实现各项目标的具体时间。

(续表)

文本类型	过程导向文本 例证
	欧洲纺织业/服装业部门行为准则(1997)
	商业领域工作基本权利与原则协议(1999)
	皮革制造业行为准则(2000)
	制鞋业行业行为准则(2000)
	欧洲木材制造业(2002)
	工作方案(2006)——欧洲全球化调整基金的联合立场
	企业社会责任第三季度实施报告——欧洲制糖业行为准则(2006)
政策导向——积极促进政策的实施	
社会合作伙伴的定期跟进与报告	制糖业学徒工作联合建议(1998)
	供电业关于平等机遇/多样性的联合宣言(2003)
	管理变革及其后果参考指标介绍(跨行业社会合作伙伴)(2003)
	商业界企业社会责任联合声明(2003)
	欧洲清洁业社会合作伙伴共同建议书(2004)
	《工作计划》(2006/2007)——当地及地区性政府社会对话发展的联合声明(2006)

(3) 联合意见与工具:信息交流

304. 这一类别包括社会合作伙伴有助于信息交换的文本与工具,要么是将社会合作伙伴的信息上传到欧洲的机构或是成员国国内政府,要么从欧洲层面向下传达,向成员国内的成员解释欧洲联盟相关政策的含义。此类别的文书不包含任何执行、监管或跟进的规定。

(i) 联合意见

305. 这一类包括大多数社会合作伙伴长期以来通过的文本,例如他们的共同观点和联合声明,通常是向欧洲机构、成员国国内政府提供意见和信息。此类文本包括对欧洲联盟磋商的回应文件(绿皮书、白皮书、咨询文件、官方通报),就特定的欧洲联盟政策采取共同的立场,并明确要求欧洲联委员会采取某一立场,或是要求欧洲联盟委员会开展调查或采取行动。

(ii) 宣言

306. 这一类别所指的文本实际上是指宣言——通常是针对社会合作伙伴自身——规划社会合作伙伴未来打算开展的工作或活动,例如组织研讨会与圆桌会议等。

(iii) 工具

307. 这一类别是指由社会合作伙伴开发的工具,例如对于员工及公司在职业培训方面、健康和安全以及公共采购等方面提供切实可行意见的指南和手册,通常是在欧洲联盟的资助下进行。此类工具在基层能发挥切实可行的作用,例如,通过对某项欧洲联盟法规含义的解释或是有助于交流良好实践的信息来完成。

联合意见与工具	
工具类型	例证①
宣言	**联合意见**
关于清洁业社会合作伙伴及欧洲联盟扩容的联合宣言(2000)	关于(采矿业)培训与继续培训的立场(2003)
供电业终身学习研究最终报告与联合声明(2003)	关于欧洲规范私人安保业的立法一体化的联合宣言(2001)
	对欧洲关于私人代理工作指令目标的联合宣言(临时工作行业)(2001)
工具	
挑选最优价值——关于签署清洁服务合同的组织机构工作指南(清洁业)	欧洲航空业社会合作伙伴的联合意见(2001)
办公室基本清洁技巧培训包(清洁业)	私人安保业反对未公开申报工作的立场(2006)
欧洲基本安保工作职业培训手册(私人安保业)	
建筑业辅导手册(2004)	
邮政业社会对话委员会网站(2003)	
关于加强演艺业的社会对话、增强新成员国社会合作伙伴组织能力的联合宣言[现场表演](2006)	

---

① 本清单并未全部详尽列出所有文本名称,仅提供了几个例子。

(4) 程序性文本(Procedural Texts)

308. 最后一类文本包括力求为当事人双方制定的双边对话规则,包括1991年10月31日的跨行业社会合作伙伴协议,目的是在社会政策领域对欧洲联盟条约的决策程序提出修改建议。这些建议于1991年的政府间会议上几乎一字不漏地写入《欧洲联盟条约》。此类文本也包括一些社会合作伙伴可决定行业社会对话委员会议事规则的文本。

(5) 起草新一代的社会合作伙伴文本清单

309.

——清楚地表明各种不同规定的适用对象,例如欧洲联盟委员会、其他欧洲联盟机构、成员国国内政府与社会合作伙伴等;

——清楚地表明文本的地位与目的;

——如果适用,表明这些规定必须执行的截止期限;

——清楚地表明该文本在成员国国内实施与促进落实的方式,包括是否应该在所有情况下以具有约束力的方式实施该文本;

——清楚地表明该文本须通过哪些监督及报告的方式以及报告在不同阶段的目标;

——表明会出现监督或报告的时间、间隔时间;

——明确解决争议问题时须遵守的程序(例如关于文本内容的解释出现分歧的情况);

——有确定日期;

——有相关签字;

——协议应包括附件,列出此文本针对的签署方的成员;

——表明该文本的原始语言。

(6) 行业性社会对话(2010)

310.

表 5　重要工具及欧洲联盟部门社会对话委员会成果(2006—2010)①

农业
减少劳动者暴露工作而导致肌肉骨骼伤害危险的框架协议(2006)

民航业
功能性空域分区磋商安排指导纲要(2007)

商业
在商贸领域防止第三方暴力的工具包(Toolkit)(2009)

建筑业
关于自我创业及虚假自我创业(Bogus self-employment)的建议(2010)
公共"信息数据库"(2008)

餐饮业
关于肥胖症的共同声明(2007)

电力行业
社会责任结构重组的最佳实践指南工具包(2008)

天然气行业
应对人口变迁、年龄管理及能力问题的工具包(2009)

医院行业
跨界跨境招募与录用行为准则与跟进措施(2008)

清洁业
清洁作业中人体工程(Ergonomics)指南(2007)

保险业
关于人口问题挑战的联合声明(2010)

当地及地区政府
拟定性别平等行动方案的指导纲要(2007)

个人服务业
关于执行欧洲理发业证书的协议(2009)

私人安保业
欧洲针对三种私人安保活动/情况的教育性工具包：
1. 流动巡逻；2. 报警反应中心；3. 机场安保(2006)

铁路行业
铁路业可就业能力的设想——建议书(2007)
铁路业提高女性代表性及融合性的联合建议(2007)

海洋渔业
海上事故预防及渔民安全指导手册(2007)

---

①　资料来源：Commission Staff Working Document on the functioning and potential of European Social Dialogue，Brussels，22 July 2010，SEC(2010) 964 final.

(续表)

制糖业
企业社会责任行为准则第五份执行报告（2007）
皮革加工业
社会及环境报告标准（2008）
电信业
工作多样性：最佳实践评论（2007）
纺织及服装业
建议：在产业变革与结构重组中如何确保更好地预计和管理（2008）

3. 社会合作伙伴

311. 有待解决的重要问题之一涉及何种组织才具备磋商的资格。

欧洲联盟委员会对于这一敏感问题于1993年的《官方通报》中提出了以下意见：

> 按照普遍原则，欧洲联盟委员会认为《欧洲联盟运行条约》第154条中所提到的咨询组织团体，至少应该符合以下条件：
> 这些组织应：
> ——隶属欧洲层面、跨行业或与某特定部门或类别有关；
> ——包括其组织本身，应为成员国社会合作伙伴构架下被认可的、必不可少的一部分；具备协商的能力，同时应尽可能地代表所有的成员国；
> ——具备相应的结构以确保其在磋商过程中的有效参与。

同时，欧洲联盟委员会认可欧洲企业组织、欧洲手工与中小企业协会、欧洲公共企业中心与欧洲工会联合会等机构为设立社会对话而积累的大量经验。委员会已注意到这些组织对通过协议引入的新程序的实施所表达的共同立场。

有一些组织团体符合上述条件，因此有可能成为参与磋商过程中的潜在候选对象。欧洲联盟委员会对此并不希望采取严格的态度，但意识到潜在参与者的多重性所带来的实际问题。只有这些机构本身可以发展他们自己的对话与协商架构。委员会将致力于促进社会合作伙伴之间新的联系架构的发展,以便使该过程趋于合理,从而获得改善。特别值得注意的是有关中小企业组织的适当代表性问题。

这里会产生一个问题:是否有必要在第一阶段根据《欧洲联盟运行条约》第154条所规定的程序,成立某种形式的咨询机构或"伞状联络"委员会?欧洲联盟委员会在仔细考虑这件事之后认为,虽然这一问题有待根据该程序在发展过程中所积累的经验再次进行讨论,但在第一阶段建立咨询机构的想法并不是实现目标的最佳方式。

312. 目前,社会合作伙伴针对社会政策事务的咨询情况如下所示:

——欧洲联盟委员会将持续其大范围咨询的政策,以保证该政策尽可能接近经济与社会现实。此类磋商将涵盖整个欧洲层面的组织,如果适当,也会覆盖那些可能受到欧洲联盟社会政策影响的全国性国内组织。

——欧洲联盟委员会在《欧洲联盟运行条约》第154条规定的框架内,向欧洲社会合作伙伴组织提出正式的咨询要求。

——欧洲联盟委员会认为这些特定的咨询程序应适用于所有社会政策领域的议案,且不论该决定的具体法律依据如何。委员会也有权保留其参与社会合作伙伴权限领域内有关任何平行或行业部门关系的特定咨询(包括签署协议)。

313. 根据《欧洲联盟运行条约》第154条的规定需要咨询的欧洲社会合作伙伴组织列举如下:

(1) 一般性跨行业组织

——欧洲公共企业中心

——欧洲工会联合会

——欧洲工业与雇主联盟

(2) 代表某类劳动者或企业的跨行业组织

——欧洲管理干部协会(Eurocadres)

——欧洲手工与中小企业协会

——欧洲行政总裁与管理人员联合会(CEC, European Confederation of Executives and Managerial Staff)

(3) 特定组织

——欧洲商会[协会](Eurochambers)

(4) 代表雇主的部门机构

——欧洲商业电视协会(ACT, Association of Commercial Television in Europe)

——国际机场理事会欧洲分会(ACI-Europe, Airports Council International-Europe)

——欧洲航空公司协会(AEA, Association of European Airlines)

——欧洲职业足球联盟协会(EPFL, Association of European Professional Football Leagues)

——欧洲公共邮政运营商协会(PostEurop, Association of European Public Postal Operators)

——欧洲无线电协会(AER, Association of European Radios)

——欧洲互助保险合作社协会(AMICE, Association of Mutual Insurers and Insurance Cooperatives in Europe)

——欧洲联盟渔业企业国家组织协会(EUROPECHE, Association of National Organisations of Fishing Enterprises in the EU)

——欧洲社会事务银行业标准委员会(EBF-BCESA, Banking Committee for European Social Affairs)

——民用航空导航服务组织(CANSO, Civil Air Navigation Services Association)

——欧洲联盟理发师协会(Coiffure EU)

——欧洲联盟农业组织委员会(COPA，Committee of Agriculture Organisations in the European Union)

——欧洲铁路与基础建设公司委员会(CER，Committee of European Railway and Infrastructure Companies)

——欧洲造船厂协会委员会(CESA，Committee of European Shipyard's Associations)

——欧洲造纸业联盟(CEPI，Confederation of European Paper Industries)

——欧洲皮革与皮具协会联合会(COTANCE，Confederation of National Associations of Tanners and Dressers of the European)

——欧洲金属、工程和技术型雇主委员会(Council of European Employers of the Metal/Engineering and Technology Based)

——欧洲金属业、工程业与科技业委员会(CEEMET，Council of European Employers of the Metal, Engineering and Technology-Based Industries)

——欧洲城市与地区委员会(CEMR，Council of European Municipalities and Regions)

——欧洲联盟农业组织雇主群体委员会(GEOPA，Employers' group of the Committee of Agriculture Organisations in the European Union)

——欧洲煤炭业协会(Euracoal)

——欧洲采矿业协会(Euromines)

——欧洲聚集物品业协会(UEPG，European Aggregates Association)

——欧洲纺织服装组织(EURATEX，European Apparel and Textile Organisation)

——欧洲合作银行业协会（EACB，European Association of Cooperative Banks）

——欧洲钾肥生产商协会（APEP，European Association of Potash Producers）

——欧洲驳船联盟（EBU，European Barge Union）

——欧洲广播联盟（EBU，European Broadcasting Union）

——欧洲化工业雇主团体（ECEG，European Chemical Employers Group）

——欧洲俱乐部联盟（ECA，European Club Association）

——欧洲共同体船东协会（ECSA，European Community Shipowners Association）

——欧洲制糖业厂商委员会（CEFS，European Committee of Sugar Manufacturers）

——欧洲鞋业联合体（CEC，European Confederation of the Footwear Industry）

——欧洲钢铁工业联盟（Eurofer，European Confederation of Iron and Steel Industries）

——欧洲私人雇佣机构联盟（Eurociett，European Confederation of Private Employment Agencies）

——欧洲木器制造业联合会（CEI-Bois，European Confederation of Woodworking Industries）

——欧洲建筑业联合会（FIEC，European Construction Industry Federation）

——欧洲独立制片商协会（CEPI，European Coordination of Independent Producers）

——欧洲清洁行业联合会（EFCI，European Federation of Cleaning Industries）

——欧洲合同制餐饮服务业联合会（FERCO，European Federation

of Contract Catering Organisations）

——欧洲教育雇主联合会（EFEE，European Federation of Education Employers）

——欧洲国家保险协会联合会（CEA，European Federation of National Insurance Associations）

——欧洲安保服务联合会（CoESS，European Federation of Security Services）

——欧洲联盟家具制造商联合会（UEA，European Furniture Manufactures' Federation）

——欧洲家具产业联盟（EFIC，European Furniture Industries' Confederation）

——欧洲医院与护理产业雇主协会（HOSPEEM，European Hospital and Healthcare Employers' Association）

——欧洲工业矿物质协会（IMA，European Industrial Minerals Association）

——欧洲铁路基础设施管理者协会（EIM，European Rail Infrastructure Managers）

——欧洲地区航空公司协会（ERA，European Regions Airline Association ）

——欧洲储蓄银行集团（ESBG，European Savings Banks Group）

——欧洲船长组织（ESO，European Skippers' Organisation）

——欧洲电信网络运营商协会（ETNO，European Telecommunications Network Operators' Association）

——欧洲天然气产业联盟（EUROHAS，European Union of the Natural Gas Industry）

——欧洲联盟农业合作综合委员会（COGECA，General Committee for Agricultural Cooperation in the European Union）

——欧洲酒店、餐馆与咖啡馆业协会（HOTREC，Hotels，Restaurants and Cafés in Europe)

——国际航空承运人协会(IACA,International Air Carrier Association)

——国际民用航空管理人员协会(IAHA,International Aviation Handlers' Association)

——国际电影制片人协会联合会(FIAPF,International Federation of Film Producers' Association)

——国际保险中介联合会(BIPAR,International Federation of Insurance Intermediaries)

——国际公路运输联盟(IRU,International Road Transport Union)

——欧洲表演业雇主协会联盟(PEARLE,Performing Arts Employers' Associations League Europe)

——欧洲联盟商业零售、批发与国际贸易代表协会(EuroCommerce,Retail,Wholesale and International Trade Representation to the EU)

——电力行业联盟(EURELECTRIC,Union of the Electricity Industry)

(5) 欧洲部门性工会组织

——欧洲艺术与娱乐业联盟(EAEA,European Arts and Entertainment Alliance)

——欧洲独立工会联合会(CESI,European Confederation of Independent Trade Unions)

——欧洲驾驶员协会(ECA,European Cockpit Association)

——欧洲联盟建房与木工联合会(EFBWW,European Federation of Building and Woodworkers)

——欧洲联盟新闻工作者联合会(EFJ, European Federation of Journalists)

——欧洲公共服务工会联合会(EPSU, European Federation of Public Service Union)

——欧洲食品、农业和旅游业[及相关分支机构]工会联合会(EFFAT, European Federation of the Trade Unions in the Food, Agriculture and Tourism Sectors and Allied Branches)

——欧洲金属业劳动者联合会(EMF, European Metalworkers' Federation)

——欧洲采矿业、化工业与能源业劳动者联合会(EMCEF, European Mine, Chemical and Energy Workers' Federation)

——欧洲工会教育委员会(ETUCE, European Trade Union Committee for Education)

——欧洲工会联合会纺织品、服装和皮革业联合会(ETUF:TCL, European Trade Union Federation: Textiles, Clothing and Leather)

——欧洲运输业劳动者联合会(ETF, European Transport Workers' Federation)

——国际演员联合会(FIA, International Federation of Actors)

——国际音乐家协会(IFM, International Federation of Musicians)

——国际职业足球运动员协会(FIFPro, International Federation of Professional Footballers' Associations-Division Europe)

——国际网络联盟欧洲分会(UNI europa, Union Network International-Europe)

——国际网络联盟媒体与娱乐业欧洲分会(EUROMEI, Union Network International-Media and Entertainment International-Europe)

314. 欧洲联盟委员会于1993年发布的《官方通报》遭到了欧洲联盟议

会以及经济与社会委员会的普遍批评。① 这两个机构都认为,欧洲联盟委员会公布的这份团体组织代表名单必须重新予以讨论。经济与社会委员会主张代表性的劳资组织应符合下列四个条件:

(1) 一个欧洲层面的代表性组织,其成员应普遍分布在欧洲联盟境内。这意味着该组织的具有恰当的协商权限的成员至少可以覆盖 3/4 的成员国,同时寻求在其他国家也可以有其代言人。

(2) 这一欧洲代表性组织必须获得其成员组织的授权来进行欧洲层面的协商。

(3) 所有附属于该欧洲层面组织的团体机构,无论是以自身的名义,还是通过其成员组织,必须在各成员国有权进行协商,并且必须按照各国实践与做法来推动欧洲级的公约或协议的实施。

(4) 该欧洲层面的组织成员必须在各自的成员国内具有代表性。

315. 除了代表性形式的问题需加以重视之外,欧洲还有另外一个问题值得研究。假如社会合作伙伴将缔结的集体协议交给欧洲联盟委员会,并要求欧洲联盟委员会呈送欧洲联盟理事会做出决议,那么在社会合作伙伴有权自行选择其协商对象的情况下,这份协议是否能充分代表其劳资成员的意见?这个问题不能仅凭统计数字来解决。至关重要的一点是,每一个符合上述准则的代表性组织,如果提出要求,都应当拥有在适当层面参与相关协商的权利。

欧洲在 1995 年 12 月 4 日达成有关育婴假的集体协议以及 1997 年 6 月 6 日有关兼职工作安排的集体协议时又受到了类似的批评。欧洲手工与中小企业协会或欧洲独立工会联合会等组织都对社会对话框架下社会合作伙伴的代表性提出反对意见。欧洲手工与中小企业协会表示,因缺少解决问题的方案,其与欧洲联盟委员会之间的法律冲突似乎不可避免。1996 年 9 月 6 日,宣称代表 600 万家中小企业、雇用劳动者总人数达 2700 万人的

---

① Opinion of the ESC on the 'Commission communication concerning the development of the social dialogue at Community level', O. J. C89/28, 19 March 1997.

欧洲手工与中小企业协会，向欧洲一审法庭提出废除欧洲联盟理事会1996年6月3日所通过指令的要求，该指令会对有关育婴假的集体协议产生约束力，而欧洲手工与中小企业协会认为自己本应参与相关协商过程。①

316. 然而，欧洲联盟委员会的态度并未有所改变。它在一份有关欧洲联盟成员国企业信息的书面资料中②提到，中小企业的受雇者人数占私营部门的60％以上；考虑到此类企业对于私营部门就业议题的重要意见，代表这些企业的某个组织应当参与协商。同时，一些成员国的雇主组织近年来也在欧洲广泛地致力于成立一种联合保护伞式的机构，因此委员会被问及这样一个问题：如何使三方协商（Tripartite talk）变为四方协商（Quadripartite talk）以便让这些真正创造就业机会的中小企业能够有真正的代言人？

欧洲联盟委员会对上述问题答复如下：

> 欧洲联盟委员会在最近一份《官方通报》文件中指出，推动社会对话是欧洲社会政策发展模式的一个关键要素。③欧洲经济与政治一体化及其社会稳定性都有赖于社会合作伙伴们的积极参与和支持。该文件中介绍了社会对话的所有方面、委员会负责处理的相关议题及运作方式，并提出了有关社会对话有效性、运作结果透明度与概况以及代表性等问题。
>
> 社会对话涵盖不同的情形与实践。《欧洲共同体条约》附录中的《社会政策协议》针对社会合作伙伴之间的咨询及其之间的对话明确地加以区别。这是因为社会合作伙伴之间的对话可能会导致其协商并缔结欧洲层面的集体协议。
>
> 欧洲联盟委员会定期告知大量的主要行业的工会与雇主组织有关

---

① 这一要求基于《欧洲联盟运行条约》第190条，该条款允许有利害关系的个人或组织质疑欧洲联盟理事会所通过的法案的合法性。参见 UEAPME v. Council, C-135/196, ECR, 2235。
② E-0047/97 by Kirsi Piha, O.J.C319/87, 18 October 1997. 又见以下文件：EP, 'Resolution on the Commission communication concerning the social dialogue at Community level', O.J.C 286/338, 22 September 1997（欧洲联盟议会请求在立法程序框架内以拒绝或批准形式被授予共同决定的权力）。
③ COM(96) 448.

社会政策领域拟采取行动的内容。在1993年12月14日的《官方通报》文件中,委员会依据《欧洲联盟运行条约》第154条,公布了一份包括代表中小企业的组织名单。

至于协商适当性而言,委员会认为有必要保留劳资代表组织的独立性原则,这就意味着他们彼此必须相互认可对方具有欧洲层面协商的授权。由此可推断出,委员会并无指定某一特定工会或雇主组织参与劳资谈判的权力。

欧洲联盟委员会需要牢记的是,社会对话与协商制度的发展应属于社会合作伙伴的专有责任。它同时通过表明其开放性与弹性来鼓励社会合作伙伴们展开尽可能有开放性与代表性的对话,以确保劳资双方在协商时的参与能恰到好处。为此,委员会非常愿意支持社会合作伙伴在此领域内所采取的所有积极正面的措施。

186   317. 事实上,《欧洲联盟运行条约》第154条所使用的"社会合作伙伴"这一术语可能属于欧盟法院必须加以解释的法律概念。显而易见,有关社会合作伙伴这一概念的含义应与欧共体相关文件中所赋予社会合作伙伴的任务等内容相契合。实际上,欧共体的文件并未对此概念加以定义。

由此,我们可以根据共同体文件及社会合作伙伴的使命推断出,欧洲社会合作伙伴在两个层面有待采取行动,也就是:

(1) 在成员国层面中,有关:

——社会合作伙伴实施指令(《欧洲联盟运行条约》第153条第3款);

——对欧洲联盟层面所达成的协议的实施(《欧洲联盟运行条约》第155条第2款)。

(2) 在欧共体层面中,有关:

——欧洲联盟层面的劳资双方咨询(《欧洲联盟运行条约》第154条第1款);

——可能会通过协议来建立联系的欧洲层面的劳资对话(《欧洲联盟运行条约》第155条)。

318. 这两个层面彼此紧密地相互交错。的确,这两个层面首先是涉及确立欧洲的立法,然后是将这些欧洲层面的法律转换并纳入各国的法律体系。其次,根据国内程序与运作,欧洲集体协议可在国内层面予以实施。换句话说,社会合作伙伴的概念必须考虑国内及欧洲联盟两个层面,而非单一层面。

毫无疑问,国际劳工组织在涉及工会自由与集体协商的第 87 号公约与第 98 号公约的案例法中所设立的准则也必须予以考虑,因为欧洲联盟成员国也同时属于国际劳工组织的会员,而上述两项公约假如没有全部,至少也是在大多数国家已被批准。此外,工会自由被包含在国际劳工组织的章程中。

依据国际劳工组织的意见,雇主协会与工会必须具有代表性。这里需要重复的是,国际劳工组织自由结社委员会已经强调,有关工会组织最具有代表性的决定必须依照客观公正的方式,以防止有失公正的做法或滥用权力的可能性。因此,简洁、客观的决定标准应该按照立法来确定而不应该留给各国政府。

(二) 指令的实施

319. 依据《欧洲联盟运行条约》第 153 条第 3 款,任何一成员国在劳资组织的联合要求下可授权后者负责实施依据条约第 153 条所达成的指令。

在此情况下,成员国必须保证在有关指令必须正式纳入国内法之日前,劳资双方已经通过协议来引入必要的措施。该成员国应随时采取任何可以协助落实协议的措施,以确保指令所要求达到的结果(《欧洲联盟运行条约》第 153 条第 3 款)。

320. 基于务实的理由,这意味着指令可以通过劳资之间在国内层面、产业层面的集体协商方式被转换为国内法。它预设该类集体协议可以通过某种机制使其具备对国际社会履行义务的效力,也就是,该协议对所有愿意被包含在内的雇主和劳动者都具有法律约束力。它还意味着,此类集体协议的约束力应如其规定,私人当事方(雇主与劳动者)不得有所规避;同时还应有一种运作机制使该指令持续保持其效力,即使缔约方在实施该指令的新法案确立之前会不愿承认该集体协议。

321. 事实上,《欧洲联盟运行条约》第 153 条第 3 款并没有增加任何新的内容。通过集体协议以实施指令的做法早已成为一种趋势并且已被欧洲联盟所接受。以比利时为例,在该国全国性行业间层面所达成的集体协议可以通过皇家法令的形式——这就意味着政府的介入,使该协议的适用范围延伸到整个私营部门。此类延伸性的协议具备法律制裁效力,而且在公布施行后,至少是协议中个人规范的那一部分具备延伸的法律效力。因为根据该集体协议,雇主与劳动者之间的个人义务在法律上被视为已经并入受[延伸的]集体协议覆盖的劳动者的个人协议之中。

这种方式据说在比利时一直比较常见。例如,关于集体裁员的指令(1975—1998)、企业转让时劳动者既得权利(Acquired right)保障的指令(1997—2001)以及信息与咨询的指令(欧洲劳资联合委员会 1994),都已经部分或全部通过延伸性集体协议转换为比利时的国内法。这也一直是比利时社会合作伙伴在比利时议会的配合下,表达其自主社会权的一种方式。在此背景下,值得一提的是比利时根特(Ghent)劳动上诉法庭[①]在一项判决中认可这样的看法:一项与指令转换相关的延伸性集体协议应具有约束力,它偶然地通过 1977 年的企业转让指令,竟然可以强制改变民法的约束力,在此案中涉及的是义务的转让问题。

然而在比利时,这可能需要政府介入来全面落实这些指令,以避免对共同市场的运作产生影响,即使这种延伸性的集体协议并不一定会涵盖公共企业。

322. 这就是说,在欧洲联盟成员国中,仅有一些国家的劳资关系体系符合要求,除非这些国家会产生巨大变化,否则(Quod non),就必须允许集体协商制度充当指令纳入国内法的"转化器"。例如,比利时、德国、法国及荷兰等成员国在某些条件下可以形成其同盟,因为它们都存在某种形式的延伸程序。

---

① 11 October 1989, *Journal des Tribunaux de Travail*, 1989, 489.

323. 欧洲联盟委员会在 1993 年的《官方通报》文件中对这一问题表示：

《欧洲联盟运行条约》第 153 条第 3 款规定，某一缔约成员国"应劳资双方的联合要求，可授权它们实施根据本条第 2 款所通过的指令"。然而在此情形下，成员国"在有关指令或决定正式纳入国内法或者实施之日前，必须确保劳资双方已经通过协议来引入必要的措施。该成员国应随时采取任何可以协助落实协议的措施，以确保指令或决定所要求达到的结果"。

上述条文确定了在协议架构下将指令通过集体协议加以实施的一般原则。这一原则在欧盟法院的司法判决中已获认可。[①]同时，该原则也与国际劳工组织[②]及欧洲理事会[③]的实施要求相一致。

《欧洲联盟运行条约》第 153 条第 3 款既不要求成员国引入任何特别或特殊程序，或明确、正式地要求社会合作伙伴参考相关条款；也不需要社会合作伙伴在实施指令而开展协议谈判之前提交联合要求。社会合作伙伴达成协议并将此协议送达成员国主管机构的行为，即可视为是符合条约第 153 条第 3 款第 1 项所规定的一种默认的联合请求。

324. 欧洲联盟委员会的《官方通报》继续指出：

依据《欧洲联盟运行条约》第 153 条第 3 款，成员国有责任保证在有关指令必须正式纳入国内法之日前，劳资双方已经通过协议来引入必要的措施。该成员国有责任"随时采取任何可以协助落实协议的措施，以确保指令或决定所要求达到的结果"。这一文字表述实际上相当

---

① Case 91/81 (1982) ECR 2133; Case 193/83 (1985) ECR 427.
② 国际劳工组织第 100 号、第 101 号、第 106 号、第 111 号、第 171 号、第 172 号公约。
③ 《欧洲社会宪章》第 35 条第 1 款。

于某些指令对应条款的小幅修订版。①

(三) 社会对话(《欧洲联盟运行条约》第 154—155 条)

325. 劳资双方在共同体层面所展开的会议及观点交换的社会对话行为可能会形成包括集体协议在内的契约关系。该对话已经成为欧洲联盟经常讨论并且明确可预见的一个优先事项。依据《欧洲联盟运行条约》第 154 条第 1 款的规定,欧洲联盟委员会"应采取任何相关措施,通过确保给予均衡支持的方式来鼓励劳资对话"。这一表述及其方式强调了欧洲联盟创始者希望在联盟层面所发展的劳资关系体制的自愿性。这一趋势通过达成欧洲集体协议的可能性以及首次赋予社会合作伙伴制定欧洲法律的权利而得以强化。我们将在本书后面章节中予以讨论。

(四) 欧盟范围内有效的协议(《欧洲联盟运行条约》第 155 条)

1. 1991 年 10 月 31 日的集体协议

326. 马斯特里赫特高峰会议最终充分给予了欧洲集体协商的合法性,因为欧洲工业与雇主联盟、欧洲公共企业中心及欧洲工会联合会在 1991 年 10 月 31 日于布鲁塞尔签署的一份具有历史意义的协议,恰好为马斯特里赫特高峰会议的决定铺平了道路。在欧洲联盟委员会,尤其是当时的第五委员会(DGV)主任戴锦伯先生(J. Degimbe)的积极支持以及指导下,该协议进一步得以细化。②

327. 协议得以签订的原因有许多,尤其是相关各方,特别是欧洲联盟委员会、雇主组织及工会等机构的不同利益因素。

实际上,欧洲联盟委员会认为,欧洲联盟通过《共同体社会宪章》(1989 年)与《国家行动计划》来促进社会政策的手段并未收到应有的成效,因此正在寻求其他方式来显示出共同体有一公平的社会政策风貌。

---

① 欧洲联盟理事会 1992 年 6 月 24 日第 92/56/EEC 号指令第 2 条第 1 款;欧洲联盟理事会 1991 年 10 月 14 日第 91/533/EEC 号指令第 9 条第 1 款。

② R. Delarue, 'Europees Collectief Overleg: Tussen Euroforie en Eurofobie'. *De Gids op Maatschappelijk Gebied*, 1991, pp. 1083-1094.

社会合作伙伴、雇主以及工会代表则必须面对这样的事实：由于众所周知的民主缺陷，他们在共同体立法过程的参与程度相当不足。

其次，对雇主而言，他们更担心欧洲联盟立法，特别是可能对商业规定不当的严格限制性义务的劳动法指令。与此同时，欧洲工业与雇主联盟的代表们也不愿一直在社会政策领域对委员会的议案持否定的态度。

另一方面，工会则一直急切期待着在欧洲层面发挥更具影响力的作用，以为其会员和劳动者争取更多的权益。欧洲工会联合会在卢森堡的全体会员大会中曾经清楚地表达了这一立场。

时任欧洲工业与雇主联盟秘书长的帝斯基维兹（Z. J. A. Tyskiewicz）则对此作出如下说明[①]：

> 为何欧洲工业与雇主联盟要接受欧洲层面集体谈判协商的构想？为何我们走这条路？为何我们在呈现出由中心层面降低到工厂层面集体协商趋势的欧洲要把协议权集中并提升到欧洲层面？原因是雇主们相信马斯特里赫特高峰会议会导致欧洲联盟委员会与欧洲联盟理事会在社会领域获得更多的权力：更大范围内地使用特定多数的投票原则，从而在社会领域通过更多的立法措施。但到目前为止，欧洲共同体的社会立法经验表明，立法者正走向错误的方向。
>
> 立法者太拘泥于小节，太过于事无巨细，想从布鲁塞尔欧洲联盟总部控制一切事务。我们相信，要阻止这种立法问题的方式，就是我们自行协商解决其中一些议题。我们认为自己在坚持辅助性原则方面会比立法者做得更好。同时，我们也相信工会会有同感。我们的成员与工会的成员将会时刻监督着立法者，因为工会也不愿意丧失其国内自主权。他们自然不希望有欧洲层面的组织在其领土内践踏这种自主权。这是一种比较明智的做法。他们会支持我们达成仅具有广泛架构类型

---

① 'Social Policy after Maastricht. The point of view of the employers'，November 1992 [油印品]。

的协议,而非从委员会那里获得那种事无巨细的立法规定。

这就是我们同意开展协商的原因。工会有其不同的理由。当然,他们可以从欧洲立法者那里要比从欧洲雇主这里所获利益更多。但对于他们而言,重要的是巩固他们于欧洲层面的角色,因为在许多情形下,他们在国内失去了权力与影响力,而协商是一种他们能重新获得部分欧洲层面权力的方法。尽管他们与我们彼此之间的动机不同,但我们却能达成相同的结论。

328. 欧洲工会联合会与欧洲工业与雇主联盟两大组织事实上均发生了改变。直到1991年的第七届大会时,欧洲工会联合会只是其属下的44家国内联盟的一个协调机构而已。当时,有15个行业部门委员会并未包含在决策架构中,而英国的工会联盟(TUC)与北欧的工会希望维持现状。但是,诸如比利时的工会等组织则希望能继续发展并建立起一个超国家的架构。这一想法最终于1991年5月在卢森堡的全体会员大会中得以实现。行业部门委员会开始在欧洲工会联合会内部整合,欧洲联盟的财政支持因此有所增加,而且其决策结构得以强化。假如没有上述变化,1991年10月31日的协议或许只会达成整合组织机构的目的,并无实际效果。

起初,欧洲工业与雇主联盟反对开展欧洲层面的协商。欧洲联盟的官方原则为,除了诸如安全与卫生、劳动者的自由流动、职业技能培训等某些特定领域外,劳动议题仍属于成员国的权限。然而在欧洲工业与雇主联盟内部,这种想法开始发生变化,因为从长远的角度来看,制定某些欧洲层面的劳动法似乎不可避免。因此,最好还是加入欧洲层面谈判协商的行列。然而,英国工业联合会的代表坚决反对开展最终可能展开的欧洲协商。咨询可以,但谈判协商免谈。英国的雇主们担心欧洲层面的协议或许会导致英国国内强制性的谈判协商。毋庸置疑,英国的保守党政府也不愿喜欢这一模式。虽然其他组织,例如希腊与葡萄牙等国的雇主组织,也持怀疑的态度,但以比利时、法国与意大利等国牵头的大多数组织则认为欧洲工业与雇主联盟应发挥更具建设性的作用,而且以后者的意见占据了上风。

包括欧洲工会联合会在内的社会合作伙伴将必须进一步发展其超国家化的决策结构。这不可能按照全体一致同意的表决方式来继续运作,因此在这里也呼吁采取特定多数的原则作出决定。

329. 这些多元化的利益为当事方达成协议铺平了道路,欧洲联盟委员会及社会合作伙伴们同意扩大委员会的角色以及社会合作伙伴的咨询角色,促进彼此之间的对话,并赋予劳资代表先行尝试通过集体协议来建立欧洲最低社会安全标准的权利。在此意义上,社会合作伙伴的重要性要优于欧洲联盟议会,因为后者并没有参与这一立法程序。这部分并不属于传统的立法程序。只有当社会合作伙伴无法成功达成集体协议、其提案没有通过理事会决定的形式予以实施时,欧洲联盟的立法程序才会恢复到原来的流程。当然,其中最大的技术困难之一就是如何设计这一程序,使这些集体协议对国际社会整体的义务方面具有效力,也就是对欧洲共同体内所有相关的雇主与员工都具有法定约束力。

社会合作伙伴之间于 1991 年 10 月 31 日在布鲁塞尔所达成的协议,据说为马斯特里赫特高峰会议准备通过条约第 3 条第 4 款及第 4 条的规定铺平了道路,这些条款包含有在欧洲层面开展集体协商的法律依据。然而如前所述,这些并不代表欧洲联盟已经解决了庞大而错综复杂的法律问题,这是因为集体协议本身就是一种相当复杂的结构,在欧洲层面更是如此。

2. 马斯特里赫特条约(Maastricht Deal)

330. 以加强社会合作伙伴之间对话为基础、关乎欧洲联盟未来社会政策的《马斯特里赫特社会政策协定》规定如下:

> 假如欧洲联盟委员会与社会合作伙伴之间就共同体可能采取行动的方向或可咨询的共同体行动进行磋商时,社会合作伙伴可向欧洲联盟委员会表达他们有就相关问题自行处理的意愿并启动条约第 4 条所规定的程序。该程序的期限不超过 9 个月,除非相关劳资双方的组织与委员会共同决定延长该期限(第 3 条第 3—4 款)。

331. 已被纳入马斯特里赫特协议的《欧洲联盟运行条约》第155条的规定，为社会合作伙伴开展欧洲层面的集体协议奠定了基础。该条文规定："假如劳资双方确有此意愿，它们之间进行欧洲层面的对话可以产生包括协议在内的合同契约关系。"

在实施欧洲联盟层面的集体协议时有两种方法可以使用，这些方法在实施这些协议时应：

——根据劳资团体及成员国的特定程序与实践；或

——在属于《欧洲联盟运行条约》第153条所规范的相关事务中，在缔约方的联合要求下，由欧洲联盟理事会依欧洲联盟委员会的议案作出决议。欧洲联盟议会应被告知此决定（《欧洲联盟运行条约》第155条2款）。

（1）根据成员国的实践来实施协议

332. 根据成员国的实践来实施由社会合作伙伴所达成的协议并不暗示着成员国就有义务直接适用该协议或制定协议转换为国内法的规则，也不要求成员国有义务去修改国内现行有效的立法以促进协议的实施。这意味着，欧洲集体协议必须在成员国内通过各国常用的集体协商制度来实施。此举清楚地显示出，各成员国在本阶段并不希望以任何形式去改变国内的协商体系。

这种实施协议的做法无疑将产生许多复杂的问题。我们将在本书导论部分的第四章中加以讨论。

（2）通过理事会决议来实施协议

333. 欧洲联盟理事会在协议缔结方的共同要求下并根据欧洲联盟委员会的议案，可通过决议来实施某项协议，无论该决议是一项法规、指令，或者甚至只是一项建议。理事会应采取特定多数表决原则采取行动，除非相关协议涉及《欧洲联盟运行条约》第153条第2款所提及的领域之一，而在这种情形下应采取全体一致投票决定原则（第155条第2款）。但这里也会有许多问题产生，我们将在第四部分进行讨论。为符合上述程序，这些欧洲联盟的集体协议必须置于一个较普遍的角度并且须有解释性的说明。

3. 欧洲联盟委员会 1993 年文件
（1）协议的达成
334. 根据 1993 年的《官方通报》：

> 社会合作伙伴针对欧洲联盟委员会有关共同体行动的内容，可接受议案咨询并表达意见，或者在恰当的时机向委员会提出建议。或者，正如《欧洲联盟运行条约》第 154 条所规定的那样，社会合作伙伴也可以"告知委员会其启动《欧洲联盟运行条约》第 155 条所规定程序的愿望"。假如它们决定采取后一种程序，他们可以独立地展开协商程序，这可能会导致双方直接达成协议。该协商程序的期限最长可以达到 9 个月，并在委员会同意后可予以延长。

> 但是，这里的问题在于，代表某些职业或部门的社会合作伙伴所达成的协议是否足够作为欧洲联盟委员会暂时中止其立法行动的基础？这一问题的答案必须视具体情况而定，尤其应根据该协议的性质与范畴以及相关社会合作伙伴间所做的任何协议对议案力求解决事项的潜在影响等因素加以考虑。

> 社会合作伙伴在独立的协商过程中，并不需要将自己局限在欧洲联盟委员会所提草案的内容或者只是单纯地加以修订。然而，我们需要时刻牢记，欧洲联盟的行动不得超越委员会议案所涵盖的领域。相关的社会合作伙伴应是指那些愿意彼此进行协商的合作伙伴。虽然此类协议完全掌握在各种不同的组织手中，但委员会认为，协议签署方的组织应牢记《欧洲联盟运行条约》第 153 条第 2 款有关中小企业的规定。

> 除非相关社会合作伙伴与欧洲联盟委员会共同决定加以延长，否则该协商的期限不得超过 9 个月。11 国所签署的《马斯特里赫特社会政策协定》已经将委员会在延长期限的决定中与社会合作伙伴联系起来，并授权欧洲联盟委员会评估劳资团体在规定期限内达成协议的可能性。这样可以避免无谓的延长协商，以避免委员会的立法能力受到

阻碍。在评估劳资团体协商时,该委员会将完全尊重社会合作伙伴的独立性。

335. 该《官方通报》继续指出:

因此,社会合作伙伴在9个月期限到期时或者到期之前,必须向欧洲联盟委员会就协商结果提交一份报告。该报告可告知委员会:

(a) 它们达成了一项协议,并共同要求欧洲联盟委员会向欧洲联盟理事会提出议案,建议后者做出实施该协议的决议;或

(b) 它们达成了一项协议,但双方倾向于根据劳资双方及成员国的程序与实践来实施该协议;或

(c) 它们估计该协商过程将会超过9个月,因此要求欧洲联盟委员会与它们确定一个延长后的新期限;或

(d) 它们无法达成一项协议。

一旦出现上述第d项的情形,欧洲联盟委员会将根据社会合作伙伴在协商中已经完成的事项,考虑在相关领域建议相关立法措施并将其议案呈送欧洲联盟理事会讨论决定的可能性。经济与社会委员会及欧洲联盟议会将根据《欧洲联盟条约》规定的程序接受咨询。

无论如何,欧洲联盟委员会在不影响社会合作伙伴自主性原则的基础上(《欧洲联盟运行条约》第154条与第155条所规定的原则),认为必须充分告知欧洲联盟议会所有阶段有关社会合作伙伴咨询或协商程序的信息。

336. 成员国的咨询程序依然持续存在。至于属于欧洲自由贸易区的成员国而言,咨询的时间点已做明确规定,议定书形成了共同体法规的一部分,就像《欧洲共同体条约》的其他规定一样。因此,凡是以《欧洲联盟运行条约》第155条为基础的决议可以延伸适用到欧洲自由贸易区会员国。在实践中,社会合作伙伴的组织一般也会覆盖欧洲自由贸易区的会员国,因此

事实上这些国家的相关组织也被整合参与到协议磋商程序的所有阶段,使得协商成为社会合作伙伴的事务之一。

(2)协议的实施

337. 在共同体层面达成的集体协议的实施方式如下:

(a)如果按照劳资双方及成员国的特定程序与实践,该条文则受到以下宣告的约束:

(b)最高缔约方的代表宣称有关共同体层面劳资协议适用的初步安排——可参照《欧洲联盟运行条约》第155条第2款的规定——将会包括根据每个成员国的规定通过集体协商来制定相关协议的内容。因此,这种安排并不强迫各成员国有直接适用这些协议或制定转换为国内法的规则,各成员国也没有义务去修改国内现行有效的法律以促进协议的实施。

(c)或者,在涉及《欧洲联盟运行条约》第154条所覆盖的事项中,协议签署方可共同要求欧洲联盟理事会依欧洲联盟委员会所提的相关议案作出决定。

(d)欧洲联盟理事会应采取特定多数表决原则采取行动,除非相关协议的一个或多个条款涉及《欧洲联盟运行条约》第154条第3款所提及的领域之一,而在这种情形下应采取全体一致投票决定原则。

假如有关社会合作伙伴决定通过自愿实施协议的方式进行协商,该协议的条件只有按照各自成员国特定的相关程序与实践才会对签署者所属会员具有约束力。

(3)欧洲联盟理事会

338. 欧洲联盟委员会认为,在社会合作伙伴的共同要求下,通过欧洲联盟理事会依其所提议案作出决定的方式来实施共同体层面的协议,这可能会促使理事会就所签署的协议通过一项决议。

欧洲联盟委员会由于自身作为欧洲联盟各条约守护者的角色,它会在考虑缔约方的代表性、任务、该集体协议与共同体法律有关的条款的"合法性"以及条约第153条第2款有关中小企业的规定之后,准备提请理事会决议的议案。无论在什么情况下,委员会在这一领域试图针对任何一项提请理事会决议的议案提出解释性的备忘录,说明欧洲联盟委员会对社会合作伙伴所达成协议的观点及评估情形。

如果欧洲联盟委员会认为自己不应该做出议案,并呈送欧洲联盟理事会作出决议,它会立即通知相关协议签署方自己的决定及理由。

339. 1993年的《官方通报》指出:

> 依照《欧洲联盟运行条约》第155条第2款的规定,当社会合作伙伴因实施协议而要求欧洲联盟委员会做出议案并呈请理事会决议时,欧洲联盟委员会并无咨询欧洲联盟议会的法定义务。然而,欧洲联盟委员会必须通知议会并附上相关协议文本,并随同欧洲联盟委员会呈请决议的议案及备忘录,以便欧洲联盟议会可以在必要时向欧洲联盟委员会和欧洲联盟理事会表达意见。
>
> 欧洲联盟理事会的决议必须局限于社会合作伙伴所签署的协议具有法定约束力。因此,该协议文本不属于理事会决议的一部分,但会附录在该决议之后。
>
> 依据条约第155条第2款的最后一段条文的规定,假如欧洲联盟理事会决定不实施社会合作伙伴所签署的协议,欧洲联盟委员会将撤回该议案并另作决定,同时将参考当时已经完成的工作,研究是否有必要在相关领域采取适当的立法措施。

4. 1995年12月4日有关育婴假的集体协议(2009年修订)[①]

340. 我们可以把达成有关育婴假的集体协议的基础与步骤以及通过指令实施的方式表述如下:

——如前所述,劳资双方可以共同请求欧洲联盟理事会依欧洲联盟委员会所准备的议案通过一项决议,以实施社会合作伙伴所达成的欧洲联盟层面的协议;

---

① 本框架协议由社会合作伙伴于2009年6月18日达成一致后进行修订。

——参考《共同体劳动者基本社会权利宪章》有关男女平等待遇的第16款的规定,除了其他内容之外,它要求"所采取的措施同时也应能促进男性与女性劳动者平衡在其职业与家庭义务之间的关系";

——尽管一直存在广泛的共识,但欧洲联盟理事会一直无法就1984年11月15日修正后有关育婴假指令的议案采取行动;

——依据《欧洲联盟运行条约》第154条第2款的规定,欧洲联盟委员会对共同体涉及有关工作与家庭生活协调议题之行动的可能发展方向,咨询劳资双方组织的意见;

——在考虑劳资双方组织关于共同体采取行动方向的咨询意见后,欧洲联盟委员会可根据条约第154条第3款的规定再次就其议案的实质内容咨询劳资双方的意见;

——相关跨行业的劳资团体组织(欧洲工业与雇主联盟、欧洲公共企业中心与欧洲工会联合会)在1995年7月5日的联名信中告知欧洲联盟委员会,社会合作伙伴有意依照《欧洲联盟运行条约》第155条的规定启动相关协商程序;

——上述跨行业的劳资团体组织于1995年12月14日自行达成一项有关育婴假的架构性集体协议,同时双方向欧洲联盟委员会提出联合要求,要求后者根据《欧洲联盟运行条约》第155条第2款提出议案,以理事会决议的方式实施该集体协议;

——欧洲联盟委员会随后在考虑缔约方的代表性、任务、该框架协议与共同体法律有关的条款的"合法性"以及是否符合有关中小企业的规定之后,起草有关指令议案;

——欧洲联盟委员会根据1993年12月14日有关促进社会政策议定书的《官方通报》,通报欧洲联盟议会该架构协议文本并附上有关指令的议案及解释性备忘录;

——欧洲联盟委员会也同样会通报欧洲联盟议会该架构协议文本并附上有关指令的议案及解释性备忘录;

——欧洲联盟理事会于1996年6月3日通过指令的方式实施关于育婴

假的集体协议。

5. 1997 年 6 月 6 日有关兼职工作的集体协议

341. 社会合作伙伴之间自 1996 年 10 月 21 日起针对此议题展开协商。当时的欧洲联盟委员会认为通过"非正规形式的工作（Atypical work）"指令的可行性似乎并不高，因此鼓励社会合作伙伴们参与此议题的协商工作。

该协议并未如欧洲工会联合会所期望的那样将所有非正规形式的工作全部纳入（例如临时工、短期合同、季节性工作、家庭内工作、远程工作等），而只是限定为兼职工作。

该协议有双重目的：

（1）消除对兼职工作劳动者的歧视，并改善兼职工作的质量；

（2）在自愿的基础上促进兼职工作的发展，并以考虑劳资双方需求的方式来促进工作时间的灵活安排。

该协议最终于 1997 年 12 月 15 日以理事会第 97/81/EC 号指令的方式得以实施。①

6. 1999 年 3 月 18 日关于有固定期限工作的框架协议

342. 由于欧洲联盟的社会部长会议未能就某些涉及扭曲竞争的雇佣关系或涉及工作条件的就业关系指令议案达成一致意见，欧洲联盟委员会再次咨询劳资双方对其拟提议指令草案的实质内容的意见。欧洲工业与雇主联盟、欧洲公共企业中心与欧洲工会联合会等一般性的跨行业组织，告知委员会希望能启动可促成一项集体协议的程序。这些组织于 1999 年 3 月 18 日达成了有固定期限工作的框架协议。

劳资双方通过该协议，希望能对有固定期限的工作予以特别关注，同时也表明，他们同样也在考虑为临时代理工作达成类似的协议。

协议签署方确定了有固定期限的劳动合同与劳动关系的一般原则与最低要求，其目的在于通过确保适用不歧视原则并建立一个框架来防止因连

---

① Council Directive 1999/70/EC of 28 June 1999 concerning the Framework agreement on fixed-term work concluded by ETUC, UNICE and CEEP, O.J. L 175, 10 July 1999.

续使用有固定期限的劳动合同或关系而导致的滥用行为,从而提高有固定期限工作的质量。

该协议于 1999 年 6 月 28 日以理事会第 1999/70/EC 号指令的方式得以实施。

7. 2002 年 7 月 16 日关于远程工作的自愿协议

343. 在欧洲工业与雇主联盟的倡议下,社会合作伙伴之间在社会对话领域制定了一项新策略,也就是远程工作自愿协议。

该协议的序言部分,如下所示:

> 在欧洲就业战略的背景下,欧洲联盟理事会邀请社会合作伙伴来协商有关工作安排现代化的协议,包括灵活的工作安排,其目的在于促进企业的生产力与竞争力,在灵活性和安全性之间实现必要的平衡。

344. 欧洲联盟委员会在其与社会合作伙伴就现代化和改善就业的关系协商的第二阶段,邀请相关社会合作伙伴对远程工作这一议题进行协商。在 2001 年 9 月 20 日,欧洲工会联合会(及其联络委员会欧洲管理干部委员会/欧洲行政总裁与管理人员联合会)、欧洲工业与雇主联盟、欧洲手工与中小企业协会及欧洲公共企业中心宣布,他们打算开始谈判以达成由各签署方在各成员国和欧洲经济区国家内的成员组织执行的协议。这样,他们希望有助于准备向知识型经济和社会过渡,欧洲联盟理事会在里斯本政府首脑会议上已对这一点达成一致。

345. 这种自愿性协议旨在设立由各签署方的成员可根据国内有关劳资双方设定的程序与实践来执行的欧洲层面的总体框架。各签署方还邀请其在欧洲联盟候选国的成员组织来实施这项协议。

这种协议的实施并不构成降低向本协议中的劳动者提供保护的总体水平的有效理由。在实施该协议时,各签署方的成员应避免增加中小型企业不必要的负担。

本协议并不会影响社会合作伙伴在适当层面,包括在欧洲层面,有权达成可以适应、补充本协议的其他协议，以考虑到相关社会合作伙伴的特殊需要。

346. 这种协议的实施与后续跟进工作如下所示：

根据《欧洲联盟运行条约》第155条的规定,这种欧洲层面的框架性协议应由欧洲工业与雇主联盟/欧洲手工与中小企业协会、欧洲公共企业中心及欧洲工会联合会（及其联络委员会,欧洲管理干部委员会/欧洲行政总裁与管理人员联合会）成员根据各成员国有关劳资双方的具体程序与实践来实施。

本协议应在其签署之日起三年内实施。

成员组织应向本协议签署方设立的特别小组（Ad hoc group）报告其实施情况,由社会对话委员会负责。此特别小组应准备有关协议实施行动的联合报告。该报告须于协议签署之日起四年内完成。

对于本协议内容方面的问题,相关成员机构可单独或共同咨询签署方。

如一签署方提出要求,各签署方应于本协议签署之日起五年后对协议进行审查。

347. 本协议也出现了许多法律及政治问题。

首先是法律问题,什么是自愿性协议？事实上,所有协议都是自愿的。这可能意味着该协议在此情形下并没有法律约束力,只会对协议签署方产生"道德上的后果",在法院并不具有强制执行力。在此情况下,协议会产生一些自觉遵守的行为准则。所以,假如某个成员组织没有遵循协议的规定,其他方也无法针对某签署方或其成员采取法律行动。

第二个问题是,签署方是否可以强制其组织成员来实施该协议？这将取决于各签署方从其成员处所获的授权。情况似乎并非如此,所以我们同样无法确定这种法律义务。

关于协议内容的解释,成员机构可咨询签署方。

这里,问题的答案显而易见：此协议并不能产生任何法律义务,它完全依靠成员机构的善意,这就可能会出现随意实施协议的情况。

348. 此外,协议在实施中出现了很多的困难。此类协议将根据成员国的国内惯例来实施。对于流行全国范围的集体谈判并可以采用延期程序的那些国家来说,这都不是问题,因为劳动者在这些国家享有《欧洲远程工作协议》中所包含的那些权利。对于英国等此类机制并不存在的其他国家来说,其国内的集体谈判可能只能提供部分帮助,而行为守则可能是实施协议的另一种方式。

说了这么多,这代表着一种欧盟法院并非必须干预的软法,因为欧洲没有这种可以解释的具有法律约束力的欧洲规则。另一方面,欧洲联盟议会在此情形下无法发挥其作用。

说了这么多,制定一项欧洲层面集体谈判的欧洲法规非常必要,除非这种"自愿性"的新道路属于可以实现欧洲联盟劳动法现代化的几种途径之一,也就是以一种协议不具有强制执行力的方式来实施。然而在我本人看来,这种方式太软弱无力,并且会进一步削弱已经软弱的欧洲社会模式。虽然欧洲工会联合会对此发展方式提出的质疑具有正确性,但欧洲联盟委员会将其视为里程碑式的协议,认为"该协议不仅有益于劳动者和商业,而且也是欧洲首个由社会合作伙伴自行实施的协议"。

8. 2004 年 10 月 8 日关于缓解工作压力的框架性协议[①]

349. 关于缓解工作压力的框架性协议就像远程工作的集体协议一样,也是一种自愿性协议。它的实施依赖于各国的具体程序与实践而非一项欧洲联盟指令,旨在建立一个雇主与劳动者代表可以携手共同防止、识别并对抗工作压力的框架性协议。

该协议的签署方包括:工会一方有欧洲工会联合会、欧洲职业与管理人员委员会(欧洲管理干部委员会/欧洲行政总裁与管理人员联合会联络委员会);雇主一方有欧洲工业与雇主联盟、欧洲手工与中小企业协会及欧洲公共企业中心。

该协议在 2003—2005 年度社会合作伙伴的工作计划的背景下签署,于

---

① Andrea Broughton,IRS,'Social partners sign work-related stress agreement', www.eiro.eurofound.ie,2004.

2003年9月18日开始协商，最终于2004年10月8日正式签署。

签署有关缓解工作压力协议的各方希望根据各国的程序和实践，而非通过理事会决议的方式来实施该协议，规定了三年的协议执行期限（2007年10月8日）。

各签署方的成员组织有义务向欧洲联盟层面的社会对话委员会汇报该协议的执行情况。社会对话委员会应在协议签署的三年时间内，准备每年协议执行情况的总结表格，并在签署协议后的第四年准备一份完整的报告。

成员组织可就协议内容的任何问题，集体或单独地向各签署方进行咨询，后者应集体或单独地回复这些问题。在执行协议时，应避免对中小型企业造成不必要的负担。该协议同时规定，协议的实施并不构成降低向本协议中覆盖地区的劳动者应提供保护的总体水平的有效理由。

在协议签署的五年之后的任何时间段，若有一方提出要求，签署各方将评估和审查该协议。该协议不得损害社会合作伙伴在适当的层面达成适应或补充该协议的其他协议的权利。

9. 关于预防工作中暴力和骚扰的框架协议（2007年）

350. 2007年4月26日，关于预防工作中暴力和骚扰的新的框架性协议由欧洲社会合作伙伴组织的秘书长们签署生效，这些组织包括欧洲工会联合会、欧洲企业组织、欧洲手工与中小企业协会及欧洲公共企业中心。自20年前欧洲开始社会对话以来，这是第六份由社会合作伙伴签署的框架协议。这也是继2002年远程工作协议与2004年工作压力的框架协议之后第三个自愿、自主的协议。

本协议的协商谈判开始于2005年1月欧洲联盟委员会正式咨询社会合作伙伴之后，根据《欧洲共同体条约》的要求在正式社会立法之前进行。经过十个月的协商之后，社会合作伙伴最终圆满达成协议。欧洲社会合作伙伴组织的决策机构于2006年12月批准该协议。目前，所有欧洲联盟成员国内社会合作伙伴有义务根据自身程序与实践，在三年内采纳该协议。

(1) 社会合作伙伴的声明

351. 在协议签署当天联合举行的新闻发布会中，社会合作伙伴们"以其各种形式"明确谴责性骚扰和暴力行为,并认可骚扰和暴力可能会影响任何一个工作场所和劳动者,"即使在实践中一些群体和部门可能面临更大的危险。"相关各方还将其圆满达成协议的结果作为《欧洲社会对话工作计划(2006—2008)》的一项重大成就。

随着协议的签署,签署方旨在提高各界对工作中骚扰和暴力问题的认识与了解,并向雇主和员工提供一种辨别并应对此类问题的行动框架。协议的根本目的是预防、识别和处理工作场所中的有关骚扰和暴力的问题。

(2) 协议的目标

352. 根据本协议的规定,社会合作伙伴应确保实现以下目标:

——企业应有明确的声明,表明对工作场所的暴力和骚扰绝不容忍,并制定一旦此类问题出现时应遵循的程序;

——关于决定、审查和监督适当措施的责任在于雇主,其应与劳动者或劳动者代表进行协商;

——如果恰当,第三方应制定有关解决暴力事件的规定。

(3) 协议的实施及后续跟进工作

353. 根据《欧洲联盟运行条约》第155条的规定,这一欧洲层面的自主框架协议应由欧洲工业与雇主联盟/欧洲手工与中小企业协会、欧洲公共企业中心及欧洲工会联合会(及其联络组织,欧洲管理干部委员会/欧洲协调委员会)等几个成员组织,根据各成员国及欧洲经济区内国家的有关劳资双方的程序和实践来实施。

签署方同样也邀请其在欧洲联盟候选国的成员组织来实施本协议。

该协议应于签署之日起三年内实施。

成员组织应向社会对话委员会报告本协议的实施情况。社会对话委员会应在本协议签署之日起第一个三年期限内,准备每年协议实施情况的总结表,并在签署协议的第四年内准备一份全面详尽的报告并经欧洲社会合作伙伴采纳。

354. 如任一签署方提出要求,各签署方应于本协议签署之日起的五年之后评估并审查该协议。

相关成员组织对于本协议内容的问题可单独或联合咨询签署方,后者可联合或单独回复这些问题。

当实施本协议时,应避免对中小型企业造成不必要的负担。

该协议的实施并不构成降低向本协议中覆盖地区的劳动者提供保护的总体水平的有效理由。

355. 本协议不影响社会合作伙伴在适当的层面上,包括欧洲层面在内,达成适应、补充本协议的其他协议,但其应考虑到相关社会合作伙伴的特殊需要。

人们对工作上的骚扰(Harassment)和暴力,包括因欺凌(Bullying)而导致或加剧的心理问题的认识有所增强。在此背景下,本协议应运而生。根据欧洲改善生活与工作条件基金会在 2005 年所开展的《第四次欧洲工作条件调研》(Fourth European Working Conditions Survey)——该调研报告于 2007 年出版,在之前的 12 个月内,平均每 20 名劳动者中就有一人在工作场所曾遭受过他人的欺凌或骚扰。尽管这种暴力的行为似乎更容易是工作场所之外的人所为,例如顾客或客户,而非同事所为,但遭受到暴力侵害的受害者人数也占到相似的比例。人们认为,从事某些类别工作的人群可能比其他人面临更大的风险,特别是女性劳动者、白领劳动者及在大公司工作的劳动者。①

10. 关于包容性劳动力市场的框架协议(2010 年)②

356. 2010 年 3 月 25 日,为实现建立一个包容性劳动力市场的目标,欧洲联盟层面跨行业的社会合作伙伴达成了一项新协议。该协议列出了社会合作伙伴所面临的主要挑战,制定了社会合作伙伴可以采取的一系列措施,以帮助弱势群体进入劳动力市场,使他们能停留在市场中并能得以发展。各签署方的成员组织有三年时间来实施此协议,并且要在 2014 年起草一份

---

① Sonia McKay, 'Social Partners Sign Agreement Combat Harassment and Violence at Work', Working Lives Research Institute, EIRO.

② Andrea Broughton, "EU Social Partners Reach Agreement on Inclusive Labour Market" *EIROnline*, 1 July 2010.

有关协议执行情况的报告。

本协议的签署方包括欧洲工会联合会、欧洲公共企业中心以及欧洲企业组织和欧洲手工与中小企业协会等组织。

（1）协议目标

357. 本协议打算提供一个总体框架，关注的重点是增强劳动力市场包容性的措施。本协议主要有三大目标：

——为了实现个人充分融入劳动力市场的目标，考虑其如何进入、重新返回、保留及发展；

——为了增强雇主、劳动者及代表其对包容性劳动力市场有利之处的意识、理解及了解；

——为劳动者、雇主和其代表提供一个"行动导向"框架，以认清创立包容性劳动力市场的障碍并寻找解决措施。

（2）包容性劳动力市场的主要障碍

358. 该协议列出了建设包容性劳动力市场面临的潜在障碍的清单，但是并不完整，每一项障碍对个人进入并完全融入劳动力市场都有潜在的影响。这些潜在的障碍包括：

——关于求职者及空缺岗位的信息；

——与招聘活动相关的障碍，例如招聘模式对各种各样的申请者不具吸引力；

——与培训相关的障碍，例如学习投入与获得学习机会的重要性，对个人技能、能力及专业经验的认可，以及培训的提供与劳动力市场需求之间的匹配性；

——雇主、劳动者、劳动者代表与求职者的责任与态度；

——工作生活议题，例如工作条件和工作组织安排、工作生活之间的平衡政策及职业发展前景等。

（3）可能采取的行动

359. 该协议列出了社会合作伙伴可以采取的相关措施，如下所示：

——组织增强意识的运动及行动计划，以改善经济部门或行业的形象；

——组织增强意识的运动及工具,以促进劳动力的多样性;

——传播有关空缺岗位与培训方案等信息;

——与第三产业开展合作,包括慈善与志愿者组织、非营利或非政府组织,以支持那些在劳动力市场方面有特殊困难的人士;

——与教育及培训系统合作,以更好地匹配劳动者个人与劳动力市场之间的需求;

——采取有针对性的、高效率的招聘方式与就职政策来保证适当的工作条件;

——为劳动者确定经过共同商定的个人能力发展计划;

——为劳动者和公司提高透明度与可转移性;

——促进企业提供更多、更好的学徒及实习合同。

(4) 重要建议

360. 该协议的附件包含有一份向政府当局与其他相关人员提供的建议清单,敦促他们设计并实施综合性的政策来促进包容性劳动力市场的形成,主要在以下方面:

——为在劳动力市场遇到困难的人提供具体的过渡性措施的程度与质量;

——就业与职业咨询服务的有效性;

——教育与培训;

——在国土开发领域提供充足的投资;

——可获得交通、护理、住房及教育;

——创设、维持与扩大企业;

——税收与福利制度。

(五) 1998 年 6 月 17 日欧洲一审法院的判决[①]

361. 欧洲手工与中小企业协会的确曾经要求欧洲联盟理事会废除 1996 年 6 月 3 日所通过的第 96/34/EC 号指令,该指令用来实施 1995 年 11 月 6 日所达成的有关育婴假的欧洲集体协议。欧洲手工与中小企业协

---

① *UEAPME v. Council*, T-135/96, ECR, 1998, 2235.

会希望自己作为完整代表性的欧洲社会合作伙伴可以以此方式获得欧洲联盟理事会的认可。该组织认为,它作为欧洲中小企业的代表有权参与协商并达成欧洲层面的集体协议。

然而,欧盟法院基于以下理由而拒绝支持欧洲手工与中小企业协会的意见:根据现行的欧洲共同体法律,并非每一个社会合作伙伴有权参与协商。而且,欧洲工业与雇主联盟也有中小企业会员代表,法院因此认为这些企业已有适当的代表性。

我们对于这项平淡无奇的判决深表遗憾。首先,从民主的角度来说,人们期望社会合作伙伴们在一定程度上可以在立法程序中替代经过民主选举产生的欧洲联盟议会。既然欧洲手工与中小企业协会代表了绝大多数的中小企业的利益,那么欧盟法院又怎么能拒绝欧洲手工与中小企业协会参与协商的要求?此外,如果从就业的角度而言,法院的判决不值得采纳。事实上,人们都承认中小企业为最优秀的就业机会创造者,但是他们被敬而远之。

然而,该项判决在基本社会权利的领域非常值得商榷。集体协商权是[劳资双方的]一项基本权利,属于国际劳工组织所规定的基本权利的核心内容。前面提及的国际劳工组织第87号公约与第98号公约明确地规范有关结社自由与集体协商的事项。而所有的欧洲联盟成员国以及各国的社会合作伙伴都属于国际劳工组织的成员。其次,国际劳工组织公约应该是欧盟法院尊重并适用的一般法律原则。换句话说,在有关组织是否具备欧洲层面代表性的标准没有明确法律规定的情况下,欧盟法院必须按照国际劳工组织公约的精神来处理。国际劳工组织反复强调代表性的标准应客观、简洁并且事先公开。欧盟法院应该已经引导欧洲联盟委员会建立了认定的标准,并且尊重这些准则。

欧洲手工与中小企业协会引入的有关实施框架协议指令所涉及的未决法律程序,根据其1998年11月12日与欧洲工会联合会之间所达成的合作协议而宣告结束。[①]

---

① 参见本书附录2。

2009年6月18日通过的关于育婴假的框架协议(修订版)的签署方也包括欧洲企业组织、欧洲公共企业中心、欧洲工会联合会以及欧洲手工与中小企业协会。

六、评估:社会倾销现象与双重社会

(一) 宏观经济环境:通货膨胀与抑制通货膨胀所必需的合理失业率

362. 欧洲货币联盟打算维持非通货膨胀式的经济发展模式。这种经济模式预设劳动力市场应存在一定比例的失业率。因此,一定程度的失业率增长是容纳了通货膨胀趋势的"调整工具"。

欧洲货币联盟的做法实际上阐释了某一经济学的理论,也就是芝加哥学派所强调的供应方经济学。从20世纪70年代开始,该学派的理论逐渐风靡全球,首先是在英美两国,随后是西欧、拉丁美洲、非洲和亚洲,而从20世纪90年代初开始,也包括了中欧与东欧等地区。

强调供应方作用的经济学与凯恩斯(Keynes)所主张的经济学政策形成了鲜明的对比,它不以市场需求与完全就业为中心,而是针对如何控制通货膨胀的问题。这一理论接受所谓的一定程度的国内失业率,因此其论点主要在于劳动力市场刚性结构所产生的后果。

当通货膨胀的威胁加速时,(独立的)中央银行将主动介入并逐渐提高利率。但是,此举会对就业产生负面的影响。

其理念在于,当失业率过低时,整个经济发展就会过热。因此,该学派认为,除非有一定数量的劳动者失业,否则过度通货膨胀现象将不可避免。

而抑制通货膨胀所必需的最低失业率英文简称为NAIRU(Non-accelerating inflation rate of unemployment),代表"抑制通货膨胀所需的合理失业率"的意思。这一最低失业率并非一种标准,而是根据各国的不同国情、根据不同时期的情形来确定。

363. 这种以增长失业率为手段来控制通货膨胀的做法是一种粗糙的处理手段,而且会导致持久且严重的伤害。例如,企业关闭、机器闲置,投资减少等。而且,企业破产数量正在增加,而长期失业的劳动者则无法就业,不再适合工作。

其次,造成通货膨胀加剧的原因有许多。物价上涨可能是支付公共服务费用(如交通运输)增加导致,或者是烟酒税或医疗等其他服务价格增长的结果。这些都是政府调控或是进口石油价格上涨所致的后果。

简而言之,企业与劳动者总是成为反通货膨胀政策下的无辜受害者,而事实上他们并不应该为逐步加剧的通货膨胀负责,因为他们所生产的物品或提供的服务价格可能已经逐步降低,但通货膨胀仍在上升的原因与他们在劳动力市场的表现无关。

当金融贷款的成本提高,"一些缺少大量流动资金的小企业很有可能在货币紧缩期削减投资"。无论如何,人们认为中小企业仍然是工作岗位的主要创设者。

(二) 灵活性

364. 以供应方为导向的微观经济学应给予企业更多的灵活性,使其不受某些规范性限制的约束,以此促进经济增长,同时创造更多的就业机会。于是,一些保护劳动者的措施,如最低工资、工时限制、解雇及其他相关规定等,都被视为不利于经济增长的因素,应予以排除。

尤其是,要降低劳动成本。劳动者的报酬必须根据其在劳动过程中所增加的经济价值来确定。

是否引入必要的灵活性则由各成员国及其社会合作伙伴来确定。无论如何,他们别无选择,因为市场的力量迫使他们如此选择。

365. 欧洲联盟的社会政策仍然属于成员国内政的事实意味着,社会倾销化不正当竞争——以蓄意使用较低工作成本并降低工作条件来吸引投资的做法——不仅可以接受,而且可以被全球接受,更是在欧洲层面被特意用来增加劳动力市场的灵活性。这样,市场的运作将更加全面:一些成本更昂贵的经营者将被迫放弃经营,除非他们能成功地降低成本,也就是降低经营成本。

在一个以市场为导向的全球经济模式中,服务与商品质量必须不断被提高,而价格则需要不断降低。这就意味着,企业因此会选择在最低成本的国家投资。当然，企业在决定投资时要考虑其他许多因素，但劳动成本则可能是最重要的一个。因此，欧洲各国之间相互竞争促使它们尽量降低劳动成本，因为其他人都是采取这种策略。这种发展趋势每况愈下，所以现在欧洲追求的是促进社会和谐方向发展。

这就像在剧院看戏一样。当第一排的观众为了更清楚看到表演而站起来时，后排的观众为了看清舞台也会站起来，这样一来第一排站起来的观众所获得的利益就会被消除。这反映在劳动力市场上则是薪酬与劳动条件的降低趋势。劳动成本必须下降，各国会争相效仿，而之前采取这种措施的国家最后也失去其竞争力。于是，各国只好缩减成本，这就意味着企业不断地重整与外迁，更多的机器替代劳动者的工作，更多的劳动者被企业裁员。显而易见的是，各国的社会保障体系不能再各行其是，它们必须屈服于残酷的全球市场经济形势，必须让位于最低社会保障要求。

（三）评估

366. 欧洲就业战略可以归纳为以下三大要点：

首先是实现并维持为抑制通货膨胀所需的合理失业率的目标；

其次是薪酬与劳动条件弹性的普遍化，此举通过往劳动者的生活引入不安定感的方式作为容纳通货膨胀的战略性因素；

最后是正在持续的不公平社会竞争，它不仅发生在不同欧洲联盟内部各成员国社会与财政体系之间，而且扩大至欧洲联盟以外的国家。这样一来，需要较高工资成本或关注社会政策更多的国家将失去竞争力。这就意味着欧洲联盟成员国自身与欧洲联盟之外的其他国家之间形成了一种制度化的竞争。

欧洲并没有"核心的"社会权限，以推动真正的社会政策，其中包括恰当的就业战略，涉及薪酬、工作条件——例如工作岗位安全——以及社会保障，主要是根据基本社会权利，也就是欧洲的最低标准来确定。

只有当欧洲联盟有权根据特定多数原则来作出决定的时候，尤其对某些"核心"社会议题与财税问题进行决策时，上述政策才可能实现。

目前人们所关心的是降低劳动条件的一体化标准，而非《欧洲联盟运行条约》第 151 条中"持续促进工作条件的改善"这一相当天真的承诺。

当然,欧洲必须控制其通货膨胀与公共财政。那么,是否能设想欧洲联盟无权采取恰当的社会措施以解决失业问题并设立最低标准?难道有关薪酬的欧洲集体协议就不能在欧洲层面具有一定的法律强制力吗?难道欧洲永远就不可能有最低工资的要求吗?难道设立欧洲社会政策体系的想法就一定要受限于某成员国的一票否决制吗?

简而言之,里斯本会议之后的《欧洲联盟运行条约》更多地超越了一种自由市场经济的选择或偏爱,这是大多数人会同意的一点。这种属于超自由(保守)政策类型的明确的终极选择,会永远阻止一种恰当的并且包括就业议题在内的欧洲社会政策。一旦《阿姆斯特丹条约》获得认可,这个政治选择将成为永远的事实。由于《里斯本条约》已经被批准,这种政治选择实际上已经成为一个接近永恒的讨论主题。而且,这一进程还会继续,因为欧洲缺少给予欧洲联盟更多社会权限的政治意愿。

第四章　欧洲劳动法:拖车车厢，还是火车头?

367. 毫无疑问,上一节给出了我们有关标题的答案。然而,它并不能否认这样一个事实:欧洲采取了某些重要的社会措施。首先,我们来看一下作为工业领域的两个重要部门取得社会进步的例证,即欧洲煤钢共同体的成就,随后再讨论这些共同体的发展记录。

第一节　欧洲煤钢共同体

368. 欧洲煤钢共同体①形成了欧洲共同政策的第一次尝试,它不仅涉及经济领域,而且也在社会和地区层面,以一种重要的方式完成了煤炭和钢铁领域意义深远的重组任务。在 1960 年到 1980 年之间,欧洲共同体的煤炭产量从 4.5 亿吨下降到 2100 万吨,并且失去了 100 万个工作岗位。从 1984 年到 1988 年之间,每年有 4 万个工作岗位消失。在比利时,劳动者的人数下降到 68%。欧洲的钢铁行业也同样受到重创。在 20 世纪 70 年代的 10 年间,在 80 万个岗位中,有 30 万个消失了。这一现象还会持续。

《欧洲煤钢共同体条约》第 56 条向欧洲共同体提供了通过发放补助金(Subvention)来再次吸纳失业人员增加就业率,从而促进共同体创造新的经济活动的可能性。根据第一条款,非偿还性的重建贷款允许在其他产业部门创造新的就业机会。例如,欧洲在钢铁行业建立了重要的行业再培训计划。我们同时还应提及通过建房(廉租房)②为煤炭和钢铁业劳动者提供

---

① EC, *A Social Europe*, 4th edn. Brussels, 1990, pp. 49-51.
② European Commission, *Social Policy of the Community*, Brussels, 1996.

住房的计划。

369.《欧洲煤钢共同体条约》的有效期为50年,从1952年7月23日开始,一直到2002年7月23日为止。

在1960年,欧洲的钢铁行业有107.3万个工作岗位,而煤炭行业则有15.8万个工作岗位。但是到了2002年,钢铁行业与煤炭行业则分别只剩下了27.1万和9.4万个工作岗位。欧洲煤钢共同体以一种非常有效并富有社会责任的方式监控着这一变化。其权限如今已经转移给了欧洲共同体。

第二节 欧洲共同体

370.就欧洲共同体的社会发展而言,我们可以将它分为三个阶段:第一阶段是从1957年至1974年,这是欧洲采取相当谨慎策略的阶段。第二阶段是从1974年至1990年,这也是劳动法到1980年为止的第一个黄金时期,而在1980年之后则见证了欧洲社会经济的突然衰落。第三阶段开始于1990年,它以《共同体劳动者基本社会权利宪章》的通过为标志开始计算。

一、1957—1974年

371.在此阶段,欧洲共同体的经济发展指导纲要非常明显,尽管如此,欧洲在劳动者自由流动的框架下并且通过设立欧洲社会基金在劳动者的社会保障方面采取了一些措施。然而,共同体通过的由欧洲联盟委员会于1971年所起草的《共同体社会政策计划初步指导纲要》,[①]形成了欧洲的新气象,它导致欧洲联盟成员国元首与总理在1972年巴黎峰会上发表了以下

---

① 'Preliminary Guidelines for a Community Social Programme', *Bulletin of Comparative Labour Relation*, no. 3, 192, pp. 81-149 (out of print).

重要宣言:"参与成员国认为在社会领域积极采取行动与欧洲货币与经济联盟的实现具有同等重要性。"①

372. 于是,欧洲逐渐地为《社会行动计划》(Social Action Programme)的产生铺平了道路。该计划于 1974 年 1 月 21 日经由欧洲联盟理事会通过。②理事会指出了采取措施以实现下列优先事项的必要性:

——在共同体内实现完全、更理想的就业目标

(1) 成员国之间就其就业政策以及通过促进国内就业服务更好合作等事项建立适当的协商机制;

(2) 为成员国或第三国国民建立移民劳动者行动计划;

(3) 实施一项共同职业培训政策并建立一家欧洲职业培训中心;

(4) 有关促进男女就业机会与职训平等之行动,改善包括薪酬在内的工作条件。

——完善生活与工作条件,并在继续完善时尽可能兼顾两者的和谐发展

(5) 成员国之间就其社会保护政策设立适当的协商机制;

(6) 建立一项初步的行动计划,主要涉及工作场所卫生与安全、劳动者的健康以及促进工作任务的组织安排,首先应从劳动条件最艰巨的经济部门开始;

(7) 与成员国开展合作,通过起草试点方案(Pilot schemes)来实施采取特定措施与贫穷作斗争。

——增加劳资双方在共同体有关经济与社会决策中以及劳动者在企业中的参与

(1) 劳动者或其代表在共同体境内企业的渐进参与;

(2) 促进劳资双方在共同体经济与社会决策中的参与。

毫无疑问,这些行动计划仅有部分内容在 1976 年期满时得以落实,但

---

① Ph. Van Praag, 'Trends and Achievements in the Field of Social Policy in the European Communities', *Bulletin of Comparative Labour Relations*, no. 4, 1973, p. 150 (out of print).

② Social Action Programme. Resolution of the Council of 21 January 1974, *Bulletin of Comparative Labour Relations*, no. 5, 1974, pp. 135-187 (out of print).

是我们不应全盘抹杀其所取得的部分成果。

二、1974—1989 年

373. 这一时期可以区分为两个阶段:第一阶段为 1974 年至 1980 年,而第二阶段则从 1980 年到 1989 年左右,这一阶段以撒切尔夫人所领导的放松管制(Deregulation)的运动为标志。

374. 有些人把这一时期的第一阶段标为"一体化的黄金时期(Golden period of harmonisation)"。① 当时,欧洲通过了许多劳动法指令,主要包括:

——1975 年:关于同酬与集体裁员的两个指令;

——1976 年:关于男女工作条件平等待遇的指令;

——1977 年:企业转让以及劳动者既得权利的指令;

——1978 年:关于男女社会保障平等的指令;

——1980 年:关于企业破产倒闭的指令。

20 世纪 70 年代也出现了一系列有关工作安全与卫生的指令。

375. 然而,欧洲在 20 世纪 80 年代发生了新的变化。放松管制以及有灵活性的工作要求成为了对抗经济与社会危机、对抗经济增长缓慢与大量失业以及成功征服国内外市场等行动的神圣口号。撒切尔夫人及雇主的观点当时在欧洲占据主要地位:更多的规制会导致更多的失业并对劳动者形成相反的生产效应(Counter-productive effect)。当时许多指令议案都未能获得理事会的批准:例如"臭名昭著"的弗得林(Vredeling)提交的诸多议案——劳动者在具有复杂框架的企业中的知情权与咨询权的议案(1980—1983)、关于兼职工作的议案(1982)、有关临时工作的议案(1982—1984)以及缩短与工时重新组织安排的建议等。有关 1972 年的第 5 号指令的修正议案(1983)——涉及企业有限责任与劳动者参与形式——也同样未能成功。有关欧洲股份公司的议案,尽管在 1970 年就已

---

① F. Blanquet,1992:*L'Europe:vers L'harmonisation des Législations Sociales*,1987,working paper (*L'âge d'or de L'harmonisation*).

被提出,却是无疾而终。因此,我们不难理解 1984 年 6 月 22 日出台的新的社会行动计划野心不大的原因。[①] 该计划提到下列五个事项:

——失业,尤其是青年劳动者;

——新技术的引进;

——行业安全;

——社会保障的成本及其对企业竞争力与劳动者生活水平的影响;

——欧洲层级劳资代表之间在欧洲层面更加紧密的对话。

当时,欧洲的注意力集中在工作场所的安全方面,因而在这一方面通过了许多指令:关于保护劳动者免于曝露于与化学、物理及生物媒介有关危险的指令(1980)、关于预防某些工业活动主要事故危险的指令(1982)、保护劳动者免于铅中毒(Metallic lead)的指令(1982)、有关石棉(Asbestos)使用的指令(1983)及有关工作场所噪音的指令(1986)等。

376. 尽管如此,1986 年的《单一欧洲法案》在 20 世纪 80 年代后半期开始受到众多的关注,它主要是以建立欧洲内部市场为目的。1985 年有关内部市场的《白皮书》并未提到任何劳动法一体化的问题。此外,《单一欧洲法案》正如我们之前所述,它确认了成员国对涉及"受雇者权益事项"所具有的国家主权。因此,当欧洲共同体在这一领域采取行动时,理事会需要采取全体一致同意的原则。这样也使任何一个成员国可以针对欧洲联盟委员会有关劳动法的议案享有否决权。在此情形下,我们很难坚持欧洲的社会政策与经济与货币事务具有同等重要性的看法。毫无疑问,《欧洲共同体条约》第 137 条允许对劳动者的安全与卫生议题采取特定多数原则通过相关决议,这就促使欧洲联盟理事会于 1989 年 6 月 12 日通过了有关采取措施以促进工作场所安全卫生的框架性指令。该指令包括了一些安全与卫生的最低要求与一般原则,主要涉及工业危险的预防、职业培训、劳动者的知情权、咨询权以及参与权等。同时,该指令还应当被视为一些与工作场所、机械、个人保护设备及显示屏设备等相关的特定指

[①] O.J. C 175/1, 1984.

第四章 欧洲劳动法:拖车车厢,还是火车头? 173

令的基础。

377.《欧洲共同体条约》的一个新条款第 158 条,则强调了共同体内经济与社会凝聚力的必要性,这意味着应由结构性基金(包括社会基金、区域基金及农业基金等)的积极行动来消除不同区域之间的差异,以有利于经济不发达地区的发展。欧洲因此也形成了一些重要的决议。自 1993 年始,这些基金将以每年不低于 150 亿欧元的金额来运作。它涉及指导未来结构政策的五项目标:

——基金的援助将用来协助国民生产总值低于欧洲共同体平均值 75% 的地区;

——基金将给予那些为了促进企业重组、减少失业以及在新的经济部门创设新的就业岗位而经历着行业形势恶化的地区;

——长期坚持解决失业的问题;

——促进青少年进入劳动职业生涯的问题;

——继续努力解决结构性问题,尤其是与农业相关的事项。

378. 尽管如此,有些批评意见认为,1985 年的白皮书所提到的在 1992 年建成的内部市场属于单向、自由(但保守)、纯经济的市场,其中存在社会真空的现象。因此,有人呼吁应重视内部市场的社会层面问题,委员会于是成立一个部门性工作小组(Working party),其任务是针对共同市场的社会政策问题起草相关报告。欧洲联盟理事会也对此进行适当干预:在 1989 年马德里峰会上,成员国再次强调了共同体于 1972 年曾提及的社会政策必须与经济及货币政策具有同等重要性。

当时的委员会主席是出身于法国社会党的雅克·德洛尔(Jacques Delors),在他的积极领导下,上述这些发展最终导致《共同体劳动者基本社会权利宪章》的诞生。该宪章于 1989 年 12 月 9 日在法国斯特拉斯堡举行的欧共体成员国元首与总理峰会——英国缺席——得以通过,这恰好是法国 1789 年发表《世界人权宣言》200 周年的时间。其构想在于《共同体劳动者基本社会权利宪章》将在未来数年推动普遍的社会政策发展,特别是在与劳动法相关的领域。

三、1990年至今:《共同体劳动者基本社会权利宪章》与《社会行动计划》——《马斯特里赫特社会政策协定》

(一)《共同体劳动者基本社会权利宪章》

1. 宪章的设立

379. 基于公司而设立的有关劳动者的基本社会权利,一方面可以提高劳动者的生活水平,另一方面也可以增加社会共识(Social consensus)。首先,《共同体劳动者基本社会权利宪章》是建立在《欧共体条约》第136条的基础之上,基于各成员国已经同意提高劳动者的生活与工作条件,以便持续改善同时尽可能地协调好两种条件之间的关系。宪章的序文指出,促进经济与社会领域的就业是共同体的优先发展目标之一。为此,欧洲内部市场的实现代表着经济增长与创造就业的重大机遇。社会共识有利于加强欧洲的企业、整体经济以及创造就业岗位的竞争力。因此,这是保证可持续性经济发展的必要条件。

2. 宪章的目标

380. 宪章应利用国际劳动者组织的各项公约和欧洲理事会的《欧洲社会宪章》来保障欧洲的社会发展,尤其是以下事项:

——流动自由;

——生活与工作条件;

——工作场所卫生与安全;

——社会保护;

——教育与培训;

——平等待遇,反对各种形式的排外与歧视行为,包括基于性别、种族、人种、观点和宗教信仰不同为理由的歧视;

——流动劳动者与第三国民的平等待遇。

3. 宪章的范围

381. 关于宪章的范围,我们在这里需要指出不同的要点。首先,庄重的宣言只具有政治意义而无法律效力。有11个成员国政府支持的宪章属于具有政治意义的表述,仅此而已。除了宪章不具有法律效力的事实之外,有人可能会问:欧盟法院是否可以将宪章的规定视为"共同体法的一般原则"?答案是否定的。毕竟,法院如果确认某项全体一致同意的观点,就需要所有成员国签订的协定,但《共同体劳动者基本社会权利宪章》的情况并非如此,因为英国决定不加入此宪章。总而言之,该宪章既不是欧洲共同体法规中的一个文件,也不是所有成员国签订的、关于共同体法的、能够被法院所验证的与宪章包含的原则具有兼容性的协定。①它仍然需要通过共同体制定的政策来落实。共同体打算采纳的这项决定包含在委员会于1989年11月29日提出的《共同体行动计划》之中。

382. 应当强调,宪章的序言已经明文规定,本宪章的实施不会导致共同体权限的扩大,因为只有通过条约才可以授予相关机构权限。同样重要的是辅助性原则:在实施基本社会权利而采取措施的责任方面,欧洲必须适用辅助性原则,并根据具体情形而属于成员国或其组成部分或欧共体。这些权利的实施可以采用法律形式、集体协议或现行做法;如果恰当,还要求有关行业双方在各个层面积极参与。总而言之,人们应尊重共同体、成员国政府和社会合作伙伴各自的角色。最后,我们在宪章的序言中发现,本宪章试图通过成员国、社会合作伙伴的行动来巩固其在社会层面所取得的成果。而且,在共同体层面基本社会权利的庄重宣言,在实施时,与各成员国现有情况相比,不得提供采取任何倒退措施的理由。总之,宪章不仅针对雇员的权利保护,而且也针对自由职业者,在某种程度上也整体适用于欧洲公民。

4. 宪章的内容

383.《共同体劳动者基本社会权利宪章》包括我们刚才所分析的序言以及另外两个标题:第一个标题包括劳动者的基本社会权利;第二个则是宪章的实施。

(1) 十二项法律规定(Commandment)

---

① L. Betten,'EG Handvest van sociale grondrechten een hol vat?', *Sociaal Maandblad Arbeid*,1990,p.127.

384. 标题一包含 12 项小标题,具体可细化为 26 个小点。这些小标题涉及:

——自由流动权;

——劳动雇佣与报酬;

——生活与工作条件的改善;

——社会保护权;

——结社自由与集体协商权;

——职业培训权;

——男女平等待遇权;

——劳动者的知情权、协商权及参与权;

——工作场所健康保护权与安全权;

——对儿童与青少年的保护;

——对长者的保护;

——对残障人士的保护。

385. 上述列举的标题清晰地表明,宪章中包含的大部分社会权利已经由其他公约或欧洲共同体的相关法令所规范,因此它实质上并没有太多新的社会价值。例如,有关劳动者的自由流动权已在《欧洲共同体条约》第 39—42 条做了规定,有关职业培训的规定则可参见《欧洲共同体条约》第 150 条;而平等待遇则普遍存在于欧共体现有的众多指令中——尽管这并不包括条文中所谓的应采取措施以使男女劳动者在其职业与家庭义务之间取得平衡(第 16 点);有关工作场所健康保护与安全则由《欧洲共同体条约》第 137 条予以规范。

386. 然而,其他的标题则包含有一些新的要素。例如在雇佣与报酬的标题下,劳动者的下列权利应得到保障:职业自由(第 4 点);一份相当的薪酬并足以享有体面的生活水准,在非典型的劳动雇佣合同中有关薪酬的保留、保管或转移(第 5 点)以及免费使用公共就业安置服务(第 6 点)。在坚持生活与工作条件改善的基础上,有关工作时间的长短与组织安排,以及除不固定合同之外的其他雇佣形式,例如定期合同、兼职工作、临时性工作与季节性工作等涉及生活与工作条件的改善则必须依靠这些条件的趋同化。相关改善的措施在必要时必须包括雇佣规定中的某些方面的内容,诸如集体裁员与企业破产的程序(第7点)。同样,劳动者每周休息及带薪年假等权利也应受到保护(第8点)。劳动就业的条件必须以法律、某项集体协议或劳动合同等形式予以规定(第9条)。社会保护则包括适当水准的社会保障权益、足够的资源与社会协助(第10点)。

387. 至于在结社自由与集体协商标题下,工会(加入与退出)自由应予以保障(第11点),这同时还包括协商与缔结集体协议的权利,它不仅特指涉及欧洲层面的保护,而且也包含不同行业与部门之间层级的保护(第12点)。欧洲应明确地认可劳动者的罢工权以及鼓励通过建立与运用和解、调解与仲裁程序来处理劳资纠纷的必要性(第13点)。国内法律秩序将会决定上述权利在何种条件下、在何种范围内可以适用于军队、警察及公务部门(第14点)。

388. 劳动者的知情权、咨询权与参与权必须在企业或企业集团以及于一个以上成员国设立企业的公司中得以发展。上述知情权、咨询权与参与权必须以适当时机予以实施,尤其是企业在引入技术变革、出现重组或合并、集体裁员以及跨境服务的劳动者因其服务的企业所采取的雇佣政策等致其权利受损的时候(第17—18点)。至于儿童与青少年的保护而言,其劳动就业年龄不得低于15岁(第20点);这些劳动者必须享有公平的报酬(第21点),必须采取措施来保障其特定发展、职业培训与就业渠道;同时,这些劳动者的工作时间必须有所限制(不得超时工作),禁止18岁以下的劳动者从事夜间工作(第22点),而其职业培训应利用工作时间来进行(第23点)。年老的劳动者有权在退休时获得享有体面生活水准的资源(第24点)。最后,所有的残障人士必须享有额外具体的措施来改善其融入社会与职业。这些措施必须涉及劳动者的职业培训、人类工程学、就业渠道的便利性、机动性、交通工具及住房等事项(第26点)。

在多数情况下,宪章规定这些措施必须"适合每个国家的国情"、"根据国内法"、"符合国内的实践"、"依据国内立法与实践制定的条件"或"国内法律秩序"。另一种表述为:"考虑到各个成员国现行有效的实践",也就是指"有关劳动者的咨询权、协商权和参与权"。这些不同的表述绝非偶然,它们共同决定出适合采取立法措施的人员或机构:欧洲共同体、成员国或其他组成机构、社会合作伙伴或单个自然人或法人。

(2) 宪章的实施

389.《共同体劳动者基本社会权利宪章》的第二标题(第 27—30 点)主要涉及宪章的实施问题。它特别强调成员国有责任根据其国内的实践,主要是采取立法措施或集体协议等方式,[①]来保障这些基本社会权利,并实施内部市场良好运作作为欧洲经济与社会凝聚策略一部分所需的必不可少的社会措施。

因此最重要的一点是,成员国属于实施该宪章的先锋力量,之后才是欧洲联盟委员会。欧洲共同体理事会邀请委员会根据条约规定的权限来提交各项议案,以便运用法律文件来有效促进宪章的实施。此外,在每一年的最后三个月期间,委员会应就各成员国及欧洲共同体适用宪章的情形起草报告。该报告必须呈欧洲共同体理事会、欧洲联盟议会及经济与社会委员会。

(二)《行动计划》

390. 欧洲联盟委员会于 1989 年 1 月 29 日提出有关实施《共同体劳动者基本社会权利宪章》的《行动计划》。[②]依据委员会的意见,该行动计划包含一系列应开展的措施,以推动宪章原则中最紧急的方面。根据我们在前面已经提及的辅助性原则,凡所设定的目标由共同体采取行动要比成员国的效果更佳时,则由共同体执行。因此,委员会依此制作的议案只涉及宪章中提到的某些条款的一部分问题。事实上,委员会认为主动采取措施来实施有关社会权的责任属于各成员国或其组成机构、劳资双方以及所涉事项在其特定权限内的共同体。

在大多数情况下,委员会已经指出了提交议案的性质:关于法规、指令、

---

① 但这属于社会合作伙伴的任务。
② COM (89) 568 final.

决定、建议、官方通报或符合《欧洲共同体条约》第140条含义的意见等议案。其中,第一套议案代表了共同体最急迫需要优先发展的项目,已被列入其1990年的行动计划内。第二套议案则被包括在1991年的工作计划之中。1992年,委员会提交了更多的议案,要求理事会在18个月内就委员会的议案作出决定。但如果加上将议案送交给欧洲联盟议会、经济与社会委员会及劳资双方的团体征求意见的时间,整个程序的期限则为两年。当审查不同的提案或指令时,正如我们将在后面所讨论的那样,其总体结果并非完全失效。

（三）《马斯特里赫特社会政策协定》(1991年)、《绿皮书》与《白皮书》(1993年)

391. 已成为《阿姆斯特丹条约》(1997年)一部分的《马斯特里赫特社会政策协定》于1993年11月1日开始生效。现在讨论其实际实施情况为时过早。然而,人们注意到,自马斯特里赫特会议后,除了社会合作伙伴于1991年10月31日所签署的集体协议之外,欧洲在有关社会政策领域——总体上(grosso modo)——并未有重大进展。此外,委员会已经开始推动劳动者的知情权与协商权的咨询程序,这是其所提有关欧洲劳资联合委员会的议案在遭到以12国为框架的理事会的否决后所产生的结果。

1993年年底,欧共体委员会的委员帕德里克·弗林(Pedraig Flynn)提交了一份名为《欧洲社会政策:未来的抉择》绿皮书。

依据该绿皮书,欧洲社会政策正进入一个关键性阶段,这主要归因于三大因素:

(1) 现行的社会行动计划即将结束。委员会已经提出所有相关的47个议案,尽管有一部分重要的议案仍有待理事会的决议,但大多数已经获得通过。

(2) 欧洲联盟的生效已为共同体在社会领域采取行动开创了新的机遇;特别是在赋予了社会合作伙伴更重要的角色之后。

(3) 正在变化的社会经济形势,主要反映在严重的失业问题上,无论是在国内还是在共同体层面,都有必要重新审视经济与社会政策之间的关系。

委员会认为,在提交具体议案之前,这一形势要求欧洲开始对社会政策未来走向进行更广泛的讨论。

392. 为准备这份绿皮书,委员会公开呼吁,希望社会各界能提供更多的意见与想法。

其目的在于,希望借此能在所有成员国内,对欧洲联盟未来社会政策走向能激起更广泛的讨论。委员会将会仔细考虑这些讨论意见,并试图从中拟定出未来白皮书的主题。这份绿皮书并未谈到《马斯特里赫特条约》的程序性意义,因为这些问题属于委员会另一份《官方公报》的主题。

当然,只有在共同体将其注意力集中在整体议题的时候,也就是,在面对不断增长的失业率以及人们越来越多地对欧洲进入21世纪是否可以保持竞争力的担忧,如何协调经济与社会目标的时候,该程序才会发生作用。

在所有成员国中,人们普遍讨论了如何解决失业的问题,大多数的看法仍强调欧洲结构性失业的特点。相关讨论议题包括扩大劳动市场适应性的需求、薪酬差异应该扩大而且薪酬的调整应视经济条件为准等建议,以及究竟社会福利是否应该缩减或集中以便为就业提供更多动力等其他问题。这些讨论与以下问题紧密相关:所有成员国都面临着资助不断增长的社会保护体制的需求,它们寻求改善运作的方式以节约财源,从而使制度运作更具有效率。

与此同时,公众越来越担心一体化进程的影响可能会使其社会保护标准降低,这与《罗马条约》(Treaty of Rome)和《马斯特里赫特条约》明确规定的确保经济与社会共同发展的目标相矛盾。这个担心来自于欧洲单一市场的建立可能会造成社会保护标准的恶性竞争,也就是在共同体内,通过不合理的较低社会安全标准来获取不正当的竞争优势。不过,人们还有一种担心,欧洲层面的强制性行动可以成为各成员国内部社会保护标准改变的借口。

在此背景下,这份绿皮书与欧洲联盟委员会所设计的讨论过程在形成1993年白皮书的相关主题时进行了互动。该白皮书的主题为增长、竞争力与就业,已于1993年12月10日经理事会决议通过。

393. 这份绿皮书所主要强调的前提是,欧洲社会政策下一阶段的发展不能基于压抑社会进步以换取经济竞争力的想法之上。相反,正如欧洲联盟理事会在众多场合下多次提到的那样,共同体一直致力于经济与社会发展并进的使命。实际上,许多欧洲的影响与权力源于其财富的创造与强化人民的利益与自由之间的结合能力。

394. 绿皮书承认,欧洲要在现阶段实现这一理念并非易事。然而,假如欧洲想持续致力于寻求一种使其经济活力与社会进步相结合的可持续发展模式,则必须公开讨论相关议题并达成共识。欧洲联盟内丰富的文化差异性与不同的社会制度是其在当今快速变化的世界中具有竞争力的一项有利条件。所有社会都在不断学习,一旦各成员国及欧洲人民不再努力捍卫包含有欧洲社会独特价值观并在《欧洲联盟条约》中规定的这些共同目标,这种文化差异性或许将导致欧洲秩序的失控。

395. 绿皮书的第一部分阐述了欧洲共同体在社会领域已实现的成就。第二部分则仔细讨论了欧洲现在面临的挑战,考察了欧洲社会凝聚力下降的风险及其对欧洲重要的共同目标的威胁,这些目标注入社会保护、团结与高就业率等。其次,欧洲有必要制定一项新的中期策略,将社会与经济政策结合在一起,相互支持而非互相冲突。只有这样,欧洲才会有可持续性的经济增长、社会团结,重建公众的信心。人们承认,欧洲的生产体系需要建立于新科技的基础之上。没有创造的财富,就没有社会的发展。然而我们也必须承认,这种结构变化的结果将会对其他重要领域产生重大影响,例如就业密度、工作与生活条件、生活品质以及劳资关系的发展等。绿皮书的第三部分则讨论了联盟对于这些挑战可以采取的回应措施,包括成员国的期望以及共同体正在努力实现的目标。第四部分则是一个简短的结论。第五部分则汇总了绿皮书中不同部分所提及的问题。这些都是留待未来讨论的问题。

绿皮书在总结部分指出,欧洲正面临着一个转折点。下一阶段所作出的决策将确定欧洲在未来数年所采取的社会政策的走向。现在正是社会各界充分表达意见的时候。

四、《关于增长、竞争力与就业的白皮书》(1993年)

396. 1993年12月10日至11日,欧洲联盟理事会在布鲁塞尔政府首脑峰会上主要讨论了经济现状以及根据委员会所准备的一份关于增长、竞争力与就业中期策略的白皮书来解决失业问题的措施。该文件中通过了一项中短期行动计划,并自行监控其实施的情况;根据欧洲联盟与成员国两个层面的特定措施,旨在短期内扭转这一不利的发展趋势,然后在20世纪末之前,明显地降低失业人数。

该行动计划包括:

——在成员国层面建立有关促进就业政策的一般框架;

——在共同体层面采取特定的配套措施;

——一项监控程序。

397. 该行动计划的主要目标在于强化欧洲经济的竞争力。欧洲经济必须对新的要求作出回应。它必须能够适应目前在生产体系、工作组织安排与消费模式等方面发生了前所未有的变化的世界。该行动计划有四项前提条件:

(1) 健康的经济。

(2) 开放的经济。

(3) 促成团结的经济。

(4) 经济上的必要调整不应该使我们的社会模式遭到质疑。我们的社会建立在经济与社会进步、高度的社会保护与生活品质的持续改善等基础之上。首先是必须表现在就业者与失业者之间的团结;而这种团结的一项表达方式就是将部分生产所得优先用于投资与创造就业,尤其通过薪酬调整政策。除此之外,通过包含预防与再融合在内的综合性政策等方法,团结必须致力于减少社会排外行为。团结也必须表现在不同区域经济与社会凝聚力之间。

(5) 更分权化的经济;不断重视地方层面的重要性;经济需要关注新技术所提供的新的发展可能性,并使这些机遇在很大程度上可以延伸并带动中小企业的发展,创造就业岗位的潜力。

由于每个成员国的体制、立法及合同关系的特殊性,共同体的行动必须集中于目标的界定方面,同时在共同界定的一般框架下,允许成员国自由地选择适合其国情的实施办法。各成员国应特别注意下列措施:

——改善教育与培训体系;应提倡继续培训,尤其是确保专业技能的调整能满足竞争力与减少失业的需求;

——通过消除因法律规定而产生的过分苛刻的要求以及更多的机动性,增强企业内部和劳动力市场的灵活性;

——考察企业层面经济上比较合理的工作重组模式;此类措施不得导致工作的重新分配,而是与促进生产力相匹配的内部调整;

——对劳动力(法定负担的[社保]费用)的间接成本,尤其是低技能工作的成本进行针对性的削减,以实现生产所需的不同因素之间的成本平衡;除了其他事情之外,在稳定所有法定负担的费用并且减轻税负的普遍情形下,与环境有关的财政措施有可能成为抵销部分社保负担的方法之一;

——更好地利用以减少失业为目的的各项公共基金,通过一些更积极的信息政策,促进就业动机,并通过专门的机构来辅导求职者,无论该机构属于公立还是私立;

——采取相关措施以协助离开学校但未接受适当培训的青年人;

——发展能满足有关生活品质与环境保护等新需求的就业机会。

398. 行动计划中界定的共同框架将供成员国在制定政策时作为参考。欧洲联盟理事会将定期审查这些政策,以分析实施的效果并从该经验中学习应如何制定未来的行动方向。

共同体层面的具体行动则包括:

(1) 充分利用单一市场;

(2) 在交通与能源领域建立跨欧洲网络;

(3) 开展有关信息领域的基础建设;

(4) 资助信息领域的基础建设以及能源、交通与环境网络建设;

(5) 研究(1994—1998年的框架性计划,尤其是信息科技);

(6) 开展社会对话。

399. 行动计划的成功有赖于所有相关参与者坚持社会凝聚力的使命感。假如欧洲在所有适当层面就努力的目标与使用的方法等问题设立对话机制,那么该计划则更容易实现。为此,欧洲联盟理事会邀请欧洲联盟委员会继续致力于社会对话的发展并充分利用——受到《社会政策议定书》相关条款的限制——这一新渠道的各种可能性,并号召社会合作伙伴能有建设性的回应。

从 1994 年 12 月开始,欧洲联盟理事会每年会评估其行动计划所累积的成果,同时在认为必要时会采取有助于完成该目标的任何措施。

其中,欧洲联盟理事会的评估将根据以下因素:

——欧洲联盟委员会所提交的附带有新建议的总结报告;在此背景下,理事会会特别要求委员会研究新的就业资源问题;

——理事会根据各国就业政策的经验教训所制作的一份报告。

五、《欧洲社会政策白皮书》(1994 年)

400. 欧洲联盟委员会于 1994 年 7 月 27 日通过了一份《欧洲社会政策白皮书》。该白皮书阐述了委员会在下一阶段(1995—1999 年)社会政策发展的方式,随后是以《社会政策绿皮书:欧洲联盟的抉择》开始的大范围的讨论。委员会共收到 500 多项来自各种渠道的反馈意见。委员会的这份《增长、竞争力与就业白皮书》在坚持欧洲人民原来所称赞的社会保护基础的同时,也有助于针对创造就业需要的讨论,提供一种有价值的补充性观点。

该白皮书提出了若干建议,主要是打算形成下一个社会行动计划的讨论基础,该计划将在 1995 年由下一届的欧洲联盟委员会讨论予以通过。

白皮书强调欧洲社会政策必须服务于欧洲的整体利益与所有的欧洲人民,无论是就业者还是失业者:欧洲的社会政策的地位不得附属于经济发展或内部市场运作之下。欧洲需要寻找新的方法来协调经济增长与社会发展这两大目标的关系。

401. 社会政策白皮书的主要特点包括：

（1）经济与社会政策之间新的融合需求。该白皮书强调对社会政策采取更广视野的需求，特别是在当今经济与社会之间的主要冲突现象之下。社会政策不应只集中于劳动力市场与劳动法，而是应着眼于全体人民整体上融入经济与社会之中，尤应扩大有偿就业的渠道。

（2）工作——最优先事项。白皮书的核心信息是，为追求更好、更稳定的工作既是欧洲联盟的核心目标，也是欧洲联盟诸多最广泛的社会目标得以有效推动的方法。这份白皮书有助于实现《关于增长、竞争力与就业的白皮书》(1993)已经规划的程序，其中后者导致欧洲在1994年12月的德国埃森(Essen)峰会上通过了新的行动计划。

欧洲社会政策白皮书提出了另外两项与就业相关的重要事项：

——针对有关劳动技能的具体问题以及大量投资于培训，特别是通过欧洲社会基金，而设立一个单独的章节；

——为促进一个真正的欧洲劳动力市场的发展而开展的系列活动。

（3）发展并巩固立法基础。这份白皮书并未建议一长串的立法议程。然而，它关注两大主题：

(i) 强化现行立法计划。

(ii) 随着有关工作时间与青年人指令的通过，随着有关信息与协商指令所形成的共同立场的通过，在过去18个月内所取得的进展；该进展意味着现有的立法体系包含了之前的行动计划所解决的主要工作重点。该白皮书强调欧洲联盟委员会决心自现在开始一直至年底就以下被搁置的指令取得进展，这些指令涉及：

——劳动派遣；

——非典型的工作。

(iii) 假如无法取得进展，委员会将与社会合作伙伴重新讨论这些议案所涉及的议题。

(iv) 欧洲法的适用。

(v) 白皮书强调委员会积极落实现有立法的决心。例如在安全卫生领域,只有一个成员国将所有已通过的指令转换为国内法。

(4)强化合作与行动。该白皮书设立了未来在整个相关领域采取行动的具体议案与建议。其中,部分主要因素包括:

——建立一个高层讨论小组,以审查在单一市场运作中有关人员自由流动的问题;

——准备在下一年宣布的有关男女机会均等的新行动计划;

——重新强调劳资双方在欧洲层面社会对话的角色,以及增强与志愿机构和其他非政府组织之间的合作关系。

402. 该白皮书也号召在社会政策发展方面更长远的看法。特别是,它建议下列议题应于1996年召开的下一届政府间会议上予以重点考虑:

——确保欧洲社会政策再次建立在单一法律框架之上的需要。如果要尊重法律的完整性以及平等待遇原则,这一点至关重要。

——事实上,欧洲共同体的条约并未给予委员会任何明确的权限来打击种族歧视。假如条约的修订赋予了欧洲联盟相关权限,则修改的重点应该以立法形式以打击各种形式的歧视,包括种族、宗教、年龄与残疾等理由的歧视。

——无论现阶段是否能使欧洲联盟实现《公民的社会权利宪章》,首先应重视《共同体劳动者基本社会权利宪章》并界定欧洲联盟所有公民的社会权。

六、1996年迄今:失业问题

(一)欧洲联盟理事会埃森会议(1994年)[①]

403. 根据1993年白皮书巩固增长、促进欧洲经济竞争力的策略以及创设更多就业岗位的需求,1994年12月9—10日于埃森举行的欧洲联盟理事会会议决定在以下五项主要领域采取相关措施:

---

① See R. Blanpain, 'Work in the XXIst Century', in *Comparative Labour Law and Industrial Relations*, 7th ed. (ed. R. Blanpain and C. Engels), Kluwer, The Hague, 2001.

（1）通过增强对职业培训的投入以促进劳动力获得就业的机会。为此,其中一个关键的任务就是帮助劳动者获得职业资历,尤其是青年人。应尽可能使更多的人能够得到初步与继续培训,从而使其通过终身学习来适应因科技进步所带来的变化,并降低失业的风险。

（2）增进有利于就业的成长,尤其是通过：

——更灵活的工作组织安排,使其满足劳动者的愿望与竞争的要求；

——薪酬政策应鼓励创造就业的投资,现阶段需要适当的薪酬协定,使薪酬增长低于生产力的增加部分；

——促进新的行动,尤其是在区域与地方层面,以便考虑创造就业岗位所需的新要求,例如在环境及社会服务相关的就业领域。

（3）大幅降低非薪酬部分的劳动力成本,确保使雇主有意愿增加员工的雇佣,并愿意招募不太符合资质的人员。有关非薪酬的劳动力成本问题只能通过经济界、工会以及政界的共同努力才可以真正解决。

（4）完善劳动市场政策的效能：促进就业政策的效能必须避免任何有碍准备就业的行为,同时从被动转向积极主动的劳动市场政策。此外,必须维持个人在一般劳动力市场求职的动机。此处必须注意的是,在制定有关收入保障的措施时,应避免影响其就业的意愿。

欧洲必须定期评估有关劳动政策的文件的需要与效率。

（5）改进措施以帮助那些因失业而受到伤害的群体：有必要针对年轻人制定特别的措施,尤其那些刚离开校门、实际上不具备工作资质的年轻人,应提供其就业或培训的机会。

解决长期失业问题必须是欧洲劳动市场政策的一个主要方面；同时,有必要根据不同群体的差异及长期失业者的要求来修订劳动市场政策。

此外,应特别注意失业妇女及老年劳动者的困难情形。

404. 欧洲联盟理事会要求各成员国在考虑其经济与社会特色的基础上,应将上述建议转换成各国就业政策中的跨年度长期计划。欧洲联盟理事会要求劳动与社会事务委员会和经济与金融事务委员会以及欧洲联盟委员会密切关注欧洲的就业发展趋势,监控各成员国的相关政策；而且从

1995年始,每年针对就业市场的有关进展状况向理事会提交报告。

于是,欧洲联盟理事会每年会评估其行动计划所累积的成果,同时在认为必要时会采取有助于完成该目标的任何措施。

其中,欧洲联盟理事会的讨论主要将根据以下因素:

——欧洲联盟委员会所提交的附带有新建议的总结报告;在此背景下,理事会特别要求委员会研究新的就业资源问题;

——理事会根据各国就业政策的经验教训所制作的一份报告。

(二)《就业信心协定》(1996年)

405. 与此同时,欧洲联盟委员会主席信心十足地要求所有欧洲层面及各国层面的相关机构共同参与《欧洲就业信心协定》(1996年)。然而,除了堂皇的言词叙述之外,实际上可以落实的内容极少。尽管此举很有必要,但各成员国政府并无财力投资于欧洲的(信息)基础设施建设(Infrastructure)。欧洲联盟实际上未将其雄心勃勃的计划付诸行动,这就使欧洲的就业条件持续恶化。

七、《阿姆斯特丹条约》(1997年)

406.《阿姆斯特丹条约》通过引入新的涉及就业的标题(标题八)和社会政策标题(标题十一),从而包含有一些资本完善、反歧视的普遍原则并参考欧洲理事会制定的《欧洲社会宪章》等规定。

新增的社会条款章节纳入了《马斯特里赫特社会政策协定》,这个结果非常重要。一旦各成员国批准了该《阿姆斯特丹条约》,因英国自愿选择不加入而造成欧洲双轨制社会的现象将宣告结束。这就意味着,在欧洲层面的社会政策领域内可以进一步推动的可能性。

该条约并未直接规定任何新的有关集体或个人的社会权利。然而,它的确赋予了欧洲联盟相关机构在某些领域采取行动的法律基础,例如反歧视或就业政策等。一旦各成员国有此政治意愿并且依照辅助性原则,欧洲则有可能通过有活力的运作过程,允许在欧洲层面采取完全自主的行动。

407. 应特别注意以下主题:

——基本社会权利,这是从《欧洲人权保护公约》及《欧洲社会宪章》引申的权利,相关的议题包括不歧视原则、禁止歧视残疾、男女平等及数据保护等;

——促进就业标题:协调各国的战略,因为就业政策清楚地属于各成员国的权限范围;

——社会政策标题章节:它吸收了《马斯特里赫特社会政策协定》的内容,而且规定了正向歧视(Positive discrimination)的可能性;

——环境保护:在环保与高度就业之间寻求平衡;

——文化与非职业体育事务;

——有关适用辅助性原则与比例原则的议定书:它明确指出,对于涉及欧洲联盟与成员国共同享有管辖权限的事项,联盟只能在必要并且具有额外的(全欧洲联盟)价值的条件下才可以介入;这样,它把此事的最大权限留给了各成员国以及社会合作伙伴;

——轮值国主席对于就业、竞争力与增长所做出的决议。在该决议中,我们必须提到欧洲联盟委员会向阿姆斯特丹峰会所提交的建立单一市场的行动计划。以下是一部分非常重要的结论:

(1)为了维持促进经济增长与增加就业的良好势头(Momentum),卢森堡作为轮值主席国的欧洲联盟政府首脑理事会将召开特别会议,针对下列议题的实施情况予以审查:有关中小企业创造就业的潜能、竞争力咨询小组的成立、各成员国就业政策最佳实践研究等措施,以及依照理事会关于增长与就业的决议所提到欧洲投资银行(EIB)创造就业机会的行动等。欧洲联盟政府首脑理事会将邀请欧洲联盟委员会以及欧洲联盟部长理事会与欧洲投资银行进行合作,提交一份进展评估报告。

(2)欧洲联盟政府首脑理事会反复强调有必要针对创造就业采取积极且连贯的方法,维持稳定的宏观经济框架、完成单一市场的建设、积极的就业政策与劳动力市场的现代化,以促使成员国能实现完全就业的目标。

(3)欧洲联盟政府首脑理事会欢迎由财政与经济事务委员会(Econ-fin)、劳动与社会事务委员会及欧洲联盟委员会联合准备的中期就业报告以及由欧洲联盟委员会主席提交的《欧洲就业信心协定》的进展报告。

（4）有必要恢复一种可持续的、非通胀式的高增长率，以彻底解决共同体的失业问题，并因此迈向更合理稳定的公共财政运作。继续限制增长及增长程度的结构性不足可以理解为需要更多地创造就业机会。

（5）欧洲联盟政府首脑理事会高度重视在成员国内是否能创设可促进有工作技巧并适应要求的劳动力，以及对经济变化作出充分回应的劳动力市场等条件。这些条件要求成员国积极介入劳动力市场，帮助人民发展其可被雇佣的潜能。如果欧洲联盟想要维持全球竞争力并解决失业的痛苦，那么这种积极的行动绝对重要。

（6）对大多数成员国而言，有必要减轻整体税负，尤其是劳动方面的税负。同时，我们也应致力于限制性的公共开支重整，以鼓励人力资源、研发、创新以及提升竞争力所需的基础建设等方面的投资。

（7）此外，应加强与就业相关的培训与终身学习。欧洲需要重新审视税收与社会福利制度，以促进就业机遇，推行更积极的劳动市场政策。收入所得部分应兼顾效率与公平；也要以积极的方式使用社会转移机制并把社会福利体系转变为可积极主动鼓励就业的制度。

（8）欧洲联盟政府首脑理事会欣慰地注意到，各成员国通过不同的跨年度就业计划建立各项措施与政策的评估指标的努力。欧洲联盟理事会邀请就业与劳动力市场委员会及经济政策委员会等相关机构进行讨论，以便成员国确定那些属于有关促进就业议题的最佳表现与有效实践，并在制定其就业政策时予以考虑。

（9）社会合作伙伴对于薪酬微调的努力值得认可并且应该继续进行。其次，有关薪酬的集体协议应多考虑劳动者的资质与区域之间的差异性，从而有利于创造就业机会。

（10）欧洲联盟政府首脑理事会热烈欢迎社会合作伙伴所达成的有关兼职工作的协议，同时也呼吁这些参与者在协商时应牢记在劳动力市场的适应性与社会保障制度之间保持平衡，以便扩大就业的可能性。

（11）欧洲联盟政府首脑理事会欣慰地注意到，成员国能积极响应该机构在佛罗伦萨所举办的区域性就业会议。该会议的目的是挑选一些地区与城市开展区域性或当地的就业协定试点项目。欧洲于2011年11月在布鲁塞尔举办的会议中启动大约90项地区就业协定。

（12）欧洲联盟政府首脑理事会重申一个运作良好的内部市场作为欧洲联盟提升竞争力、经济增长与就业总体战略的一个必备因素所具有的重要性。该组织欢迎欧洲联盟委员会推动"单一市场的行动方案"①并支持其总体目标。该行动计划中所列举的四项战略目标应形成欧洲政策革新的基础，借此去除现有的障碍，以确保单一市场所有潜在利益的实现。

408.《阿姆斯特丹条约》设立的就业标题这一事实强调了失业问题已成为欧洲社会头号公敌的事实。

该条约的就业标题属于各国政府与社会合作伙伴正在努力实现的一部分事项，这是欧洲联盟政府首脑理事会在埃森会议所制定的内容，并在1997年7月2日"有关成员国与共同体广泛的经济政策纲要建议"中有所体现。该政策纲要并不属于具有法律强制力的规定，它只是供政府参考实施而已。这些纲要的目的是通过合理的公共财政来促进可持续性而非通货膨胀式的经济增长与高水平的就业率；能够有一个有助于经济增长、就业和

---

① 1.行动计划依据欧洲联盟委员会《关于单一市场的影响和有效性报告》。它设置了一些优先事项以指出欧洲现在所需要的明确与战略性的远见。行动计划确定了四项战略目标，它们同等重要，必须同时进行。

(1) **制定更有效的规则**：单一市场依赖欧洲的信心。妥善实施共同规则是实现这一目标的必由之路，而简化共同体和成员国层面的规则对于减轻企业的负担和创造更多就业机会也必不可少。

(2) **处理最主要的市场扭曲问题**：人们普遍认为，税收壁垒和反竞争行为构成了需要解决的市场扭曲问题。

(3) **消除影响市场一体化的部门性障碍**：如果欧洲能消除依然存在的障碍——当然，也包括任何新出现的障碍，那么单一市场将只会充分发挥其潜能。这可能需要采取立法行动，来填补在单一市场框架内的空白，但它也呼吁成员国内行政管理部门对单一市场态度应有重大变化。

(4) **为了所有公民的利益而提供一个单一市场**：欧洲在确保高水平的健康和安全以及环境保护的同时，其单一市场可创造就业机会，增加了个人自由，有益于消费者。但它还需要进一步采取措施，包括加强单一市场社会领域事项的措施。未来充分享受其单一市场的权利，欧洲公民必须意识到这些权利并能够迅速地获得救济。

在每一个这些战略目标内，欧洲联盟委员会已经确定了为数有限的重要具体行动，其目的在于到1999年1月1日之前改善单一市场的运作(E.C., Forum. Special Jobs Summit, Brussels, 1997, p. 11)。

融合的宏观经济政策混合;稳定物价与汇率;更好地运作产品与服务市场,促进就业与劳动力市场的改善。欧洲联盟理事会希望各成员国能努力推动埃森会议所形成的战略决议。

该建议呼吁:

——采取更多的努力来减少劳动力市场的僵化程度并确保更有效的运作,同时要能"确保社会保障制度的公平与效率"。

——应完善劳动的职业与地区流动性;加强就业服务的效率,以"减少阻碍就业增长过程的瓶颈"。

——包括职业培训在内的整个教育体系必须加以调整,以"适应市场的需求"以及人力资本的完善。欧洲当前首要的工作是提升失业者受雇的可能性,尤其那些低技能、无工作经验的劳动者,并减少与劳动市场学非所用的情形。

——对于青年人及妇女等群体的就业前景予以更多的关心。

——应通过"维持合理薪酬发展趋势以及在一些情形下通过更好地反映生产力差异因素的薪酬",来实现较高的就业增长。如有可能,应致力于降低非薪酬成本,以鼓励就业,并且应注意雇主可以雇用弱势群体的诱因。此外,对于兼顾企业与劳动力互利的工作时间与工作组织安排的调整有助于就业。

——应该鼓励在新型劳动力密集的服务业采取地方性和区域性的就业措施。①

409. 1996 年 11 月 29 日,欧洲公共企业中心、欧洲工会联合会和欧洲工业与雇主联盟等社会合作伙伴发表联合声明,呼吁制定欧洲层面的就业协调战略。

但是,这些努力似乎未能有效解决欧洲的失业问题。目前积极进行中的欧洲货币战略以及对于劳动力市场更多灵活性的不断要求,似乎并不足以解决欧洲数百万人口大规模失业的问题。

---

① *European Industrial Relations Review*, September 1996, no. 272:2.

第四章　欧洲劳动法:拖车车厢,还是火车头?

(一) 卢森堡就业峰会(1997年11月)

1. 欧洲联盟委员会的数项议案

410. 欧洲联盟理事会于1997年11月20—21日在卢森堡召开以就业为主题的特别会议,欧洲联盟委员会在会前公布了一份包含许多议案的文件。①

委员会于草拟的欧洲就业指导纲要中,提出一项整合的就业策略。它建立于四大支柱之上:包括创业精神,就业潜能开发,就业调适与就业机会均等。

(1) 欧洲联盟创业精神所形成的新文化

411. 这一构想是希望能创造一种新气象与新氛围来激励创设出更多、更好的工作岗位。我们必须制定一套更清楚、稳定与可预期的规范,使企业得以顺利设立与经营。各成员国应审查并简化中小企业的行政负担。

——对于增加雇员的企业,应显著地减少其劳动成本;

——修改有关受雇者转变为自由职业者的规范,对于人们从受雇者转为自由职业者以及开设小规模企业——尤其是在现有的社会保障制度内——所面临的障碍应予以解决;

——发展具风险资本的市场,由此促进雇主与创新者的资本与财富流动;成员国应仔细检查中小企业的具体财务需求,只要是以股权形式或资本担保的形式;

——在2000年之前,欧洲应建立一个泛欧洲的二级市场,供不太重要的股票与股份进行交易,特别针对中小企业(二级资本市场);

——改善税负制度,使其更利于劳动者就业;为了鼓励企业创造新的就业岗位,成员国应改变目前这种长期存在的、高比例的劳动税负与收费(已经从1980年的35%升至1995年的42%);

——在维持财政预算中立的原则下,制定减少劳动税负的目标,并在2000年之前能取得实质性的进展。

(2) 创造欧洲联盟就业能力的新文化

---

① *Forum special*, *Jobs summit*, 1997.

412. 这一构想是希望能借助于教育与培训体系的现代化并加强其与工作场所的联系,来缩短技能方面的差距,从而使包括求职者在内的所有劳动者都适合获得新的就业机会。最近,欧洲联盟国家中有超过20%的失业青年在接受教育与培训后未获公认的资质。而在那些已经正式失业的成年人中,仅有10%的人获得了职业培训的机会。这就意味着,因为缺乏有适当技能的劳动者可用,所以不少工作岗位人选仍旧空缺。为了提高个人的就业能力,我们必须:

——解决长期失业与青少年就业问题。成员国应尽早确定个别需求,尽早采取行动,可通过就业、职业培训、再教育、就业安置或其他任何就业辅导措施等形式,使每一位成年失业者在其失业期超过12个月之前能够重新开始工作。而每一位失业的年轻人则应于失业期满6个月之前能获得重新就业的机会。

——简化年轻人从学校进入职场的过程。对于总数占10%的在教育早期阶段辍学的年轻人,以及占45%的未能完成中等教育的许多失业青年而言,其就业前景不容乐观。成员国应在未来五年中致力于减少50%退学率,同时采取渐进的方式以减小无法完成高中教育的人数比例。

此外,欧洲应完善实习制度,同时根据最佳表现的成员国的做法,增加实习培训活动。

——从被动应对到积极主动地采取措施。包括福利津贴与培训制度应确保可以积极支持失业者的就业能力,同时应提供明确的激励因素,使失业者可以寻求并接受就业或参加职业培训的机会。各成员国应制定目标,协助一定数目的人从被动的收入获得者转为积极主动的工作者。

——发展合作伙伴制的模式。欧洲的企业与社会合作伙伴应共同努力,提供必要的工作经验与培训职务,将财富投资于未来。社会合作伙伴必须尽快确定关于整个欧洲的工作场所如何开放的一个框架性协议,并协商相关的工作条件与期限,用以开展培训、工作实习、培训生制度及其他形式的就业能力开发。

继续开展过去五年来一直进行的薪酬微调努力,它有助于提升整个欧洲的经济发展,并可增加创设新的就业岗位机会。

(3) 提高欧洲联盟劳动适应能力的文化

413. 这一核心文化背后隐含的构想是为了使企业与劳动者可以接受新技术与进入新的市场的条件。

为了促进并鼓励就业适应能力,我们必须:

——落实工作组织安排的现代化。社会合作伙伴与成员国应重新思考目前的工作模式。人们建议,社会合作伙伴应在适当的层面,针对工作组织及灵活的工作安排——包括工作时间的缩短在内——等议题进行协商。成员国应实施一种具有更多适应能力的合同形式,对于那些从事非典型工作的劳动者应给予更多的安全与职业身份保障。此外,选择兼职工作或缩短工时的工作者不应因此而在其职业生涯发展与社会保障部分遭受到不利的待遇。

——支持企业内的适应能力。为了重新调整企业内部的职业技能水平,成员国应消除税负及其他障碍,以便促进企业的人力资源发展。同时应提供税收方面的激励机制,以发展企业内部的职业培训。除此之外,也应鼓励采取可以刺激劳动者接受职业培训的措施。

各成员国应再次关注其有关提升劳动力、创设具有可持续性的工作岗位以及提高劳动市场运作效能的国家援助政策。

(4) 欧洲联盟工作机会均等的文化

414. 这一构想的目的在于促进企业的现代化,使男女工作者能够在平等条件下工作,具有相同的责任,从而发展欧洲完整的经济增长能力。为了强化平等机遇,我们必须:

——解决性别歧视问题:成员国应致力于就业机会均等,并努力打破性别分化现象。通过积极支持女性就业率的增加,继续努力缩小男女失业率的差距。

——协调工作与家庭生活的关系:有关职业中断、育婴假及兼职工作等政策对于女性劳动者尤为重要,因为社会需要能照顾儿童及其他受抚养者或赡养者的人员。成员国应力求提高照顾的水准,采用最先进成员国的标准作为参考。

——方便劳动者重回工作岗位。对因故中断就业后考虑再次返回有偿工作岗位的女性应给予特别的重视。这些妇女相对于其他劳动者而言,其面临着由于工作技能落伍而导致就业能力较差的问题;而且,她们如果没有登记注册为"求职者",也会缺乏职业培训的机会。其次,负面的税收与福利制度可能会降低这些人求职的经济动机。成员国应特别注意并解决这些问题及其他相关的障碍。

以上四项核心内容代表着欧洲联盟委员会采取行动的优先顺序,也代表着转型中的欧洲所主张的工作重点。这些工作指导纲要参考了各成员国的就业政策,而非属于欧洲层面的新行动。这些指导纲要通过宣布欧洲的长期目标而对传统的就业思维提出了挑战。

欧洲可以通过一起行动来改善其就业现状,确保企业与劳动者可以完全适应并参与全新、多元化、以技能和过程为导向的欧洲经济。

2. 社会合作伙伴

415. 欧洲公共企业中心、欧洲工会联合会和欧洲工业与雇主联盟等社会合作伙伴作为劳资团体代表,全面参与卢森堡欧洲联盟理事会峰会的事前准备工作,并且定期提供其咨询意见。他们对于就业策略与委员会所提的四大基本指导纲要提供了广泛的意见。雇主团体明显不愿意接受特定的就业目标。而且欧洲联盟委员会提到,这些团体之间对于工作时间的组织安排等事项,尤其是欧洲联盟委员会所建议的每周35小时工作制以及成员国层级的知情权与协商权等问题,立场各不相同。

(二) 卢森堡就业峰会决议

416. 欧洲联盟政府首脑理事会决定立即实施《阿姆斯特丹条约》中新的就业标题的相关条款。这一决定在实践中使得各成员国之间有可能在1998年之前对其就业政策进行事先协调。这种协调工作将在就业目标与方法上采取共同的做法——"就业指导纲要",直接依据经济政策多元化观察,吸收并汇合成功的经验。这一构想在尊重就业或经济这两大领域之间的差异以及成员国之间不同国情的同时,旨在创设工作岗位;决心共同设立固定的、可评估的、定期可更新的努力目标。

这些"指导纲要"的实施可能会情况各异,主要取决于其性质、对成员国及其需要解决问题所涉及的相关当事人的影响。这些指导纲要必须尊重辅助性原则以及成员国辅助规范就业事项的规定,并且与总体经济政策指导纲要相类似。

欧洲联盟理事会在依据欧洲联盟委员会所提交的议案作出决议后,这些被通过的指导纲要必须纳入各国起草的跨年度就业行动计划之中。这就是指导纲要可产生实际影响的方式,以尽可能量化和恰当的形式成为成员国努力的目标,之后会被转化为各成员国的法律、行政命令或其他措施。因为不同的国情,各成员国在处理指导纲要拟解决的相关问题时,会根据其具体情况而采取不同的解决方案与重点。除了其他措施之外,各成员国必须根据其可运用的行政与财政资源,自行制定实现上述计划所要求结果的最终期限,以便能达到各国的预期目标。然而,所有成员国在使用"指导纲要"来分析其就业现状以及制定政策,并据此来拟定各自的就业行动计划时,至关重要的一点是确保这一方式的整体连贯性与有效性。

与在经济融合过程中所应用的多边观察原则相类似,成员国每年将定期向欧洲联盟理事会与欧洲联盟委员会寄送其国家就业行动计划,并附有其关于实施情况的报告。理事会将在此基础上评估各成员国在其国内政策中实际执行"指导纲要"的方式,并据此做出一份报告,提交欧洲联盟[首脑] 234
理事会,确定欧洲下年度制定"指导纲要"时所要求的方式。

由于各成员国定期与欧洲联盟理事会接触,因此社会合作伙伴等团体将每六个月举行一次三巨头(Troika)会议,邀请各国政府元首或总理及欧洲联盟委员会一起参加。这个会议将定期于欧洲联盟理事会召开前举行。在理事会与社会合作伙伴讨论过程中,双方特别就1989年《共同体劳动者基本社会权利宪章》的实施情形交换彼此观点。

八、《尼斯条约》(2000年12月):"社会并非如此美好"

417. 在2000年12月于法国尼斯举行的欧洲联盟理事会政府首脑高峰会议上,将解决扩大使用多数投票表决方式与基本社会权利等问题。所以,人们再次看见了希望。曾主要致力于准备欧洲联盟扩张工作的政府间工作会议(Inter-Governmental Conference，IGC)(2000)也在解决扩大使用多数投票表决方式的问题。而我们也可以想象的是，当联盟扩展至27到30个成员国时，人们意识到，采取全体一致同意的要求可能会使欧洲联盟决策机制处于瘫痪状态。所以，人们希望有更多有关劳动的问题能采用多数投票表决形式。

此外，当欧洲联盟理事会在芬兰坦佩雷召开理事会会议时(1999)，各国部长们决定主动提出起草一项欧洲联盟基本权利宪章的工作。一个由成员国政府、欧洲联盟委员会、欧洲联盟议会和成员国议会等组织的代表组成的联合机构负责起草该宪章。该起草机构同时还邀请其他一些欧洲联盟机构、社会团体和专家们对章程草案发表意见。其实，这些基本权利本有机会被纳入《欧洲联盟条约》。这取决于理事会是否会将该宪章定位在只是一份声明的效果，还是会为包括雇主及劳动者在内的欧洲公民制定直接可强制执行的权利。法律上可强制执行的这些基本标准肯定会使"社会化的欧洲"更加闻名于世。

可是，我们的希望如日出之前的阴霾一样再次落空。

(一)《欧洲联盟基本权利宪章》(2000年12月7日于法国尼斯制定[①]，2007年修订[②])

1.《宪章》的前言

418.《欧洲联盟基本权利宪章》的前言看起来似乎不错，其规定如下：

> 欧洲人民在为其创建一个更为紧密的联盟的过程中，决心在共同价值观的基础下共享一个和平的未来。
>
> 欧洲意识到自己的精神与道德遗产，在人类尊严、自由、平等和团结等不可分割的普世价值基础上，根据民主与法治等原则建立了一个

[①] 全文见本书附录3。

[②] 欧洲联盟议会与欧洲联盟委员会于2007年12月12日通过了《欧洲联盟基本权利宪章》，并于《里斯本条约》正式生效之日起取代2000年的宪章。

联盟。通过建立欧洲联盟公民身份以及创建一个具有自由、安全和正义的地区,联盟将个人权利置于其活动的核心环节。

联盟在尊重欧洲各国人民文化与传统的多样性、各成员国的民族身份及其在国内、地区及当地层面的各类行政管理机构组成的同时,有助于共同价值观的传承与发展。它旨在促进均衡、可持续性发展,并确保人员的自由流动以及货物、服务和资本的自由流通及设立的自由。

为此,有必要根据社会变化、社会进步及科技发展,通过使这些基本权利在宪章中更加清楚可见的形式,来加强对这些基本权利的保护。

本宪章重申,适当考虑共同体及联盟的权限与工作任务以及辅助性原则,因为这些权利特别源自于各成员国共同拥有的宪法传统及国际义务、《欧洲联盟条约》、共同体的各项条约、《欧洲人权与基本自由保护公约》、共同体与欧洲理事会通过的《欧洲社会宪章》、共同体法院及欧洲人权法院的判例法等。

在享有这些权利的同时,也就有必要承担对其他人、人类社会和子孙后代的责任和义务。因此,联盟认可以下规定的这些权利、自由与原则。

《欧洲联盟基本权利宪章》的修订(2007年)

419. 欧洲联盟议会及欧洲联盟委员会于2007年12月12日通过《欧洲联盟基本权利宪章》,并于《里斯本条约》正式生效之日起取代2000年的宪章。《欧洲联盟条约》第6条第1款(里斯本)表明此宪章与条约享有同等法律地位。

2.《宪章》的内容:权利列表

420.《欧洲联盟基本权利宪章》包含以下社会权利:

——禁止奴役与强迫劳动;

——尊重私人与家庭生活;

——保护个人数据;

——思想、良知及宗教信仰自由;

—言论与信息自由；

—集会与结社自由；

236 —受教育权；

—自由选择职业权及参与工作权；

—开展业务的自由；

—不受歧视；

—男女平等；

—劳动者在企业的知情权与咨询权；

—集体谈判权与行动权；

—获得安置服务的权利；

—保护不受无理解雇的权利；

—家庭生活与职业生涯；

—公平、合理的工作条件；

—禁止使用童工和保护青年劳动者；

—社会保障与社会援助；

—自由流动与定居权。

3.《宪章》的范围及保护程度

(1) 范围

421. 本宪章的规定针对的是适当尊重辅助性原则的欧洲联盟各机构和部门，以及在执行欧洲联盟法情况下的各成员国。

因此，它们应根据其各自的权限来尊重这些权利、遵守原则并促进宪章权利的适用。

本宪章既没有对欧洲共同体或欧洲联盟设立任何新的权利或任务，也没有修改各条约规定的原有权限及任务。

任何对行使本宪章认可的权利与自由的限制必须由法律明确规定，并尊重这些权利及自由的本质内容。根据比例原则，如果确实有必要并且真正符合欧洲联盟所认可的一般利益的目标，或者是出于保护他人权利与自由的需要，则可以设置实施本宪章的限制性条件。

本宪章所认可的权利主要依据共同体的各项条约或《欧洲联盟条约》。因此,应根据这些条约限定的条件及限制来行使这些权利。

就本宪章所包含的权利而言,它与《欧洲人权与基本自由保护公约》的规定相一致,宪章中的权利含义与范围应与上述公约中的规定相同。本项规定不得妨碍欧洲联盟法提供更广泛的保护。

(2) 保护的程度

422. 本宪章的任何规定不得被解释为限制或严重影响在其各自应用领域内的人权保护及基本自由,如果这些权利和自由被欧洲联盟法和国际法,欧洲联盟、欧洲共同体或所有成员国属于缔约成员而签署的国际协议——包括《欧洲人权与基本自由保护公约》在内——以及成员国宪法所认可。

(3) 禁止权利的滥用

423. 本宪章的任何规定不得被解释为有从事任何活动的权利,或者任何旨在破坏本宪章中规定的权利或自由的行为,或是将本宪章规定的限制随意扩大。

(4) 评价及效力

424. 宪章中显然包含了大量的社会权利。有些是基本性权利,有些虽然不是,但却很重要。就宪章是否可被包括在欧洲的各项条约之中这一问题而言,我们可在这里探讨社会权利的膨胀问题。我们举一个有关权利的例子,比如说获得就业安置服务的权利、保护劳动者免受不当解雇的权利以及获得公平公正的工作条件等权利。这些权利虽然都非常重要,但却并不是人们在讨论《欧洲联盟基本权利宪章》时会想到的"核心权利"。相反,1998 年的国际劳工组织宣言主要关注真正核心的社会权利,而且国际劳工组织的措施似乎更恰当。

就其效力而言,在法国尼斯制定的《欧洲联盟基本权利宪章》令人失望。欧洲联盟尼斯高层会议有关宪章的轮值主席国决议的内容如下:

> 欧洲联盟政府首脑理事会支持由欧洲联盟[部长]理事会、欧洲联盟议会及欧洲联盟委员会制定的有关《欧洲劳动者基本权利宪章》的联合

宣言,宪章将源于国际、欧洲与国家层面的各种民事权利、政治权利、经济权利及社会权利纳入到单一文本之中。欧洲政府首脑理事会希望该宪章能在欧洲联盟公民中得到广泛的传播。根据科隆召开的欧洲联盟政府首脑理事会会议的决议,关于宪章的效力问题将在稍后进行讨论。

《欧洲联盟基本权利宪章》的修订(2007年)

425. 正如上文所述,欧洲联盟议会与欧洲联盟委员会于2007年12月12日通过了《欧洲联盟基本权利宪章》,并于2009年12月在《里斯本条约》正式生效之日起取代2000年的宪章。《欧洲联盟条约》第6条第1款(里斯本)表明本宪章与该条约享有同等的法律地位。

426. 在剧院业工会(BECTU)一案(C-173/99)中,辅佐法官在2001年2月8日提及尼斯宣言。案件事实如下:

剧院业工会是一个集广播、电影、戏剧、电影及相关部门的联盟;它有大约3万名成员,其中包括有录音师、摄影师、特效技师、放映员、编辑、研究员、造型师和化妆师等类型的劳动者。

执行1993年欧洲工作时间指令的英国立法规定,如果某员工满足连续13周为同一个雇主工作的条件,则享有休假的权利。此外,除非雇佣关系终止,否则员工休假的权利不能由支付薪酬来代替。

剧院业工会代表的劳动者们通常签署的是短期合同,实际上往往不超过13周的时间。因此,根据英国的法律,他们无权享受到带薪年假的权利。

辅佐法官认为,带薪年假是一项基本社会权利;这是在各种法律文件中都会提到的权利,而且已在2000年12月7日被载入《欧洲人权与基本自由保护公约》之中。辅佐法官强调创立该宪章的目的,如其规定所允许的那样,是为所有涉及欧洲共同体的情况提供一项实际的参考。

427. 更具体地说,辅佐法官宣布:

早在1948年,《世界人权宣言》就已经认可休假的权利,包括合理限制工作时间以及定期带薪休假的权利(第24条)。随后,欧洲理事会

第四章　欧洲劳动法:拖车车厢,还是火车头？　203

1961年批准通过的《欧洲社会宪章》（第2条第3款）以及1996年《联合国经济权利、社会权利与文化权利宪章》（第7条第d款）均支持[劳动者]带薪休假的权利,并将此作为[劳动者]有权获得公平、公正的工作条件的表现。

在共同体的语境下,人们需要铭记的是国家元首或政府首脑已将这几项权利载入《共同体劳动者基本社会权利宪章》第8款,这是1989年在法国斯特拉斯堡被欧洲政府首脑理事会通过的规定,也在有关工作时间指令前言的第四部分有所提及。

我们到目前为止所提及的文件都是采用集体性、概括性的术语,它们肯定在某些方面存在明显的区别。我们会发现,它们的实质内容并非在所有情况下都相同,其立法的范围也不一样,因为在有些情况下这些文件可能属于国际公约,在另一些情况下可能是正式的宣言；同样,它们适用法律的对象也不尽相同。但重要的一点是,带薪休假的权利在这些文件中明确属于劳动者的基本权利。

在我看来,更重要的事实是,在经过成员国国家元首与政府首脑批准后,通常是在国内议会明文表示和授权的基础上,欧洲联盟议会、欧洲联盟[部长]理事会及欧洲联盟委员会于2000年12月7日发布了《欧洲联盟基本权利宪章》,坚定地支持[劳动者]带薪休假的权利。该宪章第31条第2款这样规定道:"每位劳动者有权享有最大限度工作时间、每日或每周定期休假以及带薪年假的权利。"该项规定在主席团起草宪章时就有明确的表述,它明显受到了《欧洲社会宪章》第2条及《共同体劳动者权利宪章》第8款等规定的启发,同时也适当参考了欧洲联盟关于工作时间组织安排的第93/104/EC号指令的内容。

不可否认,正如我们在前文所引述的一些文件,《欧洲联盟基本权利宪章》从严格意义上说,并没有被承认为具有真正的立法权限范围。换句话说,更正式地来讲,它本身并不具有法律约束力。然而,如果这里没有参与正在进行的颇具影响、范围很广的辩论,该宪章也不可能通过其他形式或方法而产生如此的影响。事实上,宪章包括了很多在很大程度上重申权利的宣言已经被载入其他文件之中。此外,宪章在其序言中指出,"本宪章重申,适当考虑共同体及联盟的权限与工作任务以及辅助性原则",因为这些权利特别源自于各成员国共同拥有的宪法传统及国际义务、《欧洲联盟条约》、共同体的各项条约、《欧洲人权与基本自由保护公约》、共同体及欧洲理事会通过的《欧洲社会宪章》、共同体法院及欧洲人权法院的判例法等。

因此,我们认为,在涉及某些基本权利性质和范围的诉讼程序中不能忽略相关的声明;尤其是不能忽略这样规定的明确目的,如其规定所允许的那样,是为所有涉及欧洲共同体的情况的各方——成员国、机构、自然人和法人——提供一项实际的参考。相应地,我们认为,该宪章为我们提供了这样一种最可靠的、最明确的事实确认:带薪年假确实构成了一项基本权利。

辅佐法官补充指出,享有带薪年假的权利不仅关乎劳动者个人自身,同时也符合涉及劳动者健康与安全的总体社会利益。因此,这是一项必然的且无条件获得的劳动者权利,它不属于指令在其他情况下可以部分例外的权利。

欧盟法院最后宣布,"每位劳动者都享有带薪休假的权利,这是欧共体社会法中尤为重要的一个原则,并且不属于可以部分例外的原则。"①

428. 换句话说,宪章中所规定的基本权利,"因为是源自成员国的共同宪法传统,也是共同体法律的基本原则"(《欧洲联盟条约》第 6 条第 3 款)。当然,这一点最为重要。

(二)全体一致与特定多数原则

429. 欧洲在这一方面没有什么重大变化。相反的,该条约第 153 条如下所示:

(1)为了实现条约第 151 条的目标,联盟应在以下领域支持并补充成员

---

① 26 June 2001, ECR, 2001, 4881.

国的活动:

(a) 改善,尤其是工作环境,以保护劳动者的健康与安全;

(b) 工作条件;

(c) 劳动者的社会保障与社会保护;

(d) 对雇佣合同终止后的劳动者的保护;

(e) 劳动者的知情权与咨询权;

(f) 劳动者及雇主利益的代表及集体保护,包括共同决策,应受第5款规定的制约;

(g) 合法居住在共同体境内的第三国国民的雇佣条件;

(h) 在不影响条约第166条规定的前提下,有关被排除在劳动力市场之外的人士的回归;

(i) 男性与女性在劳动力市场机会与工作待遇平等;

(j) 反对社会排外行为;

(k) 在不妨碍第(c)项的情况下,实现社会保护体系的现代化。

(2) 为此,欧洲联盟议会与欧洲联盟理事会:

(a) 可采取旨在增长知识、促进信息与最佳实践的交流、创新方法与评估经验等行动,鼓励成员国之间开展合作的措施,但各成员国的法律及规定之间的一体化事项除外;

(b) 在考虑每个成员国内能达成的条件和技术规则后,可以在涉及上述第(1)款第(a)—(i)项的领域内采用指令的方式,通过逐步实施指令及最低要求的方法。但是,此类指令应避免施加会阻碍中小企业创建与发展的行政、财政与法律限制。

欧洲联盟议会及欧洲联盟理事会在咨询经济与社会委员会以及地区委员会后,应按照普通立法程序采取行动。

在涉及上述第(1)款第(c)—(d)项和第(f)—(g)项的领域内,欧洲联盟理事会应在咨询欧洲联盟议会与上述委员会之后,按照特殊立法程序,根据全体一致的原则采取行动。

欧洲联盟理事会针对欧洲联盟委员会的议案,在咨询欧洲联盟议会之后,可根据全体一致的原则采取行动,在适用于第(1)款第(d)、(f)、(g)项所涉及的事项时,可以采取普通立法程序。

(3) 任一成员国在劳资双方的共同要求下,可以授权后者实施依据第(2)款通过的指令,或在必要时,委托实施根据条约第155条通过的理事会决议。

在此情形下,该成员国应确保劳资双方在指令或决议必须转换或执行的日期之前,已经通过协议采取了必要措施,相关成员国应随时采取任何必要的措施来确保该指令或决议所要求的结果。

(4) 根据本条款通过的规定:

——不得影响成员国在界定其社会保障体系基本原则的权利,同时也不得对其财政平衡造成较大的影响;

——不得阻碍成员国维持或引入更多与各条约相适应的严格保护措施。

(5) 本条款的规定不适用于有关薪酬、结社权、罢工权或闭厂权等议题。

九、就业指导纲要

430. 欧洲联盟理事会先后通过了1998、1999、2000、2001、2002、2003—2004、2005—2008、2008—2010以及2010—2014年度的就业指导纲要。

成员国将这些指导纲要的内容并入其《国家行动计划》(National Actions Plans, NAPs)并向欧洲联盟委员会汇报其实施情况。

(一)《就业指导纲要(2003—2004)》[①]

431. 2003年的这些指导纲要[②]和建议是在从1997年就已经实施的"欧洲就业战略"(Euroepan Employment Strategy, EES)的大背景下制定的。欧洲联盟委员会在欧洲就业战略经过五年运行后,于2002年9月以《官方通报》的形式进行了审查,同时根据有关精简提效的议案,修改了就业战略

---

① Andrea Broughton (IRS), '2003 Employment Guidelines and Recommendations Adopted', www.eiro.eurofound.ie, 2003.

② 2003年7月理事会第2003/578/EC号指令。

的时间与内容。值得注意的是，欧洲已修订了这些就业指导纲要，确保（通过精简时间表）实现与欧洲联盟经济政策协调的一个重要衔接；制定较少但具有更广阔视角的指导纲要；规定一个中期时间范围，以达到一种更注重结果与成果的目的；加强社会合作伙伴、地方机构和其他利益相关者的参与。

1. 就业指导纲要

432. 2003 年的就业指导纲要对成员国提出了三项主要目标：

——充分就业；

——提高工作质量与效率；

——增强社会凝聚力与社会融入。

该指导纲要聚焦于十大优先政策，而非像之前的做法那样，将一系列指导纲要分组纳入四大发展支柱。这十大优先事项罗列如下。

对失业人员和闲置人员采取积极的、预防性的措施

433. 共同体敦促各成员国制定并实施积极的以及预防性的措施，以防止失业者与闲置人员流入长期失业群体。这些措施包括以下具体目标对象：

——确保为每一位失业者在 12 个月失业期内（年轻失业者在 6 个月的失业期内）提供了一个"新的开始"。这可以是培训、再培训、工作实践、工作岗位或其他一些就业措施等形式。

——截止到 2010 年，确保 25% 的长期失业人员参与一项积极的就业措施，目的在于所有国家都能达到三个最发达成员国的平均就业水平。

共同体也敦促各成员国实现其劳动力市场机制的现代化并强化这些机制，特别是就业服务，并评估和审查劳动力市场计划的有效性与效率。

2. 就业岗位的创设与创业

434. 成员国应通过培养创业精神、创新、投资能力和良好的商业环境，来鼓励更多更好的工作岗位。其重点是挖掘新企业、服务业和研发业的就业岗位创设潜力。

特别是，成员国应简化和减少新创设企业以及中小企业的行政和监管负担，从而使其更容易雇佣新员工，提高其获得资本进行创业的机会，使中小企业与公司获得高增长与就业潜能。成员国也被敦促增强有关创业与管理技能的教育与培训活动。

3. 应对劳动力市场的变化,促进劳动者的就业适应性与流动性

435. 指导纲要要求成员国"考虑灵活性与安全性的需要以及对社会合作伙伴关键角色的强调",促进劳动者与企业的适应能力。纲要还要求成员国审查和改革就业法律"过于严格"的因素,发展社会对话,培养企业社会责任感,促进合同与工作安排的多样性。这样有利于劳动者的职业发展,在工作与私人生活之间、在工作灵活性与安全性之间寻求一种平衡,提升劳动者获得培训的机会。此外,成员国也被要求去促进更好的工作环境,设计与传播创新型、可持续发展形式的工作组织安排,以及对经济变化和重组的期待与积极管理。

共同体敦促各成员国通过一系列措施来解决劳动力短缺和瓶颈等问题,例如促进劳动者的职业流动性、消除地域流动性的障碍、完善资质和能力的认可与透明度、社会保障和养老金权利的可转让性等。我们希望,欧洲联盟的求职者到 2015 年可以通过成员国的就业服务广告查阅到所有的职位空缺信息。

4. 人力资本和终身学习的发展

436. 成员国被要求实施终身学习战略,以便使个人具有当今劳动力市场所需要的技能,以允许其职业发展,减少技能不匹配和劳动力市场的瓶颈等问题。

以下目标应在 2010 年之前实现:

——欧洲联盟至少 85% 的 22 岁青年应该完成中等教育;

——欧洲联盟参加终身学习的人员平均比例至少应该占成年劳动年龄人口的 12.5%(25—64 岁年龄段)。

5. 劳动力供应与积极老龄化

437. 成员国被要求利用人口中的所有群体的潜能,采用一种综合性的方式来增加劳动力市场的参与。它们还要求促进"积极老龄化",尤其通过培养一种有助于保留工作的工作条件。这可能包括诸如获得继续培训的机会、创新型和灵活性的工作组织形式等措施。其次,应消除劳动者过早从劳

动力市场退出的刺激性因素,主要是改革提前退休的制度,给予人们继续在劳动者市场保持活跃的动机,鼓励雇主雇佣年长的劳动者。

到 2010 年,人们期望欧洲联盟从劳动力市场退出的平均年龄会增加 5 岁——估计到 2001 年,欧洲劳动者的平均退休年龄将是 59.9 岁。这些指导纲要强调社会合作伙伴在这方面的重要作用。

6. 性别平等

438. 成员国要鼓励女性参与劳动力市场,要求在 2010 年之前男女劳动者在就业率、失业率以及薪酬等方面的性别差距大幅减小。此外,各国应采取措施缩小男女性别薪酬差距,例如解决不同的行业部门或职业之间的分化,开展教育和培训,完善工作分类、薪酬评定体系以及意识的提升,增强透明度。

工作与私人生活之间的协调被看作是性别平等的一个重要方面。欧洲联盟的具体目标是,在 2010 年之前,至少可为 90% 的介于三岁与强制入学年龄的儿童、至少 33% 的三岁以下的儿童获得儿童保育。

7. 融入与打击针对弱势群体的歧视

439. 劳动力市场中的弱势群体包括早年辍学者、低技能劳动者、残疾人、移民和少数民族。成员国应该提升他们的就业能力,增加就业机会,防止种族歧视对他们的打击。将在 2010 年被实现的具体措施如下:

——欧洲联盟青年人早期辍学率平均不超过 10%;

——根据成员国国内设定的目标与定义,大幅降低弱势群体的"失业差距";

——根据成员国国内设定的目标,大幅降低非欧洲联盟国家与欧洲联盟国家之间的"失业差距"。

8. 有偿工作

440. 共同体建议成员国制定各项使工作具有吸引力的政策,从而鼓励人们寻求并保持工作。此外,各国应重新审视其税收优惠制度,并在适当的时候进行改革,以鼓励更多的人去工作,尤其是妇女、低技能劳动者、老年劳动者、残疾人以及"那些远离劳动力市场的人员"。

到 2010 年之前，各成员国应落实可实现高边际有效税率显著降低的政策。尽管这应该反映出成员国国家的具体情况，但在适当的时候应减轻对低收入劳动者的税收负担。

9. 未申报的工作

441. 未申报的工作是一个欧洲联盟委员会希望在未来数年能有显著改善的领域。指导纲要规定，成员国应采取措施来消除未申报工作的现象，例如简化商业环境并消除不利于申报工作的因素，通过税收和对福利制度的调整等方式来提供对申报工作具有激励性的措施，完善执法和适用制裁等措施。

10. 区域就业差异

442. 成员国应努力缩小区域就业和失业差距，特别应推动对私营部门在贫困地区开展活动与投资的有利条件，确保对这些区域的公共扶持主要集中在对人力资本和知识资本和适当的基础设施建设等方面的投资。此外，各国应"充分利用"欧洲联盟的凝聚力与结构基金以及欧洲投资银行的潜力。

11. 指导纲要的实施

443. 2003 年的就业指导纲要在实施中包括"良好治理（Good governance）*与合作伙伴关系"这一部分。各成员国应确保该指导纲要的有效实施，无论是在区域层面，还是在地方层面，而也应包括议会机构、社会合作伙伴和其他相关行动者在内。在"充分尊重成员国的国内传统与实践的同时"，良好治理与合作伙伴关系被视为是实施欧洲就业战略的重要事项。

就社会合作伙伴而言，他们应该被邀请参与国家层面——"根据成员国的国内传统与实践"——以确保指导纲要的有效实施并报告他们责任内的在所有领域所取得的重大贡献，尤其是有关应对变革的管理方式与适应能力、灵活性和安全性之间的"协同效应"、"人力资本的发展"、性别平等、有偿

---

* "Good governance"有的书中翻译为"善治"。——译者注

工作、积极老龄化,工作健康与安全等议题。欧洲层面的社会合作伙伴在行业部门间和部门层面被邀请参与就业指导纲要的实施,并支持成员国国内不同级别的社会合作伙伴所作的努力。欧洲层面的社会合作伙伴在其《2003—2005联合工作计划》中宣布,它们将每年报告其对实施指导纲要所做的贡献。此外,欧洲的行业部门社会合作伙伴也被邀请报告各自开展的行动。

12. 就业建议

444. 2003年的就业建议在以下12个政策领域向每个成员国提供指导意见和实施就业指导纲要:

——失业预防与激发活力;

——地区性就业岗位的创设;

——变化与适应能力;

——终身学习;

——劳动力供应与积极老龄化;

——性别平等;

——弱势群体;

——有偿工作;

——未申报的工作;

——工作机动性;

——社会合作伙伴关系;

——送货服务。

所有成员国都有至少三项建议,共计57项建议。超过一半的成员国在劳动力供应和积极老龄化、性别平等、终身学习和失业预防和激发活力等领域——包括就业服务的发展与现代化在内——收到了相关建议。

2003年的指导纲要继续适用于2004年。①

(二)《就业指导纲要(2005—2008)》

445. 2005年7月12日,欧洲联盟政府首脑理事会针对其成员国的就

---

① Decision 2004/740/EC of 4 October 2004,O.J. L 326.

业和经济政策通过了一系列的综合指导纲要,该指导纲要被描述为"增长与工作岗位的三年蓝图"。这一"综合指导纲要系列"旨在制定涉及宏观经济政策、微观经济政策和就业政策的综合战略,以解决欧洲的业绩增长乏力、创造就业岗位不足的问题。①

综合指导纲要强调,成员国和欧洲联盟应该抓住每一次机会,使区域性和地方政府、社会合作伙伴及公民社会组织能参与到纲要的实施之中。在此基础上,各成员国将制定一个为期三年(而非一年)的"国家改革计划",并且每年秋季在一个单独的"各国版本的里斯本报告"中汇报这些计划的进展情况。欧洲联盟委员会认为,这种简化的机构报告将允许成员国"更全面地"关注实施问题。委员会将在每年1月"欧洲联盟年度进展报告"中分析和总结各成员国的这些报告。之后,欧洲联盟委员会根据年度报告的结果,可以提议对综合指导纲要进行修订。

1. 为了更多更好的工作岗位而制定新的就业指导纲要

446. 欧洲联盟委员会认为只取得里斯本就业目标的进步是不够的,它预计欧洲的失业率缓慢降低,到2006年可达到8.7%。2003年,欧洲联盟25个国家整体就业率预计为62.9%,这明显低于里斯本会议设立的在2010年之前达到70%的战略目标。同样,里斯本会议制定的在2010年女性就业率达到60%的战略目标进展缓慢,因为欧洲联盟25个国家女性的总体就业率为56.1%。

显而易见,实际就业率和目标就业率之间的最大差距属于年老的劳动者这一群体,其就业率刚刚超过40.2%,依然远远低于2010年达到50%的预期就业率。与此同时,在提高工作"质量"方面所取得的进步已与其他因素相混合,而经济下滑则引发了社会融入的问题。长期失业已经在经历了过去几年的下降趋势之后现在又有所增加,人们无法期待失业率在未来几年可以再次降低。

---

① Beatrice Harper, IRS,'Commission Adopts 2005-8 Integrated Guidelines Package', www.eiro.eurofound.ie,2005; Council Decision of 19 June 2007 on guidelines for the employment policies of the Member States.

2. 就业指导纲要(2005—2008年)①

(第17—24号综合指导纲要)

第17号指导纲要:实施目的在于实现全面就业、提高工作质量与生产力、加强社会和地区凝聚力的就业政策;

第18号指导纲要:促进有利于劳动者工作生涯周期的方法;

第19号指导纲要:确保劳动力市场的包容性,增强工作吸引力,帮助求职者获得有偿工作,包括弱势群体与闲置人员;

第20号指导纲要:提高劳动力市场需求的匹配度;

第21号指导纲要:适当考虑社会合作伙伴的作用,促进工作灵活性与就业安全性相结合,减少劳动力市场的分化;

第22号指导纲要:确保就业友好型劳动者成本的发展与薪酬评定机制的设立;

第23号指导纲要:扩大并提高对人力资本的投入;

第24号指导纲要:调整教育和培训体系以适应新的能力要求。

3. 成员国的就业政策指导纲要

447. 成员国应与社会合作伙伴合作,应着眼于制定可以落实以下具体行动的目标与优先事项政策。在反映了里斯本战略时,各成员国应以均衡的方式进行政策扶持:

——充分就业:通过增加劳动力的需求和供应,实现充分就业,减少失业和闲置人员的数量,这对保持经济增长和加强社会凝聚力至关重要。

——提高工作质量与生产力:提高就业率的努力应与改善工作吸引力、工作质量和劳动生产力的增长、减少贫穷劳动者的比例等措施齐头并进。此外,应充分利用工作质量、生产力和就业之间的协同效应。

---

① Council Decision of 12 July 2005 on Guidelines for the employment policies of the Member States, O.J., 6 August 2005, L 205/21.

——加强社会和地区融合：各国需要采取坚决的行动来加强社会融入，防止弱势群体被排除在劳动力市场之外，支持就业一体化，减少就业、失业与劳动生产力方面的地区性差异，尤其是经济落后地区。

机会平等与反对歧视对于欧洲的就业进展必不可少。应该采取一切行动来确保社会性别主流化以及促进性别平等。作为一种新的涉及不同年代人士的就业方法的一部分，应特别注意年轻人的状况，以实现《欧洲青年协定》，促进其工作生涯中的就业机会。此外，还应根据成员国的目标，特别注意明显降低包括残疾人在内的弱势群体以及第三国国民与欧洲联盟公民之间的就业差距。

就采取行动而言，各成员国应确保就业政策的良好管理。各国应该通过那些涉及区域和地方层面的议会机构及利益相关者在内的机构，以建立广泛的合作关系来应对变革。欧洲和成员国层面的社会合作伙伴应发挥其核心作用。在2003年就业指导纲要中，在欧洲就业战略文本框架下所设立的多个目标与基准被包括在该纲要的附录中，而且应继续采取指标和记分牌等手段跟进。共同体也鼓励各成员国去定义各自的承诺和目标，因此它们应该考虑这些因素以及2004年在欧洲联盟层面所达成的建议。

良好管理也要求在行政与财政资源配置方面具有更高的效率。各成员国与欧洲联盟委员会一致同意，将结构基金的资源，尤其是欧洲社会基金，作为实施欧洲就业战略的目标，并报告其所采取的行动。其次，应特别注意加强成员国的制度与行政能力。

249　　　第17号指导纲要：实施目的在于实现全面就业、提高工作质量与生产力、加强社会和地区凝聚力的就业政策。

政策应该为欧洲联盟在2010年实现总体就业率达到70%、女性就业率至少达到60%、55—64岁的老年劳动者就业率达到50%、减少失业和闲置人员等目标做贡献。成员国应考虑设立全国就业率目标。

448. 为实现这些目标,行动应优先集中于以下几个方面:

(1) 吸引和留住更多的人员就业,增加劳动力供应以及实现社会保护制度的现代化;

(2) 提高劳动者与企业的适应能力;

(3) 通过更好的教育和技能,增加人力资本投入。

A. 吸引和留住更多的人员就业,增加劳动力供应以及实现社会保护制度的现代化

449. 提高就业水平是实现经济增长与促进社会融入型经济的最有效手段,同时为那些无法工作的人员保证有安全的保护网络。促进在所有年龄群中的劳动力供应的增加,采用新的生涯周期工作方式和现代化的社会保障体系并确保其充分性,在社会不断变化的需求下保持财政的可持续性和响应性更是必不可少,因为预期有适龄工作人口的下降问题。作为一种新的涉及不同年代人士的就业方法的一部分,应特别重视解决女性与男性劳动者之间持续的就业差距以及老年劳动者和年轻劳动者的低就业率。其次,有必要采取行动来解决青年失业的问题,因为青年失业率是劳动者整体失业率平均水平的两倍。为了促进就业,各国必须设立恰当的条件,无论是针对第一次进入工作岗位的人士,还是在短期休息后返回就业岗位或希望延长其工作生涯的劳动者。工作岗位的质量,包括工资和福利、工作条件、就业保障、获得终身学习的机会和职业前景在内,都是至关重要的因素,因为这些支持和激励因素都源于社会保障制度。

第 18 号指导纲要:通过以下方式来促进有利于劳动者工作生涯周期的方法:

——努力重新为青年人搭建就业途径,降低青年人的失业率,这被称为《欧洲青年协定》;

——采取坚决的行动增加女性的参与,降低就业、失业和薪酬中的性别差距;

——更好协调工作与私人生活之间的关系,更好地提供可使用的儿童保育设施以及更好地对其他受抚养者或受赡养者的护理;

——积极支持老龄化,包括采取适当的工作条件、完善(职业)健康状况、适当的工作激励措施以及阻止过早退休的现象;

——社会保障制度的现代化,包括养老金和医疗保健,确保社会公平、财政可持续性以及响应不断变化的需求,从而支持劳动者参加工作,更好地保留在劳动者行列中以及更长的工作生涯。

又见:综合指导纲要"保障经济与财政可持续性作为就业增长的基础"(第2号指导纲要)。

450. 便于求职者获得就业机会、防止失业、确保那些失业者仍然与劳动力市场保持密切关系并增加其就业能力,这是增强劳动者的社会参与、打击社会排斥现象的必要手段。这就需要打破劳动力市场的壁垒,例如协助求职者有效地工作搜寻,促进其获得培训的机会以及其他积极的劳动力市场措施,确保获得有偿工作,以消除失业、贫困和闲置陷阱等问题。为此,要特别重视促进弱势群体——包括低技能的劳动者在内——融入到劳动力市场的问题,例如通过扩大社会服务与社会经济,以及针对集体需要而开发新的工作资源。消除歧视,促进残疾人就业准入,整合移民和少数民族是特别必要的。

第19号指导纲要:确保劳动力市场的包容性,增强工作吸引力,通过以下方式为求职者,包括残疾人与闲置人员在内,提供有偿工作:

——积极的、预防性劳动力市场措施包括:尽早确定劳动力的需求、提供求职协助、指导和培训(作为个人行动计划的一部分)以及必要的社会服务以支持远离劳动力市场人员的回归并有助于消除贫穷的措施;

——持续审视由税收和福利制度造成的经济激励因素,以及抑制经济发展的不利因素,包括对福利的管理与限制,大幅降低高边际有效税

率,尤其针对低收入人群,同时确保社会保护维持在适当的水平;

——开发为个人和企业提供服务的新的工作岗位资源,尤其是在地方层面。

451. 为了使更多的人找到更好的工作,欧洲还需要加强欧洲联盟和成员国层面的劳动力市场的基础设施建设,包括欧洲就业服务网(EURES)的开发,以便更好地预测和解决可能存在的不匹配现象。在此背景下,欧洲联盟内部劳动者的流动性是关键因素,应该充分保证按照各条约中的相关规定来执行。此外,还必须充分考虑因第三国国民移民所导致的额外劳动力供应到国内劳动力市场的情况。

第20号指导纲要:通过以下方式来提高劳动力市场需求的匹配度:

——实现劳动力市场机制的现代化,并加强这些机制,尤其是提供就业服务,以便在国家和欧洲联盟层面上确保提高就业透明度与增加培训机会;

——在各条约框架内消除影响劳动者在欧洲境内流动的障碍;

——对技术需求、劳动力市场短缺和瓶颈问题作出更好的预期;

——对企业经济迁移行为作出适当的管理。

B. 提高劳动者与企业的适应能力

452. 欧洲需要提高其对预见、应对和接纳经济与社会变革的能力。这就要求有就业友好型劳动力成本、工作组织的现代化形式以及运转良好的劳动力市场,从而让工作灵活性与就业安全性更好地结合,以满足企业和劳动者的需求。同时也应有助于欧洲防止劳动力市场分化的现象,减少未申报的工作。

在当今不断发展的全球化经济中,随着市场的开放及新技术的不断引进,欧洲的企业和劳动者都面临着如何去适应这种需求的问题,这其实也是

252 一种机遇。虽然这一结构变革的过程总体上有利于增长与就业,但却对一些劳动者和企业来说,也带来了一些破坏性的变化。企业必须具有更强的灵活性去应对市场对货物及服务要求的突然转变,需要去不断地适应新技术,并且持续创新,以保持竞争力。他们还必须应对市场对工作质量要求的不断提高,这关系到劳动者的个人偏好和家庭的变化。他们也需要处理劳动力老龄化、年轻人入职较少的问题。对于劳动者来说,随着工作模式的多样化与不规范,以及在整个生命周期中需要成功管理不断增加的工作转换,他们的工作生涯也变得越来越复杂。随着经济的迅速变化及随后的重建,劳动者必须应对新的工作方式,包括信息与通信技术的加强、工作身份的转变等,并为终身学习做好准备。另外,劳动者也需要在整个欧洲联盟境内保持地域流动性,以便获得广泛的就业机会。

第 21 号指导纲要:适当考虑社会合作伙伴的作用,通过以下方式来促进工作灵活性与就业安全性相结合,减少劳动力市场的分化:

——修订有关就业的法律,如有必要,审查不同的合同与工作时间的安排;

——解决未申报工作的问题;

——对变化具有更好的预期以及积极的管理措施,包括经济重建,尤其是和贸易开放相关的变化,以便使社会成本最小化,增强其适应能力;

——促进、宣传有关工作组织形式的创新性和可适应性,以提高工作的质量与生产力,包括健康与安全的状况;

——支持职业状态的转变,包括培训、自由职业、创业和地域流动性等。

又见:综合指导纲要"在宏观经济政策、结构性政策与就业政策之间增强连贯性"(第 5 号指导纲要)。

453. 为了最大限度地创造就业机会,保持竞争力,促成经济框架的构建,总体薪酬发展应该与经济周期内的生产力增长状况相一致,并且应该反映出劳动力市场的情况。其次,也有必要尽量减少非工资性的劳动成本,并对"税收楔子"(Tax wedge)*做出审查,以便于创造就业机会,尤其是低收入的就业岗位。

第 22 号指令指导纲要:通过以下方式来确保就业友好型劳动者成本的发展与薪酬评定机制的设立:

——鼓励社会合作伙伴在其各自的责任领域范围内,为薪酬标准的协商设立适当的框架,以反映生产力和劳动力市场在所有相关层面的挑战,并避免出现性别收入差距的情况;

——审视非工资性的劳动力成本对就业的影响,如有必要,调整薪酬结构与级别,尤其是减少低收入群体的税收负担。

又见:综合指导纲要"确保薪酬制度的发展有助于促进宏观经济的稳定性与持续增长"(第 4 号指导纲要)。

C. 通过更好的教育和技能,增加人力资本投入

454. 欧洲需要在人力资本上做出更多的投入。许多人由于缺乏技术或是技术不匹配而不能进入或继续留在劳动力市场。为了增强各个年龄段的人员获得就业机会,提高其生产力水平和工作质量,欧洲联盟需要在人力资本和终身学习等方面,为个人、企业、经济和社会的福利做出更多的、更有效的投入。

---

* 税收楔子是指政府税收在供求关系曲线之间打入一个"楔子"使得供应和需求曲线的交点偏移导致无谓的社会总收益减少。税收楔子是资本的税前收益率和税后收益率两者之间的差额。对于劳动力市场来说,税收的存在一方面会减少工人实际得到的工资收入,另一方面也增加了厂商雇佣工人的成本。这样,厂商雇佣工人的成本与工人实际得到的工资之间存在差额(税收楔子)。由于税收楔子的存在,税收政策会对劳动力的供给和需求产生影响。对于资本市场来说,税收一方面要求借入资本的企业将其获得的利润一部分用来纳税,实际上增加了企业融资的成本;另一方面,债权人也必须将其息收入的一部分用于纳税,从而减少了资本借出者的税后收入,因此会在债务人融资成本和债权人融资收入之间造成差额(税收楔子)。由于税收楔子的存在,税收政策会对资本的供给和资本的需求产生影响。以上信息引自百度百科。——译者注

知识型经济和服务型经济与传统行业有着不同的技能需求,而且这些技能在科技变化和创新层面上也需要不断地更新。

如果劳动者想继续保持工作或取得进步,则需要不断积累和更新工作技能。企业的生产力依赖于建设和维持能适应社会变化的劳动力。各级政府需要保证能够提高劳动者的教育程度,根据《欧洲青年协定》的规定,青年人具有能胜任工作所需的关键技能。其次,应动员所有的利益相关者来发展和培养一种真正的,从最初阶段开始的终身学习的文化传统。为了大量增加在人力资源方面公共或私人的人均投入,保证这些投资的质量和效果,确保所有行动者之间成本和责任共享的透明度和公正性则非常重要。成员国应该更好地利用结构基金和欧洲投资银行在教育和培训方面的投资。为实现这些目标,成员国应在2006年之前着手建立全面的终身学习战略,并实施有关教育与培训的2010年工作计划。

第23号指导纲要:通过以下方式来扩大并提高对人力资本的投入:

——包容性教育与培训的政策与行动,极大促进接受初级职业教育、中等教育和高等教育的机会,包括学徒及创业培训;

——大力减少早年辍学者的人数;

——根据欧洲达成的各项协议,使有效的终身学习战略可以面向所有学校、商业机构、公共机构和家庭开放,包括适当的激励和成本共享机制,以加强劳动者终身参与继续教育和工作培训,尤其是针对那些低技能和年老的工作者。

又见:综合指导纲要"增加、提高在研发方面的投资,尤其是通过私人企业"(第7号指导纲要)。

455. 然而,仅仅确立宏伟的目标,并依靠所有的行动者去增加投资的程度还远远不够。要确保劳动力市场的供应能满足实际需求,必须建立一种劳动者可以负担得起、容易获得,并且能够应对市场变化需求的终身学习体制。

教育和培训体系的适应性及能力建设,对于提高劳动力市场的相关性以及应对知识型经济、社会、效率来说很有必要。信息通信技术可以用来增加获得学习的机会,并且更好地来满足雇主与雇员的培训需求。工作与学习具有更多流动性这一目的也需要在整个欧洲联盟境内帮助劳动者获得更广泛的工作机会。为此,应该取消在欧洲劳动力市场范围内,那些影响劳动者流动性的持续性障碍,尤其是那些和资质与能力认可及透明度相关的障碍。非常重要的是,应利用已经达成的欧洲法律文件和参考文件来支持成员国的国内教育与培训体系改革,正如《教育与培训2010工作计划》所制定的那样。

第24号指导纲要:通过以下方式来调整教育与培训体系以适应新的能力要求:

——提升并确保教育与培训的吸引力、开放性及质量水平,扩展教育和培训机会的供给,确保学习渠道的灵活性,为学生和培训者扩大远距离的流动提供可能性;

——通过对工作时间的组织管理、家庭支持服务、职业指导等形式,或者是在适当情况下采取新形式的成本共享等方法,来缓解并增加所有人获得多元化的教育、培训及知识的渠道;

——通过完善资质的定义和透明度、有效的认可、对正式与非正式教育的认证,来应对新工作的需求、关键能力及对未来技能的要求。

(三)《就业指导纲要(2008—2010)》

456. 2005年的《里斯本战略》中的改革强调经济增长和就业。对成员国的《国家改革计划》的审查表明,成员国应继续尽其所有努力来解决以下优先领域的议题:

——吸引并留住更多的人员就业,增加劳动者供应,实现社会保护体系的现代化;

——完善劳动者和企业的适应能力;

——通过更好的教育和技能培养方式来增加人力资本的投入。

255 应特别注意双方已经达成一致的目标与基准。

就业指导纲要的有效期为三年,从这一时期一直到 2010 年年底之前,应严格限制纲要的更新。

《就业指导纲要(2008—2010)》(第 17—24 号综合指导纲要)

457. 这些就业指导纲要成为了《综合指导纲要(2008—2010)》的一部分,它基于以下三个支柱:宏观经济政策、微观经济改革和就业政策。这些支柱合在一起,它有助于实现可持续增长和就业的目标,并增强社会凝聚力。

各成员国在与社会伙伴合作时,应着眼于制定可以落实以下具体行动的目标与优先事项政策,以便有更多更好的工作岗位,和接受过更好教育以及具有技能的劳动者可以支持包容性的劳动力市场。在反映了《里斯本战略》的同时,各成员国应以均衡的方式加强政策扶持:

> 充分就业:通过增加劳动力的需求和供应,实现充分就业,减少失业和闲置人员的数量,这对保持经济增长和加强社会凝聚力至关重要。弹性保障政策同时可解决劳动力市场的灵活性、工作组织安排与劳资关系、协调工作与私人生活之间的关系、就业保障以及社会保护。

> 提高工作质量与生产力:提高就业率努力的同时,应该改善工作吸引力、工作质量和劳动生产力的增长、大幅减少劳动力市场分化、解决性别不平等以及劳动者的贫穷等事项。此外,应充分利用工作质量、生产力和就业之间的协同效应。

> 加强社会与地区凝聚力:各国需要采取坚决的行动来加强社会融合,减少贫穷——尤其是儿童贫困问题——并防止弱势群体被排除在劳动力市场之外,支持就业一体化,减少就业、失业与劳动生产力方面的地区性差异,尤其是经济落后地区。其次,也需要加强与《社会保护与社会融合中公开协调方法》(Open Method of Coordination in Social Protection and Social Inclusion)的互动。

458. 机会平等与反对歧视对于欧洲的就业情况进展必不可少。因此，应该采取一切行动来确保社会性别主流化以及促进性别平等。其次，还必须根据《欧洲性别平等协定》的规定，要特别关注在劳动力市场大幅缩小所有与性别相关的差距。作为一种新的、涉及不同年代人士就业方法的一部分，应特别注意年轻人的状况，以实现《欧洲青年协定》，促进其工作生涯中的就业机会，也包括老年劳动者在内。此外，还应根据成员国的目标，特别注意大幅缩小包括残疾人在内的弱势群体以及第三国国民与欧洲联盟公民之间的就业差距。

各成员国应通过促进劳动力的参与、减少贫穷与被边缘化排外的理由等措施，积极使所有人可以融入劳动力市场。

就采取行动而言，各成员国应确保就业与社会政策的良好治理，保证相互加强在经济、劳动与社会事务等领域的积极发展。各国应该通过那些议会机构及利益相关者，包括区域和地方层面的机构以及公民社会组织在内，都充分参与其中，以建立广泛的合作关系来应对变革。欧洲和成员国层面的社会合作伙伴应发挥其核心作用。在2003年就业指导纲要中，在《欧洲就业战略》文本框架下所设立的多个目标与基准，应继续采取指标和记分牌等手段跟进。共同体也鼓励各成员国确定各自的承诺与目标，因此它们应该考虑这些因素以及在欧洲联盟层面所达成的针对具体国别的建议。此外，也应鼓励成员国监控这些改革的社会影响。

良好治理也要求在行政与财政资源配置方面具有更高的效率。各成员国与欧洲联盟委员会一致同意，将结构基金的资源，尤其是欧洲社会基金，作为实施欧洲就业战略的目标，并报告其所采取的行动。其次，应特别注意加强成员国在制度与行政方面的能力。

第17号指导纲要：实施目的在于实现全面就业、提高工作质量与生产力、加强社会和地区凝聚力的就业政策。

这些政策应该有助于欧洲联盟在2010年实现总体就业率达到70%、女性就业率至少达到60%、55—64岁的老年劳动者就业率达到50%、减少失业和闲置人员等目标。成员国应考虑设立全国就业率目标。

459. 为解决这些目标,应采取的行动应首要集中以下几个方面:
(1) 吸引和留住更多的人员就业,增加劳动力供应以及实现社会保护制度的现代化;
(2) 提高劳动者与企业的适应能力;
(3) 通过更好的教育和技能,增加人力资本投入。

A. 吸引和留住更多人员就业,增加劳动力供应以及实现社会保护制度的现代化

460. 提高就业水平是实现经济增长与促进社会融合性经济的最有效手段,同时为那些无法工作的人员保证有安全的保护网络。促进在劳动力供应方面的增加,采用新的生命周期工作方式和现代化的社会保障体系,并确保其充分性,在社会不断变化的需求下保持财政的可持续性和响应性更是必不可少,因为预期有适龄工作人口的下降问题。其次,应特别重视大幅缩小持续存在的男女就业差距与性别薪酬差距。作为一种新的涉及不同年代人士就业方法的一部分,应进一步增加老年劳动者和年轻劳动者的就业率,积极促进被排除在劳动力市场之外的人士回归市场。这些都非常重要。采取强化行动来改善青年劳动者在劳动力市场的情形,特别是那些低技能的劳动者,应大幅减少青年人的失业问题,因为青年失业率是劳动者整体失业率平均水平的两倍。

为了促进就业,各国必须设立适当的条件,无论是针对首次参加工作的劳动者,还是在短期休息后返回就业岗位或希望延长其工作生涯的劳动者。工作岗位的质量,包括工资和福利、工作条件、就业保障、获得终身学习的机会和职业前景在内,都是至关重要的因素,因为这些支持和激励因素都源于社会保障制度。此外,要加强劳动者生命周期的方法、促进工作与家庭生活之间的协调关系,儿童保护政策十分必要。在国家层面来说,在2010年之前,至少为90%的介于三岁与强制入学年龄的儿童、至少33%的三岁以下的儿童可以获得儿童保育,这属于一项有效的基准要求。但是,它们也需要采取具体措施,努力应对各国之间的地区差距问题。有子女人士的平均就业率的提高,尤其是单亲家庭者,他们通常面临生活困境,需要有供养家庭的措施来支持。成员国应特别考虑单亲家庭养育多个子女的劳动者的一些特殊需求。其次,在欧洲联盟层面,劳动者退出劳动力市场的有效年龄在2010年之前与2001年相比平均再增加五岁。

成员国还应制定措施来改善劳动者的(职业)健康状况,以达到减轻疾病负担、提高劳动生产力、延长工作寿命等目标。《欧洲青年协定》、《性别平等协定》与《欧洲家庭联盟》等方案的实施也会有助于生命周期法在工作中的应用,尤其便于青年人从学校教育到劳动力市场的转化。各成员国应通过具体针对个人的措施,为一些机会较少的年轻人提供其融入社会与劳动力市场的平等机会。

第18号指导纲要:通过以下方式促进有利于劳动者工作生涯周期的方法:

——努力重新为青年人搭建就业平台,降低青年人的失业率,正如《欧洲青年协定》所呼吁的那样;

——采取坚决的行动来增加女性的参与,降低就业、失业和薪酬方面存在的性别差距;

——更好协调工作与私人生活之间的关系、提供可使用的儿童保育设施及对其他受抚养者或受赡养者的护理;

——采取积极措施来支持老龄化,包括采取适当的工作条件,完善(职业)健康状况、适当的工作激励措施以及防止过早退休的现象;

——社会保障制度的现代化,包括养老金和医疗保健,确保社会公平、财政可持续性以及对不断变化需求的响应,从而支持劳动者参加工作,更好地保留在劳动者行列中以及更长的工作生涯。

又见:综合指导纲要"保障经济与财政可持续性作为就业增长的基础"(第2号指导纲要)。

461. 积极的包容性政策可以增加劳动力供应,加强社会凝聚力,同时也是促进最弱势群体融入社会和劳动力市场的最强大手段。

对于到 2010 年为止,离开学校时间在 4 个月内的青少年以及离开工作岗位在 12 个月内的成年人,应为每一位失业者提供一份工作、学徒工作、额外的培训或其他可就业的措施。应执行旨在向长期失业者提供积极劳动力市场措施的政策,同时应考虑到 2010 年 25% 的参与率基准。激发活力措施(Activation)应以培训、再培训、工作实践、工作岗位或其他可就业措施等形式,以及在适当的时机结合一些持续的求职协助措施。便于求职者获得就业机会、防止失业、确保失业者仍与劳动力市场保持密切联系,就业能力对于增加劳动力的参与、抵制社会排外等措施必不可少。各成员国要实现这些目标,就应该通过对求职者提供有效协助来消除他们进入劳动力市场的障碍,便于他们获得培训和其他积极的劳动力市场措施。此外,应确保所有人获得可承担得起的,一些基本社会服务与适当水平的最低资源的机会,同时结合薪酬公平的原则,以实现有偿劳动,这些具有同样重要的地位。与此同时,该方法应确保所有劳动者工作的有偿性,消除失业、贫穷及闲置等现象。

此外,要特别重视促进弱势群体,包括低技能的劳动者在内的人,他们融入到劳动力市场的问题,例如通过社会服务与社会经济的扩大,以及针对集体需要而开发的新的工作资源。消除歧视、促进残疾人获得就业机会、移民和少数民族融入劳动力市场尤为重要。

第 19 号指导纲要:确保劳动力市场的包容性,增强工作的吸引力,通过以下方式为求职者,包括残疾人和闲置人员在内,提供有偿工作:

——积极的、预防性劳动力市场措施包括:尽早确定劳动力的需求、求职协助、指导和培训(作为个人行动计划的一部分)、提供必要的社会服务以支持远离劳动力市场的人员的回归及有助于消除贫穷的措施;

——持续审视由税收和福利制度造成的经济激励因素,以及抑制经济发展的不利因素,包括对福利的管理与限制,大幅降低高边际有效税

率,尤其针对低收入人群,同时确保社会保护维持在适当的水平;

——开发为个人和企业提供服务的工作岗位新资源,尤其是在地方层面。

462. 为了使更多的人找到更好的工作,欧洲还需要加强欧洲联盟和成员国层面的劳动力市场的基础设施建设,包括欧洲就业服务网的开发,以便更好地预测和解决可能存在的不匹配现象。工作与就业之间的转换必不可少,因此,增强劳动者流动性并促进制定与市场相匹配的政策。欧洲联盟的求职者可以通过成员国的就业服务广告查阅到所有空缺的职位信息。劳动者在欧洲联盟内部的流动性根据各条约的规定得以充分保障。此外,还必须充分考虑因第三国国民移民所导致的额外劳动力供应到国内劳动力市场的情况。

第20号指导纲要:通过以下方式来提高劳动力市场需求的匹配度:

——实现劳动力市场机制的现代化,并加强这些机制,尤其是提供就业服务,以便在国家和欧洲联盟层面上确保提高就业透明度与增加培训机会;

——在各条约框架内消除影响劳动者在欧洲境内流动的障碍;

——对技术需求、劳动力市场短缺和瓶颈问题作出更好的预期;

——对企业经济迁移行为作出适当的管理。

B. 提高劳动者与企业的适应能力

463. 欧洲需要提高其对预见、应对和接纳经济与社会变革的能力。这就要求有就业友好型劳动力成本、工作组织的现代化形式以及运转良好的劳动力市场,从而让工作灵活性与就业安全性更好地相结合,以满足企业和劳动者的需求。这也应有助于欧洲防止劳动力市场出现分化的现象,减少未申报的工作。①

---

① 又见第18、19、20和23号指导纲要。

260　在当今不断发展的全球化经济中,随着市场的开放及新技术的不断引进,欧洲的企业和劳动者都面临着如何去适应这种需求的问题,这其实也是一种机遇。虽然这一结构变革过程总体上有利于增长与就业,但却对一些劳动者和企业来说,带来了一些破坏性的变化。企业必须具有更强的灵活性去应对市场要求的突然转变,需要去适应新技术,并且持续创新,以保持竞争力。

他们还必须应对市场对工作质量要求的不断提高,这关系到劳动者的个人偏好和家庭的变化。他们也需要处理劳动力老龄化、年轻人入职较少的问题。对于劳动者来说,随着工作模式的多样化与不规范,以及在整个生命周期中需要成功管理不断增加的工作转换,他们的工作生涯也变得越来越复杂。随着经济日新月异的发展,劳动者必须有能终身学习的机会,以便应对新的工作方式,包括信息与通信技术的加强。劳动者工作身份的转变,伴随着暂时的收入损失风险,应通过提供适当的现代化社会保护来予以解决。

若想成功应对这些挑战,就需要综合考虑弹性的方法。弹性保障涉及综合考虑灵活性与可靠性并存的合同安排、全面的终身学习战略、积极有效的劳动力市场政策,以及现代化的、充分的、可持续的社会保障体系。

成员国可以根据欧洲联盟理事会采取的共同原则来实行其弹性保障方法。这些原则是促进改革、国家政策的选择与制定以及在弹性保障领域内具体的国家安排措施的有效基础。这些方法与原则有着同等重要的地位。

第 21 号指导纲要:适当考虑社会合作伙伴的作用,通过以下方式来促进工作灵活性与就业安全性相结合,减少劳动力市场的分化:

——修订有关就业的法律,如有必要,审查不同的合同与工作时间的安排;

——解决未申报工作的问题;

——对市场变化具有更好的预期以及积极的管理措施,包括经济重建,尤其是和贸易开放相关的变化,以便使社会成本最小化,并增强其

适应能力;

——促进、宣传有关工作组织形式的创新性和可适应性,以提高工作的质量与生产力,包括健康与安全的状况;

——支持职业状态的转变,包括培训、自由职业、创业和地域流动性等。

又见:综合指导纲要"在宏观经济政策、结构性政策与就业政策之间增强连贯性"(第5号指导纲要)。

464. 为了最大限度地创造就业机会,保持竞争力,促成经济框架的构建,总体薪酬发展应该与经济周期内的生产力增长状况相一致,并且应该反映出劳动力市场的情况。其次,应大幅度缩小性别就业差距,特别关注在女性可能占主导地位的行业或部门内,女性低薪酬水平的原因及问题的解决。此外,有必要尽量减少非工资性的劳动成本,并对"税收楔子"作出审查,以便于创造就业机会,尤其是低收入的就业岗位。

第22号指令:通过以下方式来确保就业友好型劳动者成本的发展与薪酬评定机制的设立:

——鼓励社会合作伙伴在其各自的责任领域范围内,为薪酬标准的协商设立适当的框架,以反映生产力和劳动力市场在所有相关层面的挑战,并避免出现性别收入差距的情况;

——审视非工资性的劳动力成本对就业的影响,如有必要,调整薪酬结构与级别,尤其是减少低收入群体的税收负担。

又见:综合指导纲要"确保薪酬制度的发展有助于促进宏观经济的稳定性与持续增长"(第4号指导纲要)。

C. 通过更好的教育与技能,增加人力资本投入

465. 欧洲需要在人力资本方面做出更有效的投入。许多人由于缺乏技术或是技术不匹配而不能进入或继续留在劳动力市场。为了增强各个年

龄段的男性与女性获得就业机会,提高其生产力水平、创新能力和工作质量,欧洲联盟需要在人力资本和终身学习等方面做出更多的、更有效的投入。

知识型经济和服务型经济与传统行业有着不同的技能需求,而且这些技能在科技变化和创新层面上也需要不断地更新。若劳动者想继续保持工作或取得进步,则需要不断积累和更新工作技能。企业的生产力依赖于建设和维持能适应社会变化的劳动力。各级政府需要保证能够提高劳动者的教育程度,根据《欧洲青年协定》的规定,青年人具有能胜任工作所需的关键技能。为了提高年轻人的劳动力市场就业前景,欧洲联盟应该设定目标,青少年早年辍学率平均不超过10%,至少85%的22岁的青年人到2010年之前应完成高中教育。欧洲联盟参与终身学习的平均水平至少应该占成年人工作年龄(25—64岁年龄段)人口的12.5%。为此,应动员所有的利益相关者来发展和培养一种真正的从早期开始的终身学习的文化传统。为了大量增加在人力资源方面公共或私人的人均投入,保证这些投资的质量和效果,确保所有行动者之间成本和责任共享的透明度和公正性则非常重要。成员国应该更好地利用结构基金和欧洲投资银行在教育和培训方面的投资。为实现这些目标,成员国必须实施自己已经承诺过的连贯、全面的终身学习战略。

第 23 号指导纲要:通过以下方式来扩展并提高在人力资源上的投入:

——包容性教育与培训的政策与行动,极大促进接受初级职业教育、中等教育和高等教育的机会,包括学徒及创业培训;

——大力减少早年辍学者的人数;

——根据欧洲协议,使有效的终身学习战略可以面向所有学校、商业机构、公共机构和家庭开放,包括适当的激励和成本共享机制,以加强劳动者终身参与继续教育和工作培训,尤其是针对那些低技能和年老的工作者。

又见:综合指导纲要"增加、提高在研发方面的投资,尤其是通过私人企业"(第 7 号指导纲要)。

466. 然而,仅仅确立宏伟的目标,并依靠所有的行动者去增加投资的程度还远远不够。要确保劳动力市场的供应能满足实际需求,必须建立一种劳动者可以负担得起、容易获得并且能够应对市场变化需求的终身学习体制。教育和培训体系的适应性与能力建设,以及提高教育与培训政策证据基础的措施对于提高劳动力市场的相关性以及对知识型经济、知识型社会与效率的应对很有必要。一种容易获得、广泛的、综合性的终身职业生涯定位的制度应增加个人获得教育和培训的机会,同时又可加强与教育、培训提供技能需要的相关性。信息通信技术可以用来增加获得学习的机会,并且更好地来满足雇主与雇员的培训需求。

其次,工作与学习具有更多流动性这一目的也需要在整个欧洲联盟境内帮助劳动者获得更广泛的工作机会。为此,应该取消在欧洲劳动力市场范围内,那些影响劳动者流动性的持续性障碍,尤其是那些和资质与能力认可及透明度相关的障碍。特别是,可以实施《欧洲职业资质框架体系》,在 2010 年之前将成员国的资质认可制度与该框架体系规定衔接,而且在适当的情况下,也可以发展成员国的资质框架体系。非常重要的是,应利用已经达成的欧洲法律文件和参考文件来支持成员国的国内教育与培训体系改革,正如《教育与培训 2010 工作计划》所制订的那样。

第 24 号指导纲要:通过以下方式来调整教育与培训体系以应对新的能力要求:

——提升并确保教育与培训的吸引力、开放性及质量水平,扩展教育和培训机会的供给,确保学习渠道的灵活性,为学生和培训者扩大远距离的流动提供可能性;

——通过对工作时间的组织管理、家庭支持服务、职业指导等形式,或者是在适当情况下,采取新形式的成本共享等方法,来缓解并增加所有人获得多元化的教育、培训及知识的渠道;

——通过完善资质的定义和透明度、有效的资质认可、对正式与非正式教育的认证,来应对新工作的需求、关键能力及对未来技能的要求。

(四)《欧洲就业策略框架》设立的目标和基准

467.《欧洲就业策略框架》的文本中已经通过了以下目标和基准:

——对于到2010年为止,离开学校时间在4个月内的青少年,或者是失业时间不足12个月的成年人,每一个失业者可以获得一份工作、学徒身份、额外的培训或其他可就业的措施;

——25%的长期失业者在2010年以前应通过参加工作、学徒工作、额外的培训或其他可就业的措施等形式获得就业机会,以达到三个最领先成员国的平均就业水平;

——求职者通过欧洲联盟成员国的就业服务广告,能够查询所有空缺的职位信息;

——到2010年之前,劳动力市场在欧洲联盟层面的有效退休平均年龄与2001年相比增加五岁;

——在2010年之前,至少可以为90%的介于三岁与强制入学年龄的儿童、至少33%的三岁以下的儿童提供儿童保育;

——欧洲联盟的青少年早年辍学率平均不超过10%,至少85%的22岁的青年人到2010年之前应完成高中教育;

——欧洲联盟层面参与终身学习的平均人数至少应该占成年人工作年龄(25—64岁年龄段)人口的12.5%。①

(五)《就业指导纲要(2010—2014)》②

1.《里斯本2020战略》

468.《就业指导纲要(2010—2014)》的制定受到了《里斯本2020战略》

---

① Council Decision of 15 July 2008 on guidelines for the employment policies of the Member States (2008/618/EC).

② Council Decision of 21 October 2010 on guidelines for the employment policies of the Members States (2010/707/EU).

的启发。欧洲联盟委员会提议为接下来的十年制定一个新的发展战略,也就是众所周知的《欧洲2020战略》,其目的在于使联盟在经济危机之后表现得更强大,并且伴随着较高的就业率、生产力和社会凝聚力,使其经济迈向理性增长、可持续增长及包容性增长。被列入相关指导纲要内的五大标题对象构成了共同体的共享目标,在考虑相关的起始条件和国内环境的情况下,引导成员国的行动,同时也指引着联盟的行动。其次,成员国应尽力去实现国家目标,并消除那些限制经济增长的瓶颈问题。

469. 作为综合性"出口战略"应对经济危机的一部分,成员国应开展强有力的改革,确保宏观经济的稳定性,促进更多更好的工作岗位以及公共财政的可持续性,提升竞争力和生产力,减少宏观经济的不平衡性,增强劳动力市场的表现。此外,应在《稳定与增长协定》的框架内实施并协调财政激励因素的撤销措施。

2. 理性增长(Smart growth)

470. 成员国和欧洲联盟在《欧洲2020战略》框架内,应实施可实现理性增长的改革目标,例如知识与创新型增长。这些改革应有助于提高教育质量,确保所有人可以获得教育的机会,同时应增强研发、商业运作以及进一步提高管理框架体系,以便促进创新与知识在整个联盟内进行转移。改革应当鼓励创业、发展中小企业,并且帮助创新型思想转变为创新型的产品、服务和加工程序,以期推动经济增长、创设有质量的和可持续的工作岗位,增强经济与社会凝聚力,更有效地解决欧洲和国际社会面临的挑战。在此背景下,最大程度地发展信息通信技术则非常必要。

3. 可持续增长

471. 联盟与成员国的政策,包括他们的改革计划在内,应该致力于"可持续性增长"。可持续性增长意味着要建立有能源和资源效能的、可持续发展的、具有竞争力的经济,实现成本和利益的公平分配,利用欧洲在竞争中的领先地位来发展新方法和新技术,包括绿色科技在内。

成员国与联盟应开展必要的改革措施,减少温室气体的排放及有效利用资源,这也将防止环境恶化与生物多样性的减少。其次,成员国也应提升商业环境,激励绿色工作岗位的创设,帮助企业实现其工业基地的现代化。

4. 包容性增长(Inclusive growth)

472. 联盟的政策与成员国的改革计划应致力于实现"包容性[经济]增长"的目标。包容性增长意味着建立一个具有凝聚力的社会,人们因此能够预期并管理变化,从而可以积极参与到社会与经济活动之中。成员国的改革应确保所有人在其生命周期内可获得就业的机会和渠道,通过消除劳动力市场参与的壁垒,尤其是针对女性、年长劳动者、年轻人、残疾人和合法移民的壁垒,以减少贫困和社会排外现象。各成员国也应确保经济增长的福利可以惠及所有公民和所有地区,以体面的工作为基础,发展就业增强型增长。保障适当的、可持续的社会保护,采取积极融入来预防并减少贫困,尤其要重视就业贫困问题的解决、减少具有被社会排斥最高风险的群体,包括儿童与年轻人在内的贫困;通过成功转型投资、教育与培训体制、适当的技能发展、工作质量的提升,抵制市场分化、结构性失业、青年失业以及人员的闲置状态,确保劳动力市场的有效运转。与此同时,应坚持执行各国已达成一致的强化财政措施。这些举措应属于各成员国改革计划的核心内容。

5. 女性参与

473. 增加女性的劳动力市场参与是促进经济振兴和应对人口挑战的一大前提。性别平等的前景显而易见,它已经融入到所有相关的政策领域内。因此,它是在成员国全面实现指导纲要的关键。应创造条件为学前儿童提供充足的、能承担得起的、高质量的儿童保育服务。各成员国应实施男女劳动者同工同酬、同值同酬的原则。

6. 在全球经济中的竞争力

474. 若要增强联盟在全球经济中的竞争力,为欧洲出口商创造新机遇,为进口商提供重要的竞争平台,那么联盟与成员国的结构性改革就能有效地致力于经济的增长与工作岗位的创设。这些改革应该考虑到其外部竞争力,在世界范围内公平开放的市场中培育欧洲的经济增长与参与能力。

7. 国家改革计划

475. 成员国在设计和实施其《国家改革计划》时应考虑这些就业指导

纲要的意见,应确保其就业政策的有效管理。在这些指导纲要针对成员国的同时,应与所有国家层面、区域和地方层面的政府机构形成合作伙伴关系,密切与议会、社会合作伙伴以及公民社会代表的联系,以适当地执行、监管及评估《欧洲2020战略》,因为这些机构会有助于《国家改革计划》的解读与实施,以及有关总体战略上的全面交流。

8. 欧洲2020年综合指导纲要

476.《欧洲2020战略》由一套更小的指导纲要所支持,它代替了先前的24套指导纲要,以更连贯的方式来解决就业及广泛的经济政策问题。针对成员国就业政策的指导纲要,在本质上和成员国与联盟的经济政策指导纲要联系在一起。他们共同组成了《欧洲2020综合指导纲要》。

即使每年都要起草一次,但是为了确保执行,这些指导纲要也应该保持稳定,一直持续到2014年。

9. 成员国的就业政策指导纲要

477.

第7号指导纲要:增加男性和女性在劳动力市场的参与。减少结构性失业,提升就业质量。

激发活力是增加劳动力市场参与的关键因素。成员国应将欧洲联盟理事会支持的弹性保障原则纳入其劳动市场政策并予以适用,适当利用欧洲社会基金和其他欧洲联盟资金的支持,以便在减少结构性失业的同时,增加劳动力市场的参与,打击市场分化、闲置和性别不平等等行为。增强灵活性与安全性的措施应互相平衡、相辅相成。因此,成员国应引入一些包括灵活性与可靠性的合同安排、积极的劳动力市场政策、有效的终身学习机制、促进劳动力流动性的政策以及适度的社会保障制度,以确保失业者在劳动力市场转型时具有明确的权利和责任去积极寻找工作。成员国应与社会合作伙伴一起,充分重视企业工作场所内部的弹性保障。

成员国应该增强开展社会对话,采取就业措施来解决不确定的就业、未就业和未申报工作问题,处理劳动力市场的分化。其次,应鼓励劳动者的职业流动性,解决工作岗位的质量和就业条件。成员国应打击就业中的贫困问题,促进劳动者的职业健康与安全。应确保可为有固定期限合同的劳动者和自由职业者提供充足的社会保障。就业服务在就业激发活力及市场匹配方面发挥着重要的作用,因此,应加强具有个性化服务、积极的、早期预防的劳动力市场措施的作用。此类服务与措施应向所有人开放,包括年轻人、受失业威胁者以及远离劳动力市场的人士。

成员国保持有偿工作的政策依然重要。为了提高竞争力和提升参与水平,尤其是针对低技能劳动者,并依据第2号经济政策指导纲要的意见,成员国应鼓励制定适当的框架条件,促进薪酬协商及劳动力成本的发展,该发展应与价格稳定性及生产力趋势相一致。成员国应审视其提供所需支持的税收、福利以及公共服务能力,以增强劳动力参与和刺激劳动力需求。应该促进积极老龄化与性别平等,也包括报酬平等,将年轻人、残疾人、合法移民以及其他弱势群体融入劳动力市场。平衡工作与生活关系的政策和提供劳动者可承担得起的护理以及创新性的工作组织方式应用于去提升就业率,尤其是年轻人、老年劳动者以及妇女的就业率。成员国也应为职场新人消除进入劳动力市场的壁垒,增加自主就业、创业及在各个工作领域中的岗位创设,包括绿色就业与护理,以及促进社会创新。

成员国以欧洲联盟的大标题目标为基础,在考虑相关的起始条件与本国具体国情的同时,设立各自的国家目标,其目的在于,通过包括年轻人、老年劳动者、低技能劳动者的更多参与以及合法移民的更好融入等措施,到2020年之前将20—64岁之间的男性和女性的就业率提升到75%。

478.

第8号指导纲要:发展技术性的劳动力来应对劳动力市场需求,促进劳动者的终身学习

成员国应通过提供足够的知识和技能以满足当前和未来的需求,

从而促进劳动者的生产力和就业能力。高质量的初始教育与有吸引力的职业培训,必须以激励就业者和失业者终身学习的有效措施为补充,也可以通过第二次学习的机会、针对目标移民和综合政策,从而确保每位成年人都有机会保持或进一步提升相关工作资质,并克服老套的性别成见。成员国应该发展认证已有能力的政策,消除劳动者的职业性或地域性流动壁垒,促进其横向能力的获得,以支持工作的创造性、创新和创业精神。特别是,应努力集中支持低技能者、技术落伍者及缺乏工作经验的高技能劳动者,包括研究人员以及在科学、数学与技术等领域工作的女性劳动者。

成员国应与社会合作伙伴及公司合作,完善培训渠道,加强教育与事业引导。这些方面的提升应与提供有关新的工作岗位及就业机会的系统信息、促进创业精神及技能所需的强化参与等措施相结合。应通过政府、个人及雇主的联合财政支持来促进人力资源发展、提升技能和参与终身学习计划的投入。为支持年轻人,尤其是失业、没接受教育或培训的年轻人,各成员国应与社会合作伙伴合作,共同制订计划来帮助这些人获得第一份工作、工作经验、进一步接受教育和培训的机会,包括学徒工作在内;此外,各国应在年轻人刚刚失业的时候立即采取干预措施。

定期对技能提升和预期政策的表现实行监控,应有助于明确有待完善的领域,增加教育和培训体系对当前以及新兴劳动力市场的需求,例如低碳经济和资源效能型经济,作出回应的能力。各成员国在适当的时机,应积极调动欧洲社会基金及其他欧洲联盟基金,以支持这些目标的实现。刺激劳动力需求的政策可以补充人力资本方面的投入。

479.

第9号指导纲要:提高各级教育和培训体系的质量与水平,增加人们参与高等教育或同等教育的机会

为了确保所有人获得高质量的教育和培训机会以及提高教育产出,成员国应在教育和培训体系方面进行有效投入,尤其提升欧洲联盟

劳动力的技术水平,使其能最大限度地去适应现代化劳动力市场和社会的迅速变化。根据终身学习原则,应采取行动覆盖所有层面的教育体系(从儿童学前教育到高等教育、职业教育与培训以及成人教育),并考虑正式和非正式的学习模式。改革应致力于确保每个人拥有可以从知识型经济中获得成功所需的关键技能,尤其是与第4号指导纲要中提及的优先原则相一致的就业能力。应鼓励学习者和教师的国际流动性。其次,也应采取措施,确保年轻人和教师的学习机动性成为一种规范。成员国应该提高其教育与培训体系的开放性与相关性,特别是通过实施国家资质框架体系来形成灵活的学习方式,发展教育与培训界和劳动行业之间的伙伴关系。应使教育职业更具有吸引力,应注重教师的职前教育与持续专业发展。高等教育对于非传统的学习者应该更加开放,应该增加人们参与高等教育或同等教育的机会。为了减少失业、没接受教育或培训的年轻人数量,成员国应采取所有必要行动来防止他们过早辍学。

以欧洲联盟总体目标为基础,考虑自身相关起始条件与国情,成员国将设定其国家发展目标,致力于降低辍学率,让其低于10%,并使30—34岁年龄段已经完成了大学或同等教育的人员比例至少提高到40%。
480.

第10号指导纲要:提升社会融合,减少贫困

扩展就业机会是成员国在预防并减少贫困、促进全面参与经济和社会活动的综合策略中非常必要的一个方面。为此,必须适当使用欧洲社会基金以及其他欧洲联盟基金。应该集中力量确保机会平等,包括通过为所有人提供高质量、可负担、持续性服务的机会,尤其是在社会生活领域。公共服务(包括与第4号指导纲要相一致的在线服务)在这一方面会起到重要作用。成员国应该采取有效的反歧视措施。在预防就业中贫困的同时,增强劳动者的能力并提高那些远离劳动力市场者的参与度,也将有助于减少社会排斥现象。这就要求加强社会保障体系,促进终身学习,推进全面积极融入政策,为不同阶段的人员生活创造机会,保护他们——特别是女性——免受被社会排斥的风险。包括养老金和社会保健体系在内的社会保障体系都应该实现现代化,并且全面发展,确保有充足的收入扶持和服务——以此提供社会凝聚力——同时保持财政的可持续性,鼓励人们在社会和劳动力市场的参与。

社会福利体系应集中关注确保转型期的收入保障以及减少贫困,尤其是那些最有受到社会排斥风险的群体,例如单亲家庭(One-parent family)、包括罗姆人(Roma)在内的少数民族、残疾人、儿童、年轻人和年长的男性与女性、合法移民和无家可归者等。成员国也应积极促进社会经济与社会创新的发展,以此支持这些最弱势的群体。所有这些措施都应致力于促进男女性别平等。

成员国以欧洲联盟大标题目标为基础,考虑其起始条件与国情,将设定其国家发展目标,致力于促进社会融合,尤其是通过实现至少使 2000 万人脱离贫困和被社会排斥的风险的目标来减少社会贫困。①

十、劳动法的现代化(2006 年)②

481. 2006 年 11 月 22 日,欧洲联盟委员会提交了一份关于"推进劳动法现代化以迎接 21 世纪挑战"的绿皮书,其内容已在《欧洲社会议程 2005—2010》和《欧洲重建与就业通告》中公布。委员会在介绍绿皮书时也启动了一次公开咨询行动,致函各成员国、社会合作伙伴与其他利益相关者,讨论是否有必要审查当前的劳动法体系。

(一) 主要事项

1. 弹性保障

482. 绿皮书检验了劳动法现代化在推进与充分就业安全相结合、增长

---

① 这一人群根据三个指标(贫困风险、物质损失、失业家庭)被定义为处于贫困和被排斥风险的人,允许成员国在考虑各国情和优先顺序后,以最适当的指标为基础来创立其国家目标。

② Anni Weiler, AWWW GmbH Arbeits Welt-Working World, 'Commission Presents Green Paper on Modernising Labour Law', EIRO, 2007.

的劳动力灵活性弹性保障议程中的作用。它讨论了劳动力市场的发展,技术和工作组织,以及日益兴起的各种非标准劳动合同,不管它们是否明确由欧洲联盟和国家法律所包含。

2. 社会对话的作用

483. 绿皮书评估了社会对话在成员国和欧洲联盟层面的劳动法现代化中所发挥的作用。提高工作质量并保障工作条件属于成员国的国内立法事项,而社会法(Social acquis)(欧洲联盟的一套法律)在欧洲联盟层面,可以支持并补充成员国的行动。在国家、行业部门和公司等层面的社会对话证明了如何适应有关工作场所的规定以应对不断变化的经济现实,与如何适用于新类型的劳动者,如临时机构的劳动者。绿皮书为集体协议确定了一个新角色,其不再仅仅补充已为法律所规定的工作条件,而是作为调整法律原则以适应具体经济或行业情况的重要工具。

3. 非正规就业

484. 绿皮书的主要焦点是个体劳动法。它概括出富有意义的劳动法改革重点事项及其在灵活性与就业保障方面的贡献,有助于防止劳动力市场的分化并完善那些会影响中小企业发展的规定。非正规劳动合同与自由职业的比例从2001年的36%几乎增加到2005年欧洲联盟25国劳动力的40%。此外,该文件强调欧洲存在一种明显的男女性别与跨代人劳动问题,因为女性劳动者、老年劳动者与青年劳动者非标准形式的就业比例明显不当。

劳动法与商法之间的界限已经随着各种形式非标准工作的出现而变得不再清晰。绿皮书讨论了"隐蔽就业"(Disguised employment)的非法行为,这可被理解为在自由职业身份法律定义不清晰的背景下对自由就业的错误归类。本文将"隐蔽就业"与"经济依赖性工作"的概念进行了区分,它涵盖了属于从属就业与自主就业这两个已有概念的情形。①

4. 遵守就业权利

485. 其他问题关注多重劳动关系中的各方当事人遵守就业权利的责

---

① 参见欧洲产业关系观察组织[EIRO]《关于经济依赖性劳动者的研究报告》。

任。这些问题尤其涉及临时机构的工作以分包合同链拓展后的工作。几个成员国已经通过要求主承包商承担分包商的义务来试图解决劳动者在这一情况下面临的问题。

5. 劳动者

486. 在劳动者流动的背景下,我们来讨论"劳动者"这一术语的定义。大多数欧洲联盟劳动法立法将"劳动者"的定义留给各国来解释。然而,共同体中众多不同指令对这一术语的不同界定问题使人质疑欧洲劳动法应用的一致性。这种困难已经出现,特别是在理事会关于在服务框架下提供劳务派遣的第96/71/EC号指令与关于在企业或商业活动中保障劳动者权益时成员国法律趋同化的第2001/23/EC号指令的实施当中。这些复杂情形也同样涉及"边境劳动者",他们在一个成员国生活,在另一个成员国工作,并且涉及跨国经营商业与服务的问题。

6. 未申报的工作

487. 未申报的工作在当今的劳动力市场被视为一个特别令人担忧的持久性特征,它经常与跨境劳动者流动有关。它被认为是导致"社会倾销"的主要因素,应对劳动者的被剥削与竞争的扭曲负责。绿皮书强调,这一问题由欧洲社会合作伙伴确定,它作为平衡就业灵活性与安全性的有机组成部分,是其《工作计划(2006—2008)》中采取行动的关键议题。

7. 就业委员会的讨论

488. 2006年12月1日,欧洲就业委员会就绿皮书初步交换了意见。该委员会强调,在保持欧洲层面的最低标准时,需要考虑各成员国国内劳动力市场的具体特点。特别应注意以下几个问题:

——开展富有意义的社会对话之重要性;

——预防市场分化,防止减少劳动者权利和缺乏职业安全感的行为;

——应对存在经济依赖性劳动者情况的需要;

——有效实施劳动法,包括打击未申报工作的行动;

——更好地协调工作与家庭生活,采取行动消除对妇女参与劳动力市场的消极因素;

——打击劳动力市场各种形式歧视的需要。

8. 社会合作伙伴的反应

489. 欧洲企业协会和欧洲手工与中小企业协会强调劳动法现代化能力的增强主要在于成员国的行动者。欧洲企业协会强烈反对在欧洲联盟层面界定"劳动者"这一术语的建议，拒绝保留现有的就业重点。它认为，劳动法的现代化必须基于合理的分析后成为弹性保障辩论的一部分，既包含灵活性，又包括安全性。而欧洲手工与中小企业协会则认为绿皮书提出了未来关键政策会面临挑战的一种均衡分析，它是应对未来新工作形式的一种合理手段。欧洲手工与中小企业协会事实上欢迎解决与中小企业相关的问题，认为该文件讨论了劳动法影响小型企业的方式。例如，自我就业的措辞，承认了欧洲鼓励创业精神的重要性。

490. 欧洲公共企业中心重申，绿皮书中提出的问题具有正确性，但是解决问题所使用的手段和方法并不恰当。欧洲公共企业中心认可，关于弹性保障的发展框架要求不同群体的干预，包括国家、社会保障机构和教育与培训提供者等。然而，在欧洲公共企业中心的意见中，80%解决的问题处在社会合作伙伴直接管理的范围内。因此，应该恰当而单独地咨询这些伙伴以解决这些问题。

491. 欧洲工会联合会强调，欧洲联盟层面的所有利益相关者都需要参与本次紧急讨论会，这涉及在为所有劳动者提供公平而体面的工作条件和劳动标准的同时，如何使劳动法和社会政策适应工作的现代化要求。联合会回忆起六年前欧洲联盟委员会曾咨询过欧洲社会合作伙伴有关劳动法律体系的审查必要性，并强调，在几个成员国开展的劳动法改革导致了双重劳动力市场，其中对最弱势群体劳动者的保障逐渐减少。由于绿皮书只处理一些相关问题，联合会因此指出，它将在工作时间、临时机构的工作、欧洲劳资联合委员会、企业信息与咨询及重组等方面提出一些议案。

（二）评注

492. 根据安妮·韦勒的看法：

绿皮书强调了"劳动者"定义在欧洲联盟劳动法适用中的重要性，但仍然没有确定成员国和欧洲联盟在劳动法现代化过程中的作用。非标准就业几乎作为欧洲唯一的关注点令人费解，因为标准劳动关系也受到了组织形式、技术或法律等方面发展的影响。此外，兼职工作缺乏一个确切的定义也存在不少问题。减少正常的工作时间并不一定会导致劳动合同的不稳定现象。另一方面，边缘性就业很难在分析中有重点体现。

这种分析与其试图量化非标准就业的方式并不一致。例如，它提供了固定期限合同、无固定期限合同、临时机构工作合同以及自由职业等形式的统计数据。然而，在进一步描述和咨询的问题上，它并没有再次提及这些形式的非标准就业信息。相反，其他非典型形式的就业，如隐蔽就业、经济依赖型工作或未申报的工作，并没有被包括在相关的数据统计分析中。

绿皮书在弹性保障讨论会中引入了一个新的类别，如"分包扩展链"作为此类就业的一种额外发展形式，似乎要求做出更多研究以理解此种发展的影响。

绿皮书同时显示，欧洲联盟委员会也没有清晰的看法，在全球化的经济中到底采用何种方式来充分保护劳动者的利益。所以，人们想知道接下来会发生的事情。

十一、弹性保障：通过灵活性与安全性提供更多更好的工作(2007年)

(一) 主要问题

493. 欧洲联盟委员会在其2007年6月的《[官方]通报》中提议设立弹性保障的一般原则，以便通过将灵活性与安全性相结合来为劳动者和企业增加更多更好的工作岗位。弹性保障战略能帮助欧洲劳动力市场实现现代化，更好地迎接全球化的机遇和挑战，包括灵活、可靠的合同安排，积极的劳动力市场政策，全面的终身学习战略与现代社会保障制度，可在失业期间为劳动者提供适当的收入支持。委员会还设置了一系列的典型途径来帮助成员国制订自己国家的弹性保障战略，相互借鉴经验与最佳实践做法。根据欧洲联盟《里斯本经济增长与就业战略》，弹性保障原则致力于确保更多的欧洲人获得当今快速变化的全球化经济成果。

494. 欧洲在提供就业保障的同时，需要寻找新的路径来保证更加灵活的劳动力市场。弹性保障对于劳动力市场政策而言属于一种综合方式，它在合同安排方面具有足够的灵活性——允许企业和劳动者能够应对变化——同时结合可以为劳动者提供的安全性，使其能够保有工作或迅速找到新工作，且确保在这不同工作之间能有足够的收入保障。该通报强调此举对劳动者与企业都具有积极的意义。灵活性可以确保劳动者轻松地获得工作以及转换工作；它包括了在同一家企业中外部与内部的弹性保障。安全不只是对于劳动者而言，对企业来说也是一样：提高劳动者的技能也为雇主提供额外的安全与福利。灵活性与安全性可以相互得到加强。

495.《官方通报》明确了主要的弹性保障政策领域（弹性保障组成部分），并提出了八种常见弹性保障原则的建议。这些原则是各成员国应当同意的参考要点。它们包括：

(1) 加强欧洲联盟工作与增长战略的实施，增强欧洲的社会模式；

(2) 在权利与责任之间寻求一种平衡；

(3) 用就业弹性保障来适应各成员国的不同环境、需求与挑战；

(4) 减少那些非标准的、有时属于不确定的合同安排（所谓的"外部人士"）与长期的全职工作合同安排（所谓的"内部人士"）之间的差距；

(5) 通过帮助员工职务晋升（内部）以及在就业市场方面（外部）的发展来促进劳动者内部与外部的就业弹性保障；

(6) 支持性别平等，促进所有人的机会平等；

(7) 制定均衡的政策方案，以促进社会合作伙伴、公共当局与其他利益相关者之间的信任氛围；

(8) 确保弹性保障政策成本与收益的公平分配，致力于发展健全可持续的财政预算政策。

(二) 弹性保障方式

方法 1:解决合同分化问题

此类典型途径是那些**最关键的挑战属于劳动力市场的内部与外部分化割离的国家**所感兴趣的。这种方式将致力于在劳动力的灵活性与安全性方面进行更均匀的分配。它将为新人提供就业机会,促进他们的进步及更好的合同安排。

496. 在这些国家,无固定期限的劳动合同经常被劳动法和集体协议视为保护劳动者的主要途径。培训机会与社会供应也往往取决于是否具有无固定期限的劳动合同。由于试图去增加劳动力市场的灵活性,当事方订立固定期限劳动合同、应召服务合同,从事代理工作等的概率变得很高。劳动者在获得无固定期限劳动合同之前,经常会重复获得固定期限劳动合同。这些合同有成为工作陷阱而非垫脚石的风险。在这些国家,就业安全性往往依赖于工作保护,而非社会福利。因此,失业救济金标准很低,社会援助制度也发展缓慢。在当前形势下,福利政府和公共就业服务都需要机构性地加强对失业人员的合理管理以及提供有效的劳动力市场政策。

如果铺设了有用的垫脚石,公民和社会的福利将会积累,从而可以使劳动力进入劳动力市场并获得发展,实现向上的流动。

497. 在合同安排中,这一方式将致力于提升固定期限劳动合同劳动者、代理工作者以及应召劳动者等人的地位。它将确保这些劳动者获得充足的保障,例如,针对应召劳动者的平等薪酬待遇与最低工作小时数。次要的就业条件,例如职业养老基金和获得培训的机会,也适用于这些劳动者。立法和集体协议会限制雇主连续使用非标准合同的次数,从而及时促进劳动者获得更好的合同。

一种互补性的方式可以用来重新设计无固定期限的劳动合同。根据这一选择,劳动者与其雇主从劳动关系开始时就会签订一份无固定期限劳动合同,他们通常不会在一开始就签署一系列固定期限劳动合同或代理合同。

无固定期限劳动合同将会重新被设计,以包括逐步设立的工作保护。此类合同一开始会规定一个基本水平的工作保护,这种保护会随着劳动者终身任职的进展而逐步加强,一直到实现"完全"的保护。这种"终身任职的方法"将会保证劳动者自动进展到更好的合同条件,因此,劳动者被"卡"在非完全保护合同中的风险将会降低。

人们设想为无固定期限劳动合同重新设计经济解雇的规则,解决官僚主义与程序长度问题,提高产出透明度,使这一过程更加可靠。

498. 在终身学习方面,雇主和公共机构应一起努力,以便为临时劳动者增加培训便利。目前,这些类型的劳动者通常都不会获得培训的机会,因为雇主不确定他们到底还会为自己工作多长时间。应在分支机构或者区域层面设立培训基金,以确保每个人都能从培训中受益。针对劳动者与企业的动机,包括财政资助和税收抵免在内,可以增加他们参与培训的可能性。

499. 积极的劳动力市场政策将在工作人员与技能方面加强公共就业服务。应考虑与诸如临时工作机构等劳动力市场伙伴开展合作,积极的劳动力市场政策不仅用于支持(长期)失业者,而且也被用于支持那些正在频繁经历短暂失业的人员。

社会保障体系将确保临时劳动者积累权利的可能性,会提高这些劳动者在不同公司间或企业在不同国家的分公司间的可转移性。这种体系会向着在较短的失业期间提供较高福利的模式发展。引进社会援助制度会被认为增加了公民的流动性,使他们不太依赖于非正式的家庭支持。

通过为他们创造机会向其组成机构转移可观的利益,社会合作伙伴之间的信任将会得到进一步的加强。

500. 至于定序和融资而言,应优先考虑解决市场分化问题,这需要限制直接成本。根据终身学习和积极的劳动力市场政策采取措施最为重要,但它可能需要更多的时间来落实。此类措施还需要有公共和私人投入。完善社会保障,特别是建立社会救助制度,可能需要额外的费用或者重新部署公共开支,而这些开支必须结合对此福利的监控和制约,以确保此类支出具有成本效应。同样,要落实这些条件,重新设计经济裁员规则具有可行性。

方法2:在企业内部发展弹性保障,提供转型期的保障措施

此类典型途径是那些工作流动性相对较低的国家所感兴趣的。它会增加对就业能力的投入,使企业内部的劳动者不断更新自己的能力,从而更好地为未来生产方式与工作组织的变化做好准备。通过实施可提供安全与如愿以偿的工作或者在企业重组或裁员中转换工作的制度,这种方法也会超越实际的工作岗位与具体的雇主等事项。

501. 采取这一途径解决问题的国家主要是由大型企业主导,可提供高水平的工作保障。劳动者们高度依附于他们的企业,而劳动力市场的活力则相当低。近年来,由于公司重组和外包越来越频繁等原因,这一传统已经面临压力。社会保障体系在这些国家总体上相当发达,福利充足。然而,如何使良好的福利与接受工作岗位的强大激励机制相结合仍然是一个挑战。这些国家在积极的劳动力市场政策方面的支出往往会有所增加,但计划并不总是卓有成效,尤其是在为长期失业者铺平重新就业道路的时候。

公民与社会的福利来自于增强企业之间劳动者的流动性。如果在转业期间福利优厚,前景良好,工作真正属于好职位,劳动者会更倾向于冒险更换工作。

502. 合同安排会满足以下要求:(a) 预防方法:具有连续投入的终身学习(参见下面的文字),完善的工作时间灵活性与安排可以兼顾工作与照顾责任;(b) 早期干预:这意味着劳动者不是被推迟到已被解雇后才开始寻找新的工作,而是在明显有可能失业的时候就立即开始求职;(c) 所有相关者的联合行动:雇主、社会合作伙伴、公共就业服务和临时工作机构将共同努力,组织就业过渡期措施,防止被裁员的劳动者(长期)失业。如果满足了这些条件,那么企业的解雇程序可以极为便捷,而且成本低,耗时少。

503. 人们期待企业将明显增加在其劳动者终身学习和就业能力方面的投资,但是这也要考虑企业及其规模的差异。技能发展计划将会给每位劳动者提供培训与职业发展方案的机会。此类计划应被视为劳动就业合同的一部分，构成一个尽力满足技能要求的双向义务。就业能力也是企业或分支机构层面应当谈判协商的事项。集体协议将会为每一个相关职业设立技能要求，为劳动者提供培训便利以达到这些要求，并且为劳动者达到这些要求制定时间框架。在中小型企业占主导地位的分支机构内，分支机构间的合作对于创造有效人力资源发展政策极为有益。

279　　由公共就业服务机构运作的积极劳动力市场政策会有助于劳动者顺利实现不同工作岗位之间的转换（参见上文）。除此之外，公共就业服务应关注长期失业者。服务机构将为失业者提供各种对劳动力市场需求更具有应对性和符合求职者的个性化辅导等方案。

　　社会保障制度将聚焦于确保对福利的限制与求职努力的有效监督。虽然福利水平在一般情况下都是充足的，但可能需要在劳动者失业的第一时间段提高该基准，以改善劳动者在过渡期的状况。

　　虽然制度性社会对话相当发达，但是社会合作伙伴之间的信任却亟待加强，特别是在国家层面。如有可能，下放权力后的层面上相关合作伙伴的参与应包含在谈判之中。

　　对于定序与融资而言，企业与分支机构优先考虑的措施与投资是进一步发展内部弹性保障与转换期的安全。这一任务将与再次关注解雇程序、转向早期干预和转型共同进行。改进积极的劳动力市场政策会要求企业有更好的支出而不是更多的支出。

方法 3：解决劳动力之间技能与机会的差距

此类典型途径是那些主要的挑战在于人口之间巨大的技能与机会差距的国家所感兴趣的模式。它会促进低技能劳动者获得就业机会，进一步发展其技能，以便在劳动力市场中获得一个持续性的就业岗位。

　　504. 在这些国家，就业率往往很高，但并非所有的劳动者群体都处于同样的水平。他们需要促进劳动者向上的流动性。合同的安排往往具有足够的灵活性，但在某些情况下可能需要对劳动力市场的弱势群体提供更多的保护措施。技能差距与机会差距可能会导致部门与工作场所以及劳动力市场成果的分化。其次,也存在特定群体(妇女、单亲母亲、移民、残疾人、青年劳动者与老年劳动者)被排除在劳动力市场外的风险。这可能会导致人们对长期福利的高占有率,从而可能会增加贫困率。积极的劳动力市场政策对工作的接受程度提供了强有力的激励措施,但还需要努力确保劳动者在工作质量与技能水平方面的进步。

通过使劳动者准备进入不同职业而产生新的就业机会等方式,为低技能劳动者提供社会流动性,从而积累公民与社会的福利。

505. 合同安排将允许低技能劳动者在有利于潜在雇主的条件下就业,但也允许他们在技能提高、工作关系获得更固定的特征时,进行更稳定的合同安排。

终身学习政策将从初始教育制度着手,弥合劳动力之间的机会差距。成员国应防止青少年早期辍学并提高这些辍学者的总体素质,成人人口中的文盲率和数学盲的问题也应得以解决。特别是,应针对低技能的劳动力开展培训;促进不同培训体系之间的工作、培训与流动性的结合。非正式的学习应获得认可和验证;应在工作场所内外为劳动者组织低门槛、容易获得的语言与计算机培训机会。考虑到自身的多样性与规模,企业应制定劳动者综合技能发展策略,从而允许所有的员工都能接受培训并获得新技能。公共部门可以利用税收优惠或其他方式来完善企业为其劳动力投入的激励措施,但也会增加针对劳动者的激励措施,比如实施个人培训账户制度。这样的账目将允许劳动者在个人发展方面花费一定的时间和金钱,并与雇主进行合作。

506. 积极的劳动力市场政策可以清楚地区分哪些求职者具有充足的技能,哪些人需要加强其技能。对于具有充足技能的群体而言,可以将重点放在对其个人求职的支持方面。但是,对于需要加强技能的群体而言,积极的劳动力市场政策将聚焦于提供足够的培训,以支持劳动者向上的流动性,持续性而非快速地再次融入社会。

社会保障制度将会为低技能福利的获得者提供激励措施并监督这些福利的制约条件,以确保其可以获得有偿就业机会,如有必要,提供补充性的福利,或者逐步取消福利。因此,这将有利于避免在职贫困问题的发生,这也将有利于降低低技术劳动者的非工资劳动力成本。

对于社会合作伙伴关系的角色没有充分发展的国家,通过引入新话题——例如研发、创新、教育和技能等——进行讨论,再次激活社会对话行动。

对于定序与融资而言,应将初始教育的完善作为优先事项予以落实,但这需要时间来实现。改善的工作场所培训会要求私人投入,获得公众鼓励机制的支持。此外,必须增强社会保障领域有效、积极的劳动力市场政策以增加企业录用低技能劳动者的吸引力。

281

方法 4:为福利获得者与非正式就业的劳动者增加就业机会

此类典型途径是下列国家所感兴趣的:国家在过去几年里经历过实质性经济重组改革,导致大量获得长期福利的人员返回劳动力市场前景艰难。它致力于改善福利获得者的就业机会,通过发展积极有效的劳动力市场政策与终身学习制度并结合充足的失业福利水平,使这些福利获得者由非正式就业向正式就业转变。

507. 在这些国家,传统的企业,通常是工业领域的企业,一般会被迫解雇大量劳动者。失业的劳动者所获得的福利通常被设计为"劳动力市场退出福利"而非"转型再就业"。积极劳动力市场政策的投入有限,劳动者再就业的机会也就很低。这些国家需要从体制上加强福利管理和公共就业服务,以提供有效的积极劳动力市场政策。新的经济活动正在开展,大多数会涉及服务业。对于福利获得者来说,他们很难抓住与这一新经济发展有关的就业机会。此外,新工作通常只有低水平的劳动保护,而一些适用于旧工作的措施或许会太过严厉。性别差距在此种类型的国家依然存在。许多人求助于非正式的经济活动。微弱的职业培训制度令低技能劳动者与没有工作经验的年轻人难以适应劳动力市场的要求。

为失业人员创造新的就业机会以及把非正式的经济活动纳入正式的经济活动中等措施可以积累市民与社会的福利。

508. 在合同安排内,应确保在经济新兴产业部门工作的劳动者——他们当中的许多人都是有固定期限的工作或应召工作——可获得适当水平的保护。通过完善非正式的劳动者的权利、提供专业培训机会等方式,可使规范非正式的工作更具有吸引力。更高程度的规范化就业将会带来更多的税收与社会保障缴款。过渡到正式的工作还需要进一步改革劳动税与商业注册要求、加强劳动监察部门与财政机构打击非正式工作的力度。对于无固定期限合同的劳动者来说,在培训以及受到裁员威胁后采取早期行动等方面增加投入会使他们受益。如果这些条件都已经到位,就不太需要严格适用经济解雇方面的规定。

509. 各国应针对劳动力市场的需求,与企业紧密合作,发展终身学习、教育与职业培训制度。应鼓励企业在劳动者终身学习方面的投入。雇主对其雇员培训投入的义务可以是集体谈判的一个关键议题。发展终身学习与职业培训制度要求私人公司与公共部门间开展紧密合作。如果这些体制要符合成本效益,就需要更好的资源配置与教育成果相结合。

公共就业服务机构的行政能力会成为一个优先发展的事项,这就需要在员工人数、技能、决策过程与工作组织安排等方面进行改进。为了提供有效、积极的劳动力市场政策,各国需要加强福利管理部门与公共就业服务机构之间的合作。积极的劳动力市场政策会聚焦于长期失业者、残疾劳动者以及受到解雇威胁的劳动者。这些政策会提供切实满足劳动者需要的援助,包括更响应劳动力市场需求的方案以及求职者成功实现再就业的计划。所有利益相关者形成的公私(各级公共部门、教育与培训提供者、社会合作伙伴、企业、非政府组织、私营就业机构)合作伙伴关系会有助于实现积极的劳动力市场政策的有效性。

510. 在社会保障体系方面,失业福利将保持在适当的水准,使求职者在寻找工作的过程中不必从事非正式的工作。与此同时,工作激励与利益的制约对于劳动者和雇主而言都需要完善。一方面,这些政策会鼓励享受福利的人能够为寻找工作而努力;另一方面,又可鼓励雇主创设新的工作岗位。此外,应为残疾人融入劳动力市场提供便利条件。劳动者社会保障福利津贴的可移植性将会得到改善。

511. 社会合作伙伴的能力会通过以下方式得以加强,例如:扩展他们的权利,使其可以协商工作条件的关键因素,包括工作时间在内。政府会促进有关员工与雇主的综合性组织数量的增加,并将这些新组织合并到一个更大的机构内。双方社会对话与三方社会对话也会得以加强。当然,也可以在分支机构和区域层面发展社会对话。

512. 至于定序和融资而言,会优先考虑的事项是把非正式的工作纳入正式的工作体制内。公共就业服务机构的体制性强化与社会保障的完善将因此更能获得此类服务与保护,在终身学习上的投入将会要求公共机构和企业的共同努力。重新设计解雇程序具有可行性,与此同时,应改善积极的劳动力市场政策、终身学习和社会保障。

第三节 融合,还是分化?

513. 有人提出这样一个问题:欧洲在真正实现一个内部市场后是否会使不同国家的劳动法与劳资关系体系更加紧密联系,最终使其更加和谐,从而形成一个统一的体系?事实上,人们确实可以这样认为,我们不同国家体系在这样一个大市场中将会面临同样的挑战,例如不断增加的(国际)经济竞争、不断引进的新技术等;我们将面临新的劳动者——他们接受过更高的教育,有更多创新能力,有更多参与能力(知识型劳动者);我们同样面对社会的城市化,面对同样的环境问题,将有趋同的影响。所有这些会产生融合性的影响。事实上,类似的问题往往需要同样的解决方法。人们也可以持这样一种观点:劳动法的游戏规则——就像其他许多规则一样——应该保持一致,以便不同国家之间的公平竞争不会产生负面效果。但实际上,在英国解雇一名劳动者要比在荷兰更容易扰乱市场秩序。投资者可能会被那些工作条件更低、几乎没有社会政策限制的国家所吸引。因此,为了打击逐步形成的竞争瑕疵,我们至少需要协调各国的劳动法,或者如果可能,制定统一的劳动法规定。那么,这就属于欧洲管理者的职责来确定是否有必要确保劳动法的游戏规则相同,或者至少相当。首先,无形之手——市场——的自然运作会带来这一趋同的运动,各国的政策会越来越接近,随后是通过各国政府有针对性的政策,来推动这一趋势。

514. 也有人会说,各国劳动法与劳资关系制度之间现有的分歧将会继续,而且还会持续存在,认为政府不应该干预这一过程,而是任其自然(在国家层面?)*发展。这种态度首先以各种各样的解决方案为基础,它在目前代表了27个成员国劳动法体系的特征并且可能会持续。在回答"到底是分歧(Divergence),还是融合(Convergence)"这一问题之前,我们先讨论这种多样性,它比我们通常意识到的程度要更复杂。我们有理由说,这种多样性并非偶然,而是我们自己的社会、文化、政治、历史和社会等方面发展的结果,必须尊重它们的个体性。一些例子可能足以说明这一点。

515. 就成员国之间的劳动法制度而言,它们的第一个区别毫无疑问应该是这样一个事实:一些国家的制度非常正式,而另一些国家却非常不正式。欧洲联盟具有最正式劳动制度的国家之一无疑属于德国,因为大多数问题在德国都能够通过法律解决,法官们的介入都具有权威和效率;而且每位德国人似乎天生都是律师,他们相信法律规则,从法律的角度来处理社会问题。例如,劳动者们的参与程序就非常详尽,并且在实践中要遵守相关法律规定。在德国,罢工不仅合法,而且事实上由社会合作伙伴之间的和平义务来规范,等等。换句话说,德国的体系具有法律预测性,而且可能还有点无聊。另一方面,在比利时,人们可能会说,法律与罢工之间几乎没有什么关联性,罢工在该国只涉及在该领域内单纯的权力关系问题而已。

德国在这一劳动体系的一端,而意大利则处于这一体系的另一端:正式的[劳动关系]因素在意大利不太重要,非正式的劳动关系则比较普遍。劳资关系的发展关系着个人和集体的情感,而劳资关系自身却被时代的情感所掌控,因此要把意大利变成一个有大量创造力的天堂,并且带来很多令人吃惊的结果,虽然这些结果并不总是使人感到愉快,就像科巴野猫式罢工中的情形一样。全国性骚动(*Stato di agitazione*)的概念只是在意大利作为

---

* 原文如此。——译者注

行业冲突的一个因素。

516. 我们可以从劳动者的工作安排中发现成员国之间劳动法体系的第二个区别,更确切地说是工会化的程度、工会的结构以及工会的意识形态。欧洲联盟各国之间的工会化程度差异非常大。比利时和丹麦的工会化分值相当高:大约有50%以上的劳动者有其所属的工会组织(这里没有确切掌握的或是经过验证的数字),而法国和西班牙则处于一个非常低的水平,只有不到10%的劳动者加入了某个工会组织。最近,一些国家的工会会员人数出现急剧下降。在十年的时间里,法国工会流失了50%的成员。目前,只有2%的18—24岁间的年轻人在法国是工会成员。其他国家的情形介于丹麦和法国这两极之间。

我们在工会结构中可以同样找到这一多样性:一方面,德国工业的每一个部门都有一个精简高效的工会组织;另一方面,英国仍然有一些手艺型工会,在某些部门根据其手艺或贸易类型组织起来的行业组织。此外,不同工会之间有若干分界线,在各成员国按照不同的模式运行。因此,法国金属业劳动者工会的成员同时也是比利时纺织组织的成员。

同样,各成员国工会的意识形态也具有多样性:我们可以区分欧洲北部的工会——它们或多或少地已被融入到新的资本主义体系中——与南部竞争性的组织之间的区别。然而,英国工会所表现出的特点是某些组织显示出的、具有一些"新现实主义"的对抗式方法;之所以这样说,是因为它们在认可市场经济的现实和利益动机的时候,相信自己只可以充分保护其组织成员的利益。与此截然相反的是法国共产主义党劳动总工会(French Confédération Générale du Travail),该组织在法国拥有会员人数最多;因此它在很长一段时间内拒绝成为欧洲工会联合会的成员。

517. 我们可以在雇主协会的结构和角色中发现成员国之间多样性的第三个例子。一些组织依据其自身劳动关系制度的恰当性,比其他组织更加集权化。德国雇主协会(*Deutsche Arbeitgebersbund*)在其组织与决策结构方面比其他工会——例如英国工业联合会——具有更多的集中性。另一点是,所有组织明显都会参与广泛的政治游说,就税率和一些相关问题以及出口等事项为其成员提供建议。尽管如此,有一个重要的区别取决于雇主组织是否参与集体谈判、是否属于某个集体协议的缔约方等问题。因此,我们在这里引用比利时企业联合会作为例证:该组织作为整个比利时私营业的雇主谈判代表具有一个清晰的角色。但是,英国的组织[英国工业联合会]显然没有担任这样的角色。就劳资关系而言,这再次显示出成员国之间多样性的重要一点。

518. 我们可以从英国与欧洲大陆(但不包括北欧)国家之间不同的法律文化中找到有关成员国之间多样性的另外一个,或许也是最重要的区别。实际上,这主要是基于这样的事实:"通过议会法案来规范工作条件并不属于英国女王陛下所在政府的传统。"英国的工作条件不由法案来规范——这属于社会合作伙伴的工作范畴。如果政府认为某个伙伴拥有的权力太多,就可能会采取法律干预措施。例如,撒切尔夫人(Mrs. Thatcher)曾经鼓动限制工会的权力,以便增加雇主的权力,从而使其在谈判桌上的观点更容易被接受,假如还有讨价还价的余地。这可以被看作是有针对性的法律干预形式。英国法律体系的这一特性对于共同体劳动法的发展至关重要。事实上,[时任英国首相的]撒切尔夫人非常坚持自己的观点。早在1988年,她在比利时布鲁日发布著名的演讲中强调,她表示她不会接受来自[欧洲联盟]布鲁塞尔的劳动法规定,并在英国成功地阻止了这些规定的实施。这就是她拒绝签署《欧洲社会宪章》的原因,也是[英国后任首相]约翰·梅杰(John Major)拒不接受《马斯特里赫特社会政策协定》的原因。之后担任英国首相的托尼·布莱尔(Tony Blaire)及新的工党政府延续了这一传统。另一方面,欧洲大陆国家总体上采取了更多的法律干预措施:我们的劳动法典总是有更充分的法律文本,即使在所谓的"放松管制"时期也是这样。

519. 一个同样引人注目的差异涉及集体协议在不同成员国之间的法律约束力的问题。① 集体协议在英国不具有法律约束力,只构成"君子协定";

---

① 参见以下著作:Thomas Blanke and Edgar Rose (eds), 'Collective Bargaining and Wages in Comparative Perspective. Germany, France, The Netherlands, Sweden and the United Kingdom', *Bulletin of Comparative Labour Relations*, no. 56, 2005, 176 pp.

它不会产生法律义务,因为"当事各方无意创造这样的义务"。这对欧洲大陆国家的律师来说简直不可思议。当事各方只有在其协议中明确声明该协议具有约束力时,该集体协议才会产生法律效力。相反,在欧洲大陆国家中,按照罗马格言有约必守(Pacta sunt servanda)原则,协议所创设的义务对于当事人会产生明确的法律约束力。同样重要的是,某些成员国可能会通过集体协议的规范性条款赋予该协议普遍约束力。也就是说,在部门行业层面达成的集体协议对于该行业所有雇主和劳动者都具有法律约束力,无论他们是否属于缔约方的成员。如果该协议由不同行业间的当事人所达成,那么私营部门的所有雇主和劳动者可能都在该协议法律约束的范围内。例如,比利时、法国、德国和荷兰就有通过此类协议可以扩展适用法律约束力的程序。这个扩展程序对于一个国家的劳资关系体系会产生巨大的影响。我们举一个例子可能就足以说明问题。例如在英国,协议效力的扩展并非属于一种确定的做法,因此福特汽车公司主动与其员工进行谈判,而非委托雇主协会中表现积极的成员。与此形成鲜明对比的是,在协议扩展适用属于标准做法的比利时,福特汽车公司是金属加工业雇主组织阿古里亚(Agoria)*的一名非常活跃的成员。个中原因不言而喻:福特公司希望将阿古里亚参与谈判的集体协议结果的影响最大化,因为该协议会涉及福特的利益,即使它不是该组织的成员。概括来说,集体协议的扩展适用可导致更强大的雇主组织和更集中的劳资关系,因此对劳动法与劳资关系具有最基本的影响。

520. 政府在劳资关系中的作用,特别是在收入政策方面,属于另一个话题的典型例证。在某些成员国,政府在劳资关系中发挥了第三方的作用,有时甚至是最重要的行动参与者,在有必要保护企业竞争力的时候,它会毫不犹豫地干预工资政策。在过去数年里,比利时、法国、希腊和西班牙等国都采取过这种干预措施,且不说其他国家。在德国,这种干预则

---

* 阿古里亚[音译](Agoria),一个科技行业的联合会,它是比利时最大的一个行业部门雇主组织,主要捍卫科技界企业的利益。该组织的信息,可详见 http://www.agoria.be/。——译者注

闻所未闻,几乎根本不可能。社会合作伙伴"费用"自主的神圣原则在该国比较普遍,这就意味着政府不能直接干涉企业的薪酬设定事务,因为它属于社会合作伙伴的自治和特权。德国政府最多是在所谓的"协调一致行动"的框架内把当事人召聚在一起,以便根据有关德国经济形势的专家报告,为行业双方提供一些涉及薪酬支付的指导意见,并希望能得到社会合作伙伴的尊重。实际上,德国的这种情况很容易理解,如果我们意识到,这是反对纳粹德国——当时的独裁者几乎控制了人们生活的方方面面——的一种产物;而在联邦共和国体制下,政府的权力已被限制在一个有利于社会合作伙伴的多元化民主框架内。这只是各成员国之间劳动法体系的另一大区别。

521. 我们还可以继续引用关于劳动者参与、罢工许可与规范等方面的例子。多样性是欧洲各国的一般规律。换句话说,欧洲不存在一种属于自己的劳资关系体系。该体系主要是在国家层面存在,而且还会存续很长一段时间。因此,我们必须给出一个非常微妙的答案来回答"欧洲劳动法是融合的还是有分歧的"这一问题。首先,多样性将继续存在的趋势显而易见,这不仅仅是因为问题在于事情的属性:毕竟德国人不是意大利人,反之亦然;而最好的办法就是保持现有模式。更重要的是,国家体系在社会因素与行动参与者之间构成了一种微妙的平衡关系,而且这种做法由来已久,并且具有自己的节奏和韵律。各种分界线的统一会危及这种平衡关系,非常有可能被各方拒绝。在劳动关系的协调会涉及权力时,即集体谈判权、劳动者参与权、罢工权与闭厂权等,情况肯定如此。所以,欧洲涉及劳动者参与的《欧洲公司章程》议案在被通过之前已被搁置了30年之久,这一点绝非偶然。这些建议过多地侵犯了现有的权力平衡。其次,集体劳动关系受到意识形态的困扰,因此掩饰了各项社会选择:有利于市场的干预,或有利于政府的干预。此外,有不少意见迅速指出,当今欧洲的劳动关系越来越放松管制,那么除了一般性的(国家或部门性)框架协议外,诸如工作时间等事项应该在企业层面予以解决。因此,要考虑到企业必须在市场面对竞争,当今盛行的货物和服务多样性会形成一种对所有企业行之有效的简单、统一的方式,但却完全不适合当今的形势。

另一方面,同样明确的是,市场会发挥其应有的作用,它会从成本的角度推动国家体系的整合,也表明各国在"继续改善的同时"(《欧洲联盟运行条约》第151条),需要一定程度的一体化。欧洲层面的措施可以完全尊重各成员国之间的多样性,但我们在这里也应该保持谨慎的态度。降低单位劳动力成本及延长工作时间的做法,例如在西班牙,可能会成为吸引外商投资并因此增加就业岗位的一种良好举措;但是,假如我们开始统一不同国家的薪酬体系并使工作时间更统一,那么这种不公平的优势就会消失。

522. 简而言之,我们可以认为,就不同体系的结果与成本而言,欧洲的劳动法体系会出现融合并且产生一定程度的一体化:市场将会发挥作用,并与所有成员国面临的共同挑战一起,在政治压力与工会压力的支撑下,最终导致出现不可避免的融合现象,将使各种不同的体系彼此更加趋同。然而,就劳动关系与劳动法的内容而言,这种融合必然伴随着继续存在的分歧而发展:例如,雇佣和解雇劳动者的方式、组织罢工的方式等。这些议题主要由成员国在国家层面予以确定。我们的结论是,这实际上属于成本的融合与内容的分歧之间比较。现在的危险在于,成本融合现象与正在发生的社会倾销过程相辅相成。① 欧洲的经济与货币一体化进程与欧洲的社会一体化进程之间存在不对称,而且主要是在国家层面。劳动力成本在没有社会制衡措施的自由市场内竞争会导致社会倾销和工作条件的降低。

523. 因此,内部市场的建立现在需要比以往任何时候都要深入地比较各国的法律制度,这一点显而易见。我们不仅需要比以前更加了解各国的相关制度;一体化进程的前提是我们从审查各国的体系开始,了解它们彼此的共性与差异;如有必要,应以成员国各国实践和经验为基础来制定联盟

---

① 向企业提供津贴福利(减少其社会保障缴款)是最容易出现在国际竞争中的行为,其目的在于促进就业岗位的创设,但是它属于《欧洲联盟运行条约》第107条规定的一种国家援助优势。因此,这种做法与共同市场的要求不相符(比利时,马里堡[Marible]案,欧洲联盟委员会1996年12月4日的决定)。

法。我们应时刻牢记这些迫切需要,无论如何应超越欧洲联盟层面,因此我们从 1975 年开始出版《劳动法与劳资关系国际百科全书》(*International Encyclopaedia of Labour Law and Industrial Relations*)——到目前为止已包括大约 75 本的国际与国内专著——并在 1991 年开始出版《国际法律百科全书》(*International Encyclopaedia of Laws*)。《国际法律百科全书》也会包括涉及大约 60 个国家的不同法律领域的国际与国内专著,例如,民事诉讼、商法与经济法、宪法、合同、公司与合伙、刑法、网络法、能源法、环境法、保险法、侵权法、政府间组织法、医疗法、社会保障法、家庭与继承法、知识产权、国际私法、财产与信托法、体育运动法、侵权法和运输法等。《国际法律百科全书》在 2007 年开始增加有关移民、媒体和宗教法等主题。①

---

① http://www.ielaws.com.

重要术语中英文对照表[*]

《欧洲劳动法》总论部分

A

Absolute majority	绝对多数［表决方式］	1P80
Accessorium sequitur principale	合理的主要推论	3P153
Acquired right	既得权利	3P187
Acquis communataire	欧洲联盟的所有法律规定或条文	0P54
Activation	激发活力［措施］	4P258
Advocate-General	辅佐法官	1P80
Administrative action	行政措施	3P148
Adage	格言，谚语	3P153
Ad hoc group	特别小组	3P198
African, Caribbean and Pacific(ACP)	非洲、加勒比和太平洋地区	1P122
Agoria	阿古里亚［比利时最大科技行业联合会］	4P285
Agreement on Social Policy	《社会政策协定》	0P50
Airports Council International-Europe (ACI-Europe)	国际机场理事会欧洲分会	3P181
Annual Guidelines on Employment	《年度就业指导纲要》	1P83
Annual High Level Meeting (HLM)	年度高层会议	1P122
Approximation	一致，趋同化	1P76
Asbestos	石棉	4P212
Association of Commercial Television in Europe (ACT)	欧洲商业电视协会	3P181
Association of European Airlines (AEA)	欧洲航空公司协会	1P93
Association of European Radios (AER)	欧洲无线电协会	3P181

---

[*] 本册重要术语中英文对照表中，第三栏显示的是英文原版书中第一次出现的章节和页码。第一个数字0—4代表章节（数字0代表"前言"），P代表"页码"，随后的数字是具体页码，最后如果有字母f的则代表出处来自该页的脚注。——译者注

Association of European Professional Football Leagues (EPFL)	欧洲职业足球联盟协会	3P181
Association of European Public Postal Operators (PostEurop)	欧洲公共邮政运营商协会	3P181
Association of Mutual Insurers and Insurance Cooperatives in Europe (AMICE)	欧洲互助保险合作社协会	3P181
Association of National Organisations of Fishing Enterprises in the EU (EUROPECHE)	欧洲联盟渔业企业国家组织协会	3P181
Athens Manifesto	《雅典宣言》	2P138
Atypical work	非正规[形式]的工作	3P197
Autonomous agreement	自主协议	3P169

B

Banking Committee for European Social Affairs (EBF-BCESA)	欧洲社会事务银行业标准委员会	3P181
Bankruptcy	破产	0P65
Bicameral Parliamentary system	两院制议会	1P74
Binding effect	约束力,效力	0P49
Blocking minority	[拥有否决权的]关键少数	1P78
Bogus self-employment	虚假自我创业	3P179
Broad Economic Policy Guidelines	《广泛的经济政策指南》	1P87
Bullying	欺凌	3P202
BUSINESSEUROPE	欧洲企业组织	0P64

C

Centre Européen des Entreprises Publiques (CEEP)	欧洲公共企业中心	0P64
Ceteris paribus	在其他条件不变[或相同]情况下	1P71
Chamber	[议会]分庭,商会	1P74
Charter of Fundamental Rights of the European Union	《欧洲联盟基本权利宪章》	0P56
Citizens' Initiative	公民提案,公民行动	0P62
Civil society	公民社会	0P33f
Civil servant	公务员	3P151
Collective bargaining	集体[劳资]谈判,集体协商	0P37

Collective begging	集体乞求	3P158
Collective defense	集体保护	3P157
Collective dismissal	集体解雇	3P157
Collective redundancies	集体裁员,集体解雇	0P65
Commandment	法律规定,训诫,戒律	4P215
Comité des Organisations Agricoles (COPA)	欧洲农业组织委员会	1P94
Committee of Agriculture Organisations in the European Union (COPA)	欧洲联盟农业组织委员会	3P181
Comité des représentants permanents (COREPER)	常驻代表委员会	1P111
Confederation of British Industry (CBI)	英国工业联合会	2P123
Committee of European Railway and Infrastructure Companies (CER)	欧洲铁路与基础建设公司委员会	3P181
Committee of European Shipyard's Associations (CESA)	欧洲造船厂协会委员会	3P181
Committee of Permanent Delegates	常驻代表委员会	2P124
Committee of Regions	地区委员会	1P75
Common market	共同市场	1P69
Communications	《官方通报》	3P166
Community of Railways (CER)	铁路共同体	1P93
Competence	权限,能力,资格,管辖权限,管理权限	1P70
Concession bargaining	让步式谈判,退让式协商	0P32
Conciliation	调解,和解	1P110
Confidence Pact for Employment	《就业信心协定》	0P64
Contributions	[社保]费用缴款	0P50
Confederation of National Associations of Tanners and Dressers of the European (COTANCE)	欧洲皮革与皮具协会联合会	3P181
Consensus papers	一致意见书	2P124
Consultation	咨询,协商	3P157
Contract for an indefinite period	无固定期限的合同	3P154
Convergence	融合,收敛,聚集	4P283
Corporate governance	企业治理,公司治理,公司管理	0P31
Council of Europe	欧洲理事会	0P54

Council of European Employers of the Metal, Engineering and Technology-Based Industries (CEEMET)	欧洲金属业、工程业与科技业雇主委员会	3P181
Council of European Municipalities and Regions (CEMR)	欧洲城市与地区委员会	3P181
Counter-productive effect	相反的生产效应	4P211
Country Strategy Papers	《国家战略文件》	1P122
Covenants of Non-competition	竞业禁止	3P154
Criteria	准则,标准	3P147

D

De facto	事实上,实际上	0P50
Decent Work Agenda	《体面工作议程》	0P34
Decision	决议,决定,决策	1P105
Declaration of Basic Social Rights of Workers	《欧洲劳动者基本社会权利宣言》	1P107
Declaration of Fundamental Principles and Rights at Work	《劳动基本原则与权利宣言》	1P117
Delors White Paper	《德洛尔白皮书》	0P64
Demographic situation	人口状况	3P164
Dependent person	依靠他人供养者,被抚养者,被赡养者	1P84
Deregulation	放松管制	4P211
Deuthe Arbeitgebersbund	德国雇主协会	4P284
Directive	指令	0P53
Director-General	秘书长,总干事	0P33
Directorate-General	总司,总署,[专门]委员会	1P79
Disguised employment	隐蔽就业	4P271
Divergence	分歧	4P283

E

[The] Economic and Financial Affairs Council (Econfin)	财政与经济事务委员会	4P227
Employability	就业能力,可就业性	0P40
Employers' group of the Committee of Agriculture Organisations in the European Union (GEOPA)	欧洲联盟农业组织雇主群体委员会	3P181

Employment Committee	就业委员会	1P96
Employment relationship	劳动[雇佣]关系	0P53
Erga omnes	对国际社会整体的义务	3P165
Ergonomics	人体工程	3P180
Euracoal	欧洲煤炭业协会	3P180
Euratom	欧洲原子能共同体	1P69
Euro Area	欧元区	0P35
Eurocadres	欧洲管理干部协会	3P181
Eurochambers	欧洲商会[协会]	3P181
Euromed region	欧洲地中海地区	2P140
Euromines	欧洲采矿业协会	3P181
Europa Agreements	《欧罗巴协议》	0P64
EuropeAid	欧洲援助开发署	1P122
European Aggregates Association	欧洲聚集物品业协会	3P181
European Agreement on the Organisation of Working Time of Mobile Workers in Civil Aviation	《关于欧洲民用航空流动工作劳动者的工作时间组织安排协定》	1P93
European Agricultural Guidance and Guarantee Fund	欧洲农业指导与保证基金	3P164
European Apparel and Textile Organisation (EURATEX)	欧洲纺织服装组织	3P181
European Arts and Entertainment Alliance (EAEA)	欧洲艺术与娱乐业联盟	3P181
European Association of Cooperative Banks (EACB)	欧洲合作银行业协会	3P181
European Association of Craft, Small and Medium-Sized Enterprises (UEAPME)	欧洲手工与中小企业协会	0P64
European Association of Potash Producers (APEP)	欧洲钾肥生产商协会	3P181
European Barge Union (EBU)	欧洲驳船联盟	3P181
European Broadcasting Union (EBU)	欧洲广播联盟	3P181
European Centre for the Development of Vocational Training	欧洲职业培训发展中心	1P86
European Chemical Employers Group (ECEG)	欧洲化工业雇主团体	3P181
European Club Association (ECA)	欧洲俱乐部联盟	3P181

European Coal and Steel Community (ECSC)	欧洲煤钢共同体	1P69
European Cockpit Association (ECA)	欧洲[飞机]驾驶员协会	1P93
European Commission (the Commission)	欧洲联盟委员会	0P38
European Committee of Sugar Manufacturers (CEFS)	欧洲糖业生产商协会	3P181
European Community Shipowners Association (ECSA)	欧洲共同体船东协会	1P89
European Confederation of Executives and Managerial Staff (CEC)	欧洲行政总裁与管理人员联合会	3P181
European Confederation of Independent Trade Unions (CESI)	欧洲独立工会联合会	3P181
European Confederation of Iron and Steel Industries (Eurofer)	欧洲钢铁工业联盟	3P181
European Confederation of Private Employment Agencies (Eurociett)	欧洲私人雇佣机构联盟	3P181
European Confederation of the Footwear Industry (CEC)	欧洲鞋业联合会	3P181
European Convention	欧洲大会,欧洲公约	0P56
European Convention for the Protection of Human Rights and Fundamental Freedoms	《欧洲人权与基本自由保护公约》	1P71
European Convention for the Protection of Human Rights	《欧洲人权保护公约》	0P54
European Construction Industry Federation (FIEC)	欧洲建筑业联合会	3P181
European Coordination of Independent Producers (CEPI)	欧洲独立生产商协会	3P181
European Council	欧洲联盟理事会	0P38
European Court (of Justice) (ECJ)	欧盟法院	0P53
European Economic Area (EEA)	欧洲经济区	0P51
European Economic Recovery Plan	《欧洲经济复苏计划》	0P40
European employers' organisation representing the interests of the metal, engineering and technology-based industries (CEEMET)	欧洲雇主协会[代表金属业、机械业与科技型企业]	1P95

European Employment Services (EURES)	欧洲就业服务网	4P251
European Employment Strategy	《欧洲就业战略》	1P83
European Federation of Building and Woodworkers (EFBWW)	欧洲建筑工木工联合会	1P94
European Federation of Cleaning Industries (EFCI)	欧洲清洁行业联合会	3P181
European Federation of Contract Catering Organisations (FERCO)	欧洲合同制餐饮服务业联合会	3P181
European Federation of Education Employers (EFEE)	欧洲教育业雇主联合会	3P181
European Federation of Journalists (EFJ)	欧洲新闻工作者联合会	1P94
European Federation of National Insurance Associations (CEA)	欧洲国家保险协会联合会	3P181
European Federation of Public Service Union (EPSU)	欧洲公共服务工会联合会	3P181
European Federation of Security Services (CoESS)	欧洲安保服务联合会	3P181
European Federation of the Trade Unions in the Food, Agriculture and Tourism Sectors and Allied Branches (EFFAT)	欧洲食品、农业和旅游业[及相关分支机构]工会联合会	3P181
European Federation of Food, Agriculture and Tourism Trade Unions (EFFAT)	欧洲食品、农业与旅游业工会联合会	1P94
European Foundation for the Improvement of Living and Working Conditions	欧洲改善生活与工作条件基金会	1P87
European Free Trade Area (EFTA)	欧洲自由贸易区	1P104
European Furniture Industries' Confederation (EFIC)	欧洲家具产业联盟	3P181
European Furniture Manufactures' Federation (UEA)	欧洲家具制造商联合会	3P181
European Globalisation Adjustment Fund (EGF)	欧洲全球化调整基金	1P96
European Hospital and Healthcare Employers' Association (HOSPEEM)	欧洲医院与卫生保健业雇主协会	1P92

English	中文	页码
European Industrial Minerals Association (IMA)	欧洲工业矿物质协会	3P181
European Institute for Gender Equality	欧洲性别平等研究所	1P97
European Investment Bank	欧洲投资银行	2P142
European Metalworkers' Federation (EMF)	欧洲金属工人联合会	1P95
European Mine, Chemical and Energy Workers' Federation (EMCEF)	欧洲采矿业、化工业与能源业劳动者联合会	1P94
European Monetary Union (EMU)	欧洲货币联盟	0P49
European Network on Gender Equality	欧洲性别平等网络平台	1P99
European New Deal	欧洲新政	2P139
European Parliament (EP)	欧洲联盟议会	0P55
European Rail Infrastructure Managers (EIM)	欧洲铁路基础设施管理者协会	3P181
European Regional Development Fund	欧洲地区发展基金	3P164
European Regions Airline Association (ERA)	欧洲地区航空公司协会	1P93
European Savings Banks Group (ESBG)	欧洲储蓄银行协会	1P94
European Small Business Act	《欧洲小企业法案》	2P144
European Social Model	欧洲社会模式	2P140
European Single Act	《欧洲单一法案》	0P52
European Skippers' Organisation (ESO)	欧洲船长组织	3P181
European Social Charter	《欧洲社会宪章》	0P54
European Social Fund	欧洲社会基金	0P36
European Telecommunications Network Operators' Association (ETNO)	欧洲电信网络运营商协会	3P181
European Trade Union College (ETUCO)	欧洲工会学院	2P137
European Trade Union Institute (ETUI)	欧洲工会研究所	2P137
European Trade Union Technical Bureau for Health and Safety (TUTB)	欧洲工会健康与安全技术局	2P137
European Trade Union-Textiles Clothing and Leather (ETUF: TCL)	欧洲纺织品、服装和皮革业工会联合会	1P94
European Transport Workers' Federation (ETF)	欧洲运输工人联合会	1P89

European Trade Union Committee for Education (ETUCE)	欧洲教育工会联盟委员会	1P94
European Trade Union Confederation (ETUC)	欧洲工会联合会	0P64
European Transport Workers' Federation (ETF)	欧洲运输工人联合会	1P93
European Union (EU)	欧洲联盟	0P35
European Union of the Natural Gas Industry (EUROHAS)	欧洲天然气产业联盟	3P181
European Works Council (EWC)	欧洲劳资联合委员会	0P65
Eurostat	欧洲联盟统计局	0P35
Ex-ante assessment	事前评估	3P169
Exchange of letters	交换信件	1P117
Executive Board	执行委员会	1P102
Executive Bureau	执行局	2P123
Expressis verbis	口头明示[方式]	3P153

F

Federation of European Banks	欧洲银行联合会	1P94
Financial contribution	[社保]财政支出	3P158
First reading	（议会审议议案）一读	1P110
Fixed-term contract	有固定期限的合同	3P154
Flexicurity	弹性保障，灵活安全性	0P36
Focal point	重点[机构或人物]	1P90
Fourth European Working Conditions Survey	《第四次欧洲工作条件调研》	3P202
Framework agreement	框架性协议	0P65
Framework agreement on prevention of Sharps injuries	锐器损伤的框架协议	1P92
Freedom of establishment	设立自由，执业自由	1P110
French Confédération Générale du Travail	法国共产主义党劳动总工会	4P284

G

Gender equality	性别平等	0P34
Gender mainstreaming	性别主流化	1P99

General Committee for Agricultural Co-operation in the European Union (COGECA)	欧洲联盟农业合作综合委员会	3P181
General Court	常设法院	1P81
Global Jobs Pact	《全球就业协定》	0P33
Glocal	全球[经济]本土化	0P39
Glocalization	全球[经济]本土化	0P39
Golden handshakes	解雇金	2P139
Golden period of harmonisation	一体化的黄金时期	4P211
Good governance	良好治理	4P245
Greenhouse gas emissions	温室气体排放量	0P42
Gross Domestic Product (GDP)	国内生产总值	0P35
Gross national product (GNP)	国民生产总值	0P39
Grosso modo	总体上	4P218

H

Harassment	骚扰	3P202
Hic and nunc	随时随地	0P39
High Representative	高级代表	0P63
Hospital and healthcare sector	医院和卫生保健部门	1P92
Hotels, Restaurants and Cafés in Europe (HOTREC)	欧洲酒店、餐馆与咖啡馆业协会	3P181

I

Immediate dismissal	立即解雇	3P157
Impasse	僵局,僵局状态	0P33
In abstracto	抽象地	0P51
In casu	偶然地	0P52
ILO Constitution	《国际劳动组织章程》	1P115
Incapacity to work	丧失工作能力	3P154
Inclusive growth	包容性增长	4P265
Information and Communication Technology (ICT)	信息与通信技术	0P40
Infrastructure	基础设施建设	4P226
Integrated Guidelines for Growth and Jobs	《增长与就业综合指导纲要》	1P83
Inter alia	除了其他手段[或者事项]之外	3P163

Inter-Governmental Conference (IGC)	政府间工作会议	4P234
International Air Carrier Association (IACA)	国际航空承运人协会	1P93
International Aviation Handlers' Association (IAHA)	国际民用航空管理人员协会	3P181
International Encyclopaedia of Labour Law and Industrial Relations	《劳动法与劳资关系国际百科全书》	4P287
International Encyclopaedia of Laws	《国际法律百科全书》	4P287
International Federation of Actors (FIA)	国际演员联合会	1P94
International Federation of Film Producers' Association (FIAPF)	国际电影制片人协会联合会	3P181
International Federation of Insurance Intermediaries (BIPAR)	国际保险中介联合会	3P181
International Federation of Musicians (IFM)	国际音乐家协会	3P181
International Federation of Professional Footballers' Associations-Division Europe (FIFPro)	国际职业球员协会	3P181
International Maritime Organization (IMO)	国际海事组织	1P89
International Monetary Fund (IMF)	国际货币基金组织	2P138
International Labour Conference	国际劳工大会	0P33
International Labour Organization (ILO)	国际劳工组织	0P33
International Road Transport Union (IRU)	国际公路运输联盟	3P181
International Trade Union Confederation (ITUC)	国际工会联盟	2P129
Intervention Criteria	干预标准	1P97

J

Joint Committees	行业联合委员会	1P92
Jurisconsults	[能力被认可的]法学家, 法律顾问	1P80
Jurisdiction	管辖权限	0P52

L

Labour Law	劳动法	0P31
Labour market	劳动力市场	0P32
Labourline	欧洲劳动信息资源	2P137
Lisbon Strategy Structural Reforms	《里斯本战略结构改革》	0P40
Lock-out	闭厂权	3P157
Locomotive	火车头	4P209

M

Maastricht Deal	马斯特里赫特条约	3P192
Maastricht Treaty	《马斯特里赫特条约》	0P49
Macroeconomic policies	宏观经济政策	2P141
Management Board	管理委员会	1P100
Managerial prerogative	管理特权,管理者可例外的权力	0P31
Mandatory measures	强制性[的]措施	3P160
Maritime Labour Convention	《海事劳工公约》	1P93
MEDEF	法国雇主协会	2P123
Member State(s)	成员国	0P37
Merger Treaty	《合并条约》	1P76
Metallic lead	铅中毒	4P212
Migrant worker	流动劳动者	0P59
Millennium Development Goals	《千年发展目标》	0P34
Momentum	良好势头	4P227
Mono II	第二单行法	2P139
Multinational enterprise	跨国企业	3P157

N

North America Free Trade Agreement (NAFTA)	《北美自由贸易协定》	0P48
National Labour Council	国家劳动委员会	1P106
National Recovery Plan (NRP)	国内复苏计划,国家复苏计划	0P40
National reform programmes	国家改革计划[或方案]	0P42
Negotiation	协商,谈判	3P157
NETLEX	法律专家网络交流平台	3P171
Night-work Convention	《夜间工作公约》	1P112

Non-accelerating inflation rate of unemployment (NAIRU)	抑制通货膨胀所必需最低失业率	3P206
Non-inflationary growth	非通货膨胀式的增长	3P146

O

Occupational hygiene	职业卫生	3P151
Official Journal (O. J.)	《官方公报》	1P105
Opinion	意见,看法	1P105
Organization for Economic Co-operation and Development (OECD)	经济合作与发展组织	0P49
Organisation for Security and Cooperation in Europe	欧洲安全与合作组织	1P111
One-parent family	单亲家庭	4P270
Open Method of Coordination in Social Protection and Social Inclusion	《社会保护与社会融合中公开协调方法》	4P255
Overtime work	超时工作,工作加班	3P154

P

Pacta sunt servanda	有约必守	4P285
Paid holiday scheme	带薪休假方案	3P164
Pan American Health Organization (PAHO)	泛美卫生组织	1P89
Pan European Regional Council (PERC)	泛欧洲地区委员会	2P140
Performing Arts Employers' Associations League Europe (PEARLE)	欧洲表演业雇主协会联盟	3P181
Permanent Delegates	常驻代表	2P124
Personalised services	个性化服务	0P39
Physical and moral integrity	身心完整	3P163
Pilot schemes	试点方案	4P210
Point of law	法律问题	1P81
Policy Orientations	政策导向	3P173
Position papers	立场文件书	2P124
Positive discrimination	正向歧视,积极歧视	4P226
Posted Workers Directive	《劳动者指令劳务派遣》	2P139
Presidential conclusions	轮值主席国决议	0P55
Private security	私人保安业	1P92
Procedural Texts	程序性文本	3P178

Process-oriented Texts	过程导向文本	3P172
Proportionality	比例原则,均衡原则,相称原则	0P49

Q

Quadripartite talk	四边协商[谈判],四方协商[谈判]	3P185
Qualified majority	特定多数[表决方式]	1P80
Quod non	否则	3P188

R

Recommendation	建议,意见	1P105
Redundancy payment	解雇费	3P157
Referenda/Referendum	全民公决	0P61
Regulation	规章,条例,规定	1P105
Regulation concerning the Registration, Evaluation, Authorization and Restriction of Chemicals (REACH)	关于《化学品的注册、评估、授权和限制》	2P140
Representativeness	代表性	1P73
Restructuring	[企业]重组,再组	0P36
Retail, Wholesale and International Trade Representation to the EU (EuroCommerce)	欧洲联盟商业零售、批发与国际贸易代表协会	3P181
Roma	罗姆人	4P270
Royal Decree	皇家法令	1P106

S

School drop-out rate	辍学率	0P42
Scientific Board	科学委员会	1P102
Secondary Law	联盟次要法律	1P105
Second reading	[议会审查议案]二读	1P110
Sectoral Social Dialogue Committees	行业社会对话委员会	1P92
Sectoral Dialogue Committee	行业对话委员会	3P168
Segmentation	分化,隔离	1P84
Scrutiny	审议,仔细审查	1P74
Self-employed	自由职业者[的]	0P51
Self-employment	自由职业	1P84
Single internal market	单一内部市场	1P122

英文	中文	页码
Shift work	轮班工作	3P154
Shop steward	工厂工会代表	3P157
Small and Medium Enterprises (SME)	中小[型]企业	0P32
Smart growth	理性增长	4P264
Social Action Programme	《社会行动计划》	4P210
Social cohesion	社会凝聚力，社会融合	3P164
Social consensus	社会共识	4P214
Social dialogue	社会对话	0P35
Social dumping	社会倾销	0P50
Social exclusion	社会排外，社会排斥	0P37
Social harmonisation	社会融合，社会一体化，社会和谐	0P49
Societas Europaea (SE)	欧洲股份公司	0P54
Social protection	社会保护	0P31
Social security	社会保障	0P50
Spring Forecasts	春季预测	0P38
Stability and Growth Pact	《稳定与增长协定》	0P41
Staff Working Papers	《员工工作报告》	0P38
Standing Committee on Employment	欧洲就业常务委员会	1P87
Standing Order of the Conference	《国际劳工大会现行命令》	1P115
Stato di agitazione	全国性骚动[或骚乱]	4P283
Steering Committee	督导委员会	2P130
Subsidiarity	辅助性原则，从属性原则	0P49
Subvention	补助金	4P209
Summit	峰会，高层会议	0P36
Supervisory Board	监事会	3P157
Surveillance Authority	管理监督机构	1P104
Synergy	协同效应	1P88

T

英文	中文	页码
Tax wedge	税收楔子	4P252
Telework	远程工作，远程办公，在家工作	0P65
The Constitutional Treaty	《宪法条约》	0P59
Toolkit	工具包	3P179
Third Reading	[议会审查议案]三读	1P110
Trade Union Advisory Committee (TU-AC)	工会咨询委员会	2P140
Trailor	拖车车厢	4P209

英文	中文	页码
Treaty establishing the European Community (TEC)	《欧洲共同体条约》	0P50
Treaty on European Atomic Energy Community	《欧洲原子能共同体条约》	1P69
Treaty on European Coal and Steel Community	《欧洲煤钢共同体条约》	1P69
Treaty on European Economic Community	《欧洲经济共同体条约》	1P69
Treaty on the Functioning of the European Union (TFEU)	《欧洲联盟运行条约》	0P49
Treaty of Amsterdam (Amsterdam Treaty)	《阿姆斯特条约》	0P49
Treaty of European Union (TEU)	《欧洲联盟条约》	0P54
Treaty of Lisbon (Lisbon Treaty)	《里斯本条约》	0P49
Treaty of Maastricht (Maastricht Treaty)	《马斯特里赫特条约》	0P49
Treaty of Nice (Nice Treaty)	《尼斯条约》	0P49
Treaty of Rome	《罗马条约》	4P219
Trial clause	试用条款	3P154
Tripartite Consultative Committee	三方咨询委员会	3P166
Tripartite talk	三边协商[谈判], 三方协调[谈判]	3P185
Troika	三巨头	4P234
Typology	分类	3P170

U

英文	中文	页码
Undeclared work	未申报工作	1P96
Unicameral system	[一院制]每分庭两票制度	1P74
Union Network International-Europe (UNI Europa)	国际网络联盟欧洲分会	3P181
Union Network International (UNI-Europa)	国际网络工会欧洲分部	1P94
Union Network International-Media and Entertainment International-Europe (EUROMEI)	国际网络联盟媒体与娱乐业欧洲分会	3P181
Union of Industrial and Employers' Confederations of Europe (UNICE)	欧洲工业与雇主联盟	1P88

Union of the Electricity Industry (EUR-ELECTRIC)	电力行业联盟	3P181
United Nations Charter	《联合国宪章》	1P72
Universal Declaration of Human Rights	《世界人权宣言》	1P102
Universal suffrage	全民普选	1P75

W

Welfare state	福利国家	0P31
Well-being	福祉,福利	3P146
World Bank	世界银行	1P119
World Health Organization (WHO)	世界卫生组织	1P89
World Commission on the Social Dimension of Globalisation	世界全球化社会问题委员会	0P33
World Trade Organisation	世界贸易组织	1P119
Working party	工作小组	4P213

图书在版编目(CIP)数据

欧洲劳动法.第1册/(比)布兰潘著;付欣等译.—北京:商务印书馆,2016
(威科法律译丛)
ISBN 978-7-100-11964-1

Ⅰ.①欧… Ⅱ.①布… ②付… Ⅲ.①劳动法—欧洲 Ⅳ.①D950.25

中国版本图书馆 CIP 数据核字(2016)第 026714 号

所有权利保留。
未经许可,不得以任何方式使用。

威科法律译丛
欧洲劳动法
(第一册)

〔比〕罗杰·布兰潘 著
付欣 张蕊楠
高一波 陈洁 译
郭捷 审校

商 务 印 书 馆 出 版
(北京王府井大街36号 邮政编码100710)
商 务 印 书 馆 发 行
北京冠中印刷厂印刷
ISBN 978-7-100-11964-1

2016年5月第1版　　开本 787×960　1/16
2016年5月北京第1次印刷　印张 21¾
定价:49.00元